手艺之道

张泉 著

18种觉醒
与新生

Philosophy
of
Handicraft

手艺之道

广西师范大学出版社
GUANGXI NORMAL UNIVERSITY PRESS
·桂林·

SHOUYI ZHI DAO: 18 ZHONG JUEXING YU XINSHENG
手艺之道：18 种觉醒与新生

图书在版编目（CIP）数据

手艺之道：18 种觉醒与新生 / 张泉著 . —桂林：广西师范
大学出版社，2022.4
ISBN 978-7-5598-4714-0

Ⅰ．①手… Ⅱ．①张… Ⅲ．①民间艺人－访问记－中国
Ⅳ．①K825.7

中国版本图书馆 CIP 数据核字（2022）第 008833 号

广西师范大学出版社出版发行
（ 广西桂林市五里店路 9 号　　邮政编码: 541004 ）
　 网址：http://www.bbtpress.com
出版人：黄轩庄
全国新华书店经销
广西广大印务有限责任公司印刷
（ 桂林市临桂区秧塘工业园西城大道北侧广西师范大学出版社
集团有限公司创意产业园内　 邮政编码：541199 ）
开本：720 mm × 1 000 mm　 1/16
印张：17　　 图：156 幅　　 字数：350 千字
2022 年 4 月第 1 版　　 2022 年 4 月第 1 次印刷
定价：128.00 元

如发现印装质量问题，影响阅读，请与出版社发行部门联系调换。

目录

唯有我们觉醒之际，天才会破晓。

破晓的日子多着呢。

太阳只不过是一颗晨星。

　　　　　　　——梭罗

手艺之道

[前言]

| 一 |

过去十几年寻访手艺人的过程中，有些数字一直让我心生敬畏。

在龙泉，铸一把剑，为了更好地去除杂质，增加剑身的强度和韧性，需要反复折叠锻打 32000 次；在苏州，缂丝作品要呈现出立体的色彩层次，往往要动用数十万根丝线通经断纬；在尼木，制作木刻版《甘珠尔》*几乎是一生的修行，整个村子的匠人们已经雕刻了 24 年……

这些数字时常让我想起推动滚石上山的西西弗斯，或者从西藏各地磕长头去拉萨的朝圣者。看似单调、重复的劳作，赋予手艺以神性之光。

这本访谈录想要呈现的，并不只是这些沉默的坚守。我更想知道，经过这些庞

大的数字洗礼之后，所谓的"手艺"还有哪些空间与可能。

| 二 |

2014 年，我和当时《生活月刊》杂志的同事们在景德镇前后待了几十天。景德镇的纬度与耶路撒冷相当，它被视为另一座朝圣之城。

我们最先拜访的，并不是真真假假的大师，而是一架孤独的水车。它立在三宝村进山的路上，在茅棚下昼夜不息地运转。铁锤砸着釉石，粉尘弥漫。四望无人，仿若荒原上残留的神迹。每天清晨 5 点和黄昏 5 点，老胡才会骑着助动车出现，让水车休息片刻，把反复捶打的釉土收集起来，再摆好新的釉石。

那架孤独的水车就像千年瓷都的缩影，或者，一个隐喻。传统手艺仍然顽强

---

* 藏文《大藏经》中的一部。——编者注

地代代传递，如同太阳朝升夕落，人间晨钟暮鼓。在全世界的任何地方，或许都很难再找到另一个景德镇——制瓷分工的细化程度惊人，传说中的"七十二行当"有条不紊地运转着——拉坯、修坯、做釉壶、制釉、喷釉、制笔、画青花、题款、烧窑把桩、推板车……许多匠人终其一生只从事一种职业，这种近乎工业流水线的分工合作，促成了技艺的不断超越，瓷都得以历经千年绵延不绝。然而，也正是这种模式，让景德镇不断地自我重复，最终陷入困境。

从春天到夏天，我们拜访了几十位不同行当的匠人、形形色色的大师，以及风格迥异的年轻人。安田猛先生的工作室"红房子"，逐渐变成大家歇脚的地方。我们不时去蹭杯咖啡，喝几杯茶，摸摸他在青瓷上捏出的棱角与锋芒，或者请他再推荐几个值得一见的年轻人。

在景德镇年轻一代陶瓷创作者眼中，安田猛是一个教父式的人物。他生于日本，19岁转行制陶，29岁移居英国，经过对传统的反思与再造，最终成为令世界瞩目的陶艺家。2004年，他应邀担任香港乐天陶社创意总监，定居景德镇，逐渐成为一面精神旗帜。他让许多曾走投无路的年轻人知道，还有另一种未来可供想象。

安田猛与乐天陶社的到来，改变了景德镇的创作生态。许多国际著名陶艺家纷

至沓来，年轻人有机会向他们请教，与他们切磋，可以申请驻场创作，烧制自己的作品，到创意市集上寻求关注，赢得支持。有人会在中途迷失、退场，但也有人坚持下来，耐心地摸索属于自己的艺术表达。自由多元的创作风气，让一些业已成名的陶艺家也备受鼓舞。几代人的觉醒，终于让千年瓷都冲决罗网。

那次寻访，让我重新思考民艺与设计、传统与创新、消亡与重生……这诸多略显空泛的命题。面对同样的高岭土，总有人可以完成全新的作品，从釉色、器型、功能等角度出发，不断拓展陶艺的边界，让千年巨木依然能发出新芽。

| 三 |

80多年前，在距离景德镇两百多公里外的南昌，一个伞匠的儿子决定放弃祖传的手艺，学习美术。他无法承担留学的费用，所幸，经过徐悲鸿引荐，终于申请到资助，到日本"研究工艺、图案，改进景德镇陶瓷"。

在日本的见闻让他大开眼界。尽管工艺领域并非他的兴趣所在，他还是对中日两国的工艺进行了认真的梳理和研究。在考察报告中，他写道："外国物品，遂夺国货之席，而我国工艺美术几无人问津，但各国多年来为争夺远东市场，加大了对我国工艺研究的力度。日本古代工艺，多

借鉴我国技师，明治以后，吸收西洋文化，工艺美术得到新的发展。"

这个年轻人名叫傅抱石。如今，许多人都知道他是一位杰出的画家和美术史家，但他考察、研究中日两国工艺的经历，却很少再被提及。而他的考察研究，也几乎未能改变中国手工艺的命运。

傅抱石抵达日本时，一场浪潮正在发酵。"民艺"这个概念在柳宗悦笔下诞生。富本宪吉、滨田庄司、河井宽次郎等陶艺家与他一拍即合，决定重新定义日常的奇迹。在《民艺的旨趣》中，柳宗悦写道："为迎来神的王国，必须使信仰广泛地传给众生。同样，为了在这片土地上迎来工艺时代，应该极其重视拯救日常用品。"从理论到实践，从创作到收集，民艺运动（Mingei Folk-Art Movement）如火如荼。而工艺美术运动（Arts and Crafts Movement）的兴起，与民艺运动相得益彰，不仅保护了文化遗产，也反哺了日本当代工艺与设计。安田猛正是这两股风潮的受益者。

20世纪60年代，当安田猛在益子*开始陶艺创作时，大洋彼岸的中国手艺人却在经历大悲大喜、跌宕浮沉。因国家力量的介入，原本在家族、门派、地域间各自秘密传承的技艺，以大一统的方式得以

*　城市名，位于日本栃木县。以陶制品"益子烧"闻名。——编者注

整理和保全。然而，各种运动与风波如影随形，覆手又将它们丢弃、碾碎。80年代，中国重返世界舞台，商业化初露端倪，来自海外尤其是日本的大批订单，促成了中国民艺的黄金时代，从工厂到作坊，手艺人的数量不断攀升；但是与此同时，鱼龙混杂。这场狂欢以复兴国粹为名，以追逐财富为实，却并未真正着力于提升品质，最终仓促落幕。90年代末，各领域的工艺美术大师开始走出体制，创办工作室，淤积的创造力得到释放，并在21世纪的前两个十年逐渐形成气象。海内外文化艺术交流日益频繁、深入，对非遗的保护与开发取得重要进展，教育在转型，生活方式也不断嬗变，促成了多元的创作风气。一些原本岌岌可危的传统技艺似乎找到了生路，但这或许也打开了潘多拉的盒子，没有人知道，在权力的主导和利润的刺激下，手艺又将走向何方。

举棋未定之际，我们或许可以将目光投向这个时代杰出的创作者们，看看他们所走的路，做出的抉择、传承与突破。

他们是我们这个时代的柳宗悦与滨田庄司。

| 四 |

这本书收录了18篇访谈，而我更愿意将它们视为18个觉醒的时刻。

受访者来自不同领域，有陶艺家、缂

丝家、印染家、漆艺家、制琴师、产品设计师、书籍设计师、纺织设计师，也有科学家、博物学家、摄影家、艺术家、音乐家、美食家……他们的创作涉及缂丝、印染、木作、陶瓷、漆器、羊毛纺织、书籍设计、小提琴制作与维修、暗房、咖啡、茶、美食、空间规划，涵盖手作、教育、研究、收藏、展览、空间规划、生活体验、文创开发与品牌塑造。手艺从传承、革新到传播的方方面面，都可以从这些对话中发现端倪，获得启迪。

面对现实的困境，他们率先醒来，努力发现症结所在，并以孜孜不倦地创作作为回应，一点一滴改变时代。他们大多拥有国际化的视野，多元开放的思维方式，也愿意与当下日常接壤。他们从传统中汲取力量，又希望重估传统的价值；他们勇于创新，也承受着创新引发的困惑与迷惘。他们怀抱着极大的野心，试图颠覆时代的规则，却又极度谦卑；他们被层出不穷的灵感蛊惑，又努力克制着想象力带来的冲动。于是，他们不仅完成了对自我的超越，更为手艺的存续与迭代拓出新的空间。

上篇呈现的是 7 位手作者的历程。无论是个体创作者，还是家族品牌继承人，时至今日，他们仍坚持手作完成全部或绝大部分关键工序，凡事尽可能亲力亲为。因此，他们对材料的认知，对技术的把握，对变化与冲击，都有着切身体会。他

们中有的人，已经凭借一己之力将传统技艺提升到空前甚至可能绝后的高度，也有的人经过磨砺与积累之后，选择另辟蹊径，让奄奄一息的手艺绝处逢生。他们没有被多变的风潮裹挟，努力恪守着自身的选择；他们也没有被凡庸的激情淹没，甘愿沉潜于造物的时光。

中篇探讨的是设计的力量及其尺度。6 位受访者，有的开创了独立的设计品牌，有的打造出创作平台。他们都从现代设计的视野出发，赋予传统手艺以新的形态、质地和内涵。结合当代审美与生活习惯，他们努力跨越文化的边界，创造出属于这个时代的作品或产品，营造新的体验。他们不断突破想象的极限，却又努力把握革新的分寸，"有所为，有所不为"，这一点尤为可贵。与此同时，他们也清醒地意识到，自己的行动并不是设计对手艺的单方面"拯救"，而是一种相互成全。传统技艺与器物，同样给设计界带来了反思、沉淀与重新出发的契机。

手艺革新以后，又该往哪走？这是下篇聚焦的内容。5 位受访者或兼具多重身份，或涉猎多个领域，因此，他们更愿意从教育、研究、生活、空间这些角度出发，探讨手艺的跨界探索与传播，尤其是对公共空间的塑造。他们或许不能算是严格意义上的"手艺人"，但他们人生中极其重要的部分，与"手艺"有着长久而深刻的关联——在数码摄影的时代，阮义忠

先生和已故的汪芜生先生都执着于暗房手放照片，阮义忠先生对咖啡的探索、对台湾故事馆的规划，汪芜生先生对影像、展览与空间的种种跨界实践与设想，都堪称工匠精神的延续。张清渊先生既是陶艺家，又是教育家，他在短短十几年间将台南艺术大学打造成亚洲陶艺教育的中心之一，培养出一大批优秀的年轻创作者，他的经验显然能带来许多启迪。欧阳应霁先生在美食、漫画、写作、空间等领域跨越自如，他的创作生涯所体现的，正是匠心的多种可能。周功鑫先生主持台北故宫博物院期间，推出各种创新举措，为文物保护与创意产业、博物馆与社会之间搭建起桥梁，作为这一领域的先行者，台北故宫博物院的经验依然值得咀嚼和借鉴。

| 五 |

这些访谈断断续续地进行了九年多。访谈刚开始时，许多手艺行将就木，乏人问津，如今却早已变成热门话题。但我相信，这些问答并未过时。

我们探讨过身份的焦虑、风格的定位与探索、使命的认知、风土人情的影响、文化的差异与融合。受访者们几乎都谈论过"手艺"的演变——不只是书本上记录的历史，更是从创作者的角度出发，由手及心所理解的真切的嬗变；他们大多慷慨地分享了各自思考的角度、尝试解决问题的种种方法，也毫不避讳自己长期的纠结与彷徨、持续的挫败感，以及由此换来的灵感迸发的瞬间；他们或多或少谈论过"故乡"——物理的或者精神的，一处空间、一个地方、一些记忆，独特的声音、触觉、味觉或者感受。那往往是他们创作的精神根源，或者冥冥中难以解释的情愫，他们因此最终成为自己。他们中的许多人也对年轻一代提出了期望与忠告——并非以前辈的口吻自夸，而是基于自身经验的诚挚分享。事实上，尽管成名已久，他们大多仍谦逊地将自己视为"过渡的一代"。

当年柳宗悦在《个人作家的使命》中提出过一系列尖锐的问题："这种个人的思考，能够使作品的深度增加多少？特别是将来，这种走向对工艺界能有多大贡献？个人创作者，有没有作为社会人的责任？与仅需自己的作品美相比较，他们有没有要为提高整个工艺水平而准备作品的使命感？他们是不是仅将工作停留在个人的内容上？"在这本访谈录中，我们时代的创作者给出了他们的答案。希望少数先行者的绝地突围，能够激励众生，各自寻路，足迹交错，终能走出通途。毕竟，手艺之道，始于觉醒，成于践行。

摄影：钱东升

我之深处

上篇

在『中间地带』发现自我

【采访时间：2017 年】

那段漫长的幽居时光，让他找到更多的时间与自己相处，反思东方与西方、传统与现代的文化差异，用创作回应所有的漠视与不解。直到有一天，欧洲陶艺界开始惊呼，这个仿佛从天而降的陶艺家，究竟从何而来。

摄影：吕祝君

安田猛（Takeshi Yasuda）

陶艺家，英国巴斯斯巴大学荣誉文学博士，英国皇家艺术学院研究员，红房子陶瓷工作室总监。1943 年生于日本东京，1963 年至 1966 年在日本益子大诚窑社陶艺中心学习陶艺。29 岁移居英国，继续陶艺创作，并任教于英国、丹麦、瑞典、法国、美国、新西兰、中国的大学与艺术机构。2004 年应邀前往景德镇，担任乐天陶社创意总监，2011 年与费莉西蒂·艾利耶夫（Felicity Aylieff）、熊白煦联合创办红房子陶瓷工作室。安田猛在世界各地举办过多场展览，作品被大英博物馆、英国国立维多利亚与艾尔伯特博物馆、英国皇家阿尔伯特纪念博物馆、德国科拉米翁美术馆、美国纽波特美术馆、澳大利亚墨尔本美术馆等收藏。

命运之尺

亚热带季风来临，景德镇的雨季也如期而至。

安田猛那把标志性的绿色雨伞已经不知所终，骑了十几年的改装助动车也终于退休了。雕塑瓷厂深处，"红房子"的标牌依然印在斑驳的墙面上，从各地慕名而来的年轻人，仍会在它的指引下，走进荒草丛生的院落，寻找他们仰慕的宗师。

安田猛已经很久没来，这片他寓居过12年的园区，显得冷清了许多。一些年轻陶艺家的工作室陆续搬走，留下来的匠人们仍在拉坯、修坯，做着各种大大小小的雕塑。初秋暴烈的日光下，神佛与元首层叠堆积，神话、历史和现实纵横交错，编织出一个怪诞的世界。

景德镇传说中的七十二道传统工序依然在这里有条不紊地运转，仿佛一座千年古钟，轮回悄无声息。第一次到景德镇时，这个世界曾让安田猛倍受震撼。12年间，在安田猛的影响下成长起来的年轻人，有的在陶艺界风生水起，有的在国际时尚界获得了声誉，更多的人仍在孜孜不倦地钻研配方，烧制试片，寻找灵感。自然，也有人已然销声匿迹。12年如同一把命运之尺，衡量出人生的叵测。

雕塑瓷厂深处，"红房子"的标牌依然印在斑驳的墙面上，指引着从各地慕名来拜访安田猛的年轻人。（摄影：吕祝君）

从天而降

战争结束前出生的男孩，不少人的名字里都有一个"猛"字，那是父母给予他们的祝福。安田猛的一生，却与精致细密的瓷器朝夕相处。19 岁的那场旅行，彻底改变了他的人生。在日本民艺运动重镇益子，瓷土的万千变化让他着迷。他原本计划高中毕业后到东京艺术大学学习工业设计，最终却决定留在益子，做一名学徒。

这个从拉坯开始学起的年轻人自然并不知道，自己正被两股艺术浪潮裹挟。民艺运动正是从益子发端，风靡日本，柳宗悦为"民艺"摇旗呐喊，滨田庄司、加守田章二以生活器皿创作相应和，为古老传统探索新的方向。与此同时，工艺美术运动的兴起，则让日本开始重新检视设计的价值。年轻的安田猛，恰是这两股风潮播下的一粒种子。

短短 3 年间，他的声名从益子扩散开来，他却突然决定离开，目的地是遥远的英国，理由不是陶艺，而是爱情。

这个 29 岁的年轻人被迅速抛入另一个世界。20 世纪 70 年代的英国，现代设计大行其道，没有人能欣赏安田猛的东方美学。他不会说英语，周围也几乎没有日本人。他藏身于图书馆，孜孜不倦地阅读弗迪南·德·索绪尔和克洛德·列维 - 斯特劳斯的作品。尽管这些深奥的符号学与

人类学巨著似乎与陶艺并没有多少关系，即便《嫉妒的制陶女》也只是对神话的解读。还有一本书，他反复地读了许多遍，身处异国，鲁思·本尼迪克特的《菊与刀》让他反观日本的国民性，更加感同身受。他在那时迷恋上电影，他喜欢的电影没有国别之分，它们陪伴他度过了那段沉闷的岁月，似乎也在潜移默化间重塑着他认知世界的方式。他也有了更多时间，心无旁骛地继续钻研白瓷、唐三彩、米色陶器，默默创作，哪怕无人关注。那段漫长的幽居时光，让他找到更多的时间与自己相处，反思东方与西方、传统与现代的文化差异，用创作回应所有的漠视与不解，直到有一天，欧洲陶艺界开始惊呼，这个仿佛从天而降的陶艺家，究竟从何而来。

精神旗帜

1990 年，郑祎从美国留学毕业后，加入香港乐天陶社。上班第一天，办公室门上的海报就让她震惊得停步不前。

那是安田猛的作品，那时安田猛已经享誉世界，在英国、丹麦、瑞典、法国、美国、新西兰等国家一边创作，一边任教。

15 年后，成为乐天陶社社长的郑祎，把自己的偶像请到了景德镇，担任创意总监。

此时，安田猛已经准备退休。他的太

太费莉西蒂·艾利耶夫也是陶艺家，不断周游世界驻场创作、任教的生活让他们倍感疲倦，安田猛刚刚对太太承诺，再也不频繁外出，要留在英国安心创作。然而，来自景德镇的诱惑，让他突然难以抗拒。

千年瓷都即将踏上转捩点，只是身处其中的人们往往浑然不觉。当时，每年至少有 600 名以陶艺为专业的学生从景德镇陶瓷学院（今：景德镇陶瓷大学）毕业，旋即在人海中消失得无影无踪。真真假假的大师们垄断着市场，景德镇的七十二行当泾渭分明，许多工匠终其一生只擅长一道工序。年轻人找不到出路，更看不见未来。

安田猛的到来，成为一面精神旗帜。一大批国际著名陶艺家在他的邀请下纷至沓来，前往景德镇驻场创作，与年轻人分享他们的经验。安田猛也带着这些迷惘的年轻人前往海外，引导他们去发现当代陶艺的新迹象。年轻一代终于知道，原来人生还有另一种可能。

陶溪川是景德镇最新开发的创意园区，"红房子"是唯一受邀入驻的个体创作型机构。当陶艺家和品牌主持者们争相竞标地段好的临街店铺时，安田猛却特意选了一个不面街的空间，以减少不必要的打扰，可以更安心地创作。（摄影：吕祝君）

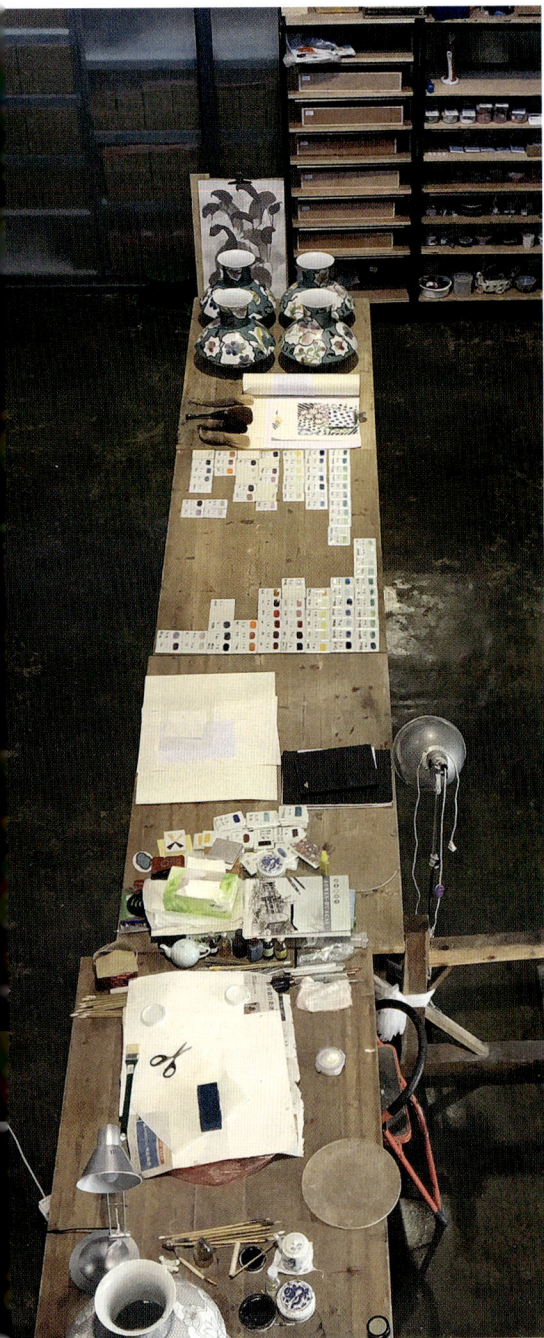

作为"红房子"的联合创始人，安田猛的太太费莉西蒂·艾利耶夫也是著名陶艺家。每次开始新的创作，她都要先系统深入地研究、绘图，反复修订，才会付诸实践。（摄影：张泉）

唯一的身份

"我闻到了埃塞俄比亚的味道。"

在景德镇午后暴烈的阳光里，只有手冲咖啡的香气才能诱惑安田猛放下手中的书。

没有人知道，如果当年不做陶艺家，他是否会开一家咖啡馆，或者一座电影院。研磨咖啡的机器是他自制的，占据着工作室的一角。每个周四为景德镇的朋友们放一场电影，则是持续了十几年的习惯。对于 20 世纪 60 年代各国各种风格的电影，他都如数家珍。不过，74 岁的安田猛认真想了一会儿，还是告诉我："陶艺家就是我的身份，我没有第二种身份。"

2011 年，安田猛与费莉西蒂·艾利耶夫、熊白煦联合创办红房子陶瓷工作室，很快成为年轻人前往景德镇朝圣时不容错过的一站。景德镇最新开发的创意园区陶溪川，基于宇宙瓷厂的厂房转化而来，格局、尺度都比北京 798 更为适宜。"红房子"是唯一受邀入驻的个体创作型机构。陶艺家和品牌主持者们争相竞标地段好的临街店铺，安田猛却特意选了一个不面街的空间，以减少不必要的打扰，可以更安心地创作。

如今，只要身在景德镇，每个周四，他仍然会为朋友们放一场电影。当灯光寂灭，画面亮起，他与他们并肩而坐，一起沉默着望向屏幕。谁也不知道，谁是谁的过去，谁是谁的将来。

陶溪川（摄影：张泉）

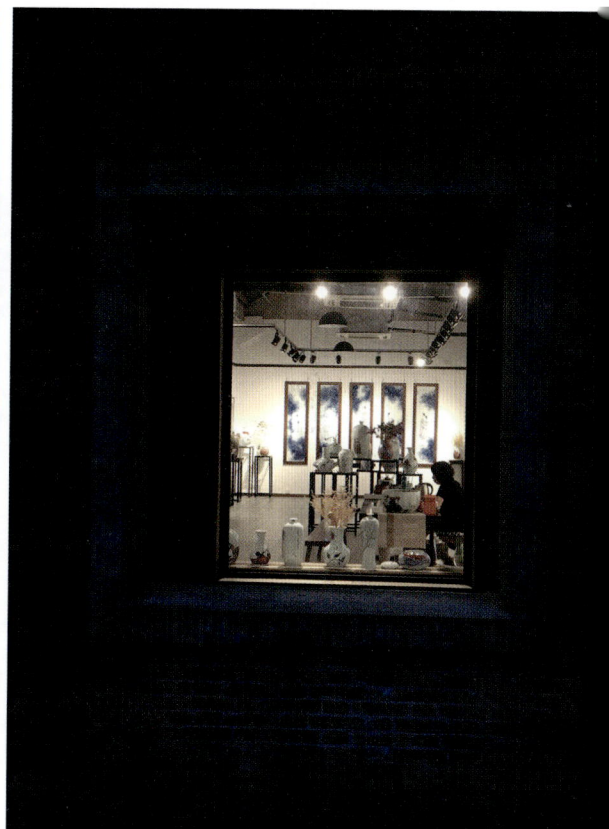

"日本性"与"中国性"

问：益子是日本民艺运动的重镇。20世纪60年代，你在益子期间，主要创作的也是生活器皿吗？当时你怎样做到既能适应公众的生活需求和审美情趣，又能进行创新和艺术提升？

安田猛：日本陶瓷艺术有传统重镇，益子是新的陶艺中心，规模不大，大约有五十多个作坊，主要制作大件生活用具或厨具，不做小器皿。1925年前后，有几位陶艺家，如滨田庄司、加守田章二，开始探索烧制餐具。后来，大件的塑料及合金制品取代了原先用陶瓷制作的生活用品，很多陶瓷工厂因此关闭，部分人出于无奈，开始复制滨田庄司的餐具作品，但缺乏设计感，只是跟风仿造而已。幸运的是，从20世纪50年代开始，东京兴起了地方风味餐厅，一些具有地方特色的、乡村风格的陶瓷餐具流行起来，从此，益子的手工陶瓷订单激增。1963年，我去益子的时候，正逢工厂重新开张，开始大批量定制陶瓷餐具。

日本民艺运动在20世纪30年代到40年代比较盛行，到了60年代，

民众物质生活条件变好，以前家家户户追求的"三大件"——电视机、洗衣机、电冰箱都有了，人们有了更高的文化需求。对手工陶瓷制品的喜爱，就是这种需求的体现。地方风味餐厅的兴起，将手工陶瓷餐具带进家庭的厨房，也促成了很多厨艺学校的出现，这都让陶瓷餐具得到了进一步的推广。

我很幸运，生逢其时。我在东京出生，之前对陶瓷一无所知，和朋友一起去益子，才知道什么是陶瓷。看到一些年轻的陶艺家在设计、制作，我觉得，自己也可以投身这个领域。在益子待了两年三个月之后，我开始独立制瓷。走上这条路，是时代的原因，也有个人的机缘，当然也离不开朋友的帮助。在益子做陶瓷餐具的时候，其实我也默默地做了一些陶瓷艺术品。当时我认为，乡村风格餐具盛行，做这样的餐具固然可以谋生，但它们太甜美了，缺乏设计感，我想做一些新的尝试。工艺美术运动兴起后，日本人开始重视设计，我也深受影响。**在各种风格交汇的时刻，我需要一个中间地带（in-between space），来确立自己的风格。我认为，年轻人需要更多更好的设计方向，不应该将自己局限在市场的需求里。**

安田猛的成长经验是，在各种风格交汇的时刻，需要一个中间地带，来确立自己的风格。（摄影：吕祝君）

问：日本艺术曾影响欧洲，如今，日本设计也以其鲜明的美学特征，取得了艺术和商业上的成功。作为曾经身在欧洲的日本艺术家，你怎样看这股潮流？

安田猛：明治维新时期，文化运动也在蓬勃开展，有人追随欧洲的现代化，有人则遵循传统，也有很多人处于中间地带，以此来保持身份的独立性。

当然，日本的文化运动并非始于明治时期，比如，在此之前，也曾深受中国唐代文化的影响。**日本对于外来文化保持着热情吸收的态度，但日本人一直在思考：何谓"日本性"？日本很快地吸收他国文化，又很快地输出，像个中转站。**比如，日本也曾将中国文化输出到欧洲，但日本文化在这个过程中保持了"日本性"。相比之下，**中国曾是天朝大国，很少考虑身份认同的问题，因为中国就是中国，而且中国文化本身也很完善。**

日本艺术影响欧洲，正是在日本吸收中国文化后，转化成日本的美学。而当时的欧洲恰好想摆脱 17 世纪到 18 世纪盛行的华丽的洛可可风格，所以萌生了现代主义，这一思潮与日本的极简主义一拍即合，日本文化艺术由此变成了现代主义的象征。我个人认为，日本艺术之所以能在欧洲产生很大的影响力，更多是因为时代浪潮的机缘巧合。

问：你觉得，中国设计要形成自身的明确风格，需要做哪些努力？

安田猛：中国意识到了工业化浪潮，大量工厂和创意园区应运而生，为中国文化兴起打下了基础。但是，我更看重民众的力量。在日本，许多文化现象是由民间力量主导，政府只是起到协助作用，譬如卡拉 OK、动漫、Cosplay 等等，它们可能已经被视为日本的文化符号，而它们并非政府认定的文化，只是因为民众喜欢，大量的人才会参与进去。

我的建议是，让年轻人放手去做，去面对所有国家的设计师和艺术家都需要面对的问题——找到国内的、民众的需求。在设计产品的时候，首先不要考虑出口外销，而是设计中国人需要的东西，捕捉中国人发自内心的需求。中国有中国的国情，中国人的需求和欧美人的需求不一样，所以不要只是去迎合欧美的品位与需求，而是要回到中国自身。设计并不只是塑形而已，它意味着更多。

举个例子，中国的餐饮业包容性很强，融汇了各个国家和地区的风格，中国茶文化的发展也非常迅速，但是，中国的厨具、餐具、茶具设计没能跟上饮食文化、茶文化发展的脚步，这是很遗憾的。

现在所谓的中国风格，很多时候其实是清朝的风格。我认为，**中国人应该认真探索自己的文化，确切地说，是重新探索。**

中国的文化其实比中国的历史要广博。美国人常常喜欢说，美国没有什么历史，所以可以尝试各种风格。但实际上，没有人是没有历史的，每一个国家和民族都有历史。对中国而言，尽管中国的历史非常悠久，但并不意味着，身为中国人就一定很了解自己的历史。中国人也应该像其他国家的人一样，重新发掘自己国家和民族的历史。**历史不是绝对的、具体的存在，更重要的是我们如何看待它。**

东西之间

问：当年你在益子创作的作品已经很受欢迎，为什么会选择前往英国？是希望体验不同的陶艺传统吗？

安田猛：其实是因为爱情。

英国的瓷器艺术并没有非常悠久的历史，早年皇室将使用银器作为身份的象征，平民则用锡器或木器，直到中国瓷传入后，英国人才开始追捧瓷器，把它誉为"白色的黄金"（white gold）。从根本上说，瓷器不是英国最重要的文化要素。在中国则不同，中国的绘画、书法、茶道、瓷器各有其复杂的脉络，都发展得较为完备，传入日本后，在日常生活中也非常流行。

我人生重要的改变始于英国。到英国后非常孤单，我才意识到自己是一个日本人，才真正感受到过去在日本接受的教育和影响，开始思考文化和艺术的差异，学着慢慢适应和接受。所以，到景德镇以后，面对中日之间、中欧之间的差异，我其实早有准备，因为这些相似的问题，在英国都已经思考过了。

问：在英国，是否有哪位老师或者前辈对你产生过比较大的影响？

安田猛的代表作之一：青白釉系列金碗。它展现出水滴落激起水花的刹那，既是对宋代的致敬，更是对传统的反思与再造。（摄影：吕祝君）

安田猛：我没有在英国读大学，我所受到的影响主要来自我的日本老师。我的家境并不富裕，读的都是公立学校，但我遇到的老师都非常好。我非常幸运。

我的初中老师特立独行，鼓励大家写作，他教我们写诗，要我们只管写下那些句子，长短都行，他认为随时随地都可以写，最重要的是写出个人的感受。他还带着我们这些学生出墙报，张贴每个人的作品，一起编写文学刊物，拿去印刷。他当时的做法有些理想主义，但我很感激他，是他给予了我对文学和艺术自由的想象空间，也埋下了兴趣的种子。我读高中时，班主任是艺术老师，对大家的个性与兴趣也持开明的态度，很多学生因此很努力地跟着他学习。我并不努力，但我找到了自己的兴趣。他建议我读艺术学校，我就去读了工业设计。我的高中同学有很多也进入了设计领域，譬如中村义平二现在是日本知名的建筑师。

问：你是怎样形成个人独特风格的？

安田猛：有人认为，音乐或者视觉艺术是国际性的语言，我认为并非如此。艺术是文化的产物，文化会决定艺术的特点，不同文化传统下的艺术也因此各有特点，就像人各有其个性一样。在形成个人风格方面，我认为，找到让自己激动的东西很重要。设计是一种职业，并不是仅仅做自己喜欢的东西，更应该做人们需要的东西。有趣的是，从我个人的经验来说，我本来是在寻找自己需要的东西，但是一旦深入探寻之后，竟发现人们的需求与我自身的需求具有很大的共性。我的设计就是从这一点出发的。

问：你遇到过瓶颈期吗？

安田猛：我在艺术学校教书时，遇到过瓶颈。那时是小班化教学，我没上过大学，只是在高中选修过艺术课，而自己学陶艺时的很多事情，我也都忘记了。我不知道该怎么去教学，一直在面对并思考这个问题。后来，我决定回到最基本的方法上，即如何将一个基本的问题扩展出去，通过拓展大家的思路来推动教学。

问：你的太太费莉西蒂·艾利耶夫也是陶艺家，你会和她讨论吗？

安田猛：遇到问题时，我喜欢沉思，没有向他人求助的习惯。我平时很少向人提起自己的工作，也许在学校授课时会提到，也会跟学生探讨，但很少在家里或者在工作室里跟同事提。我认为灵感可以来自很多方面，所以我很少去看单纯的艺术展，也很少去旅行，如果非要看展览的话，我更喜欢去博物馆。我认为艺术修养不是看艺术展看出来的，我更喜欢通过读书、看电影来汲取灵感。

问：有哪些电影和书籍对你影响比较大？

安田猛：我喜欢 20 世纪 60 年代前后日本、意大利、法国、英国、瑞典的电影，如萨蒂亚吉特·雷伊导演的《音乐室》(*The Music Room*，1958，印度)、伯格曼导演的《处女泉》(*The Virgin Spring*，1960，瑞典)、安东尼奥尼导演的《奇遇》(*L'Avventura*，1960，意大利)、阿伦·雷乃导演的《去年在马里昂巴德》(*Last Year at Marienbad*，1961，法国、意大利)、彼得·博格丹诺维奇导演的《最后一场电影》(*The Last Picture*

Show，1971，美国）等等。可能因为当时自己正年轻，这些电影让我产生了共鸣。

现在，只要我在景德镇，周四就会给大家放电影。这周打算放的是韩国电影《碗》（*The Bow*），我没有看过，但是我太太很喜欢，所以推荐给我。

我喜欢的作家有列维 - 斯特劳斯、鲁思·本尼迪克特、索绪尔。

问：你是陶艺家，却又对人类学、符号学非常感兴趣。几十年来，你一直在不同文化之间跨越，在陶艺创作中，也探索过白瓷、唐三彩、米色陶器、青白瓷等不同的风格。你怎样界定自己的身份？

安田猛：我在日本待了三十年，在英国待了三十年，如今又在中国待了十几年。日本是我出生、成长、接受教育的地方，所以我将自己视为一个日本陶艺家。但我在日本做陶瓷的时间只有十几年，在英国却做了三十年，所以严格意义上来说，我更像一个英国陶艺家。到了中国之后，我对文化差异很感兴趣。我也做过教师，现在退休了，但是自始至终，我只把陶艺当成我的专业和职业，陶艺家就是我的身份，我没有第二种身份。

安田猛的代表作之一：青白釉系列金碗（摄影：吕祝君）

头文字 K

【采访时间：2017 年】

（本文图片由受访者提供）

只需让茶筒的盖子缓缓滑落，直到密闭的瞬间，许多人已然心领神会。那时，他手中的茶筒，就像一个无须说破的禅机。

八木隆裕（Takahiro Yagi）

1974 年生于日本京都，日本手作茶筒品牌开化堂（Kaikado）第六代传人。开化堂创立于明治八年（1875 年），每一件茶筒均经过 130 到 140 道繁复工序，手工完成，成为诸多家庭的传家之宝。八木隆裕从 2000 年继承家业，致力于海外拓展、跨界合作与技艺革新，作品被英国国立维多利亚与艾尔伯特博物馆永久收藏。他还与京都的 5 位日本传统工艺继承人联合发起"GO ON"运动，跨界创造适合当代生活与审美的器物，致力于让全世界重新认识日本民艺。

摄影：钱东升

茶筒里的风暴

1875 年，当 41 岁的日本启蒙思想家福泽谕吉仍在《文明论概略》里孜孜不倦地探讨文明与政治的关系、"射鹿"与"得鹿"的问题，京都匠人八木清辅却正被一种舶来的金属深深地吸引。明治维新进展到第 8 年，国门大开，各种思潮与器物蜂拥而至，人们醉心于西方的典籍和技术，满心踌躇试图"脱亚入欧"，再造国家，八木清辅却打算用来自英国的马口铁，重新做一只茶筒。

他相信，与陶瓷、锡这些传统材料相比，用马口铁制作茶筒，不仅能减轻重量，更能降低价格，让茶筒进入寻常人家。开化堂在京都悄然开张，此时，见多识广的思想家已经能娴熟地运用孟德斯鸠的评判来描述历史事件——一切不过是"茶杯里的风暴"，不过，与一只茶杯相比，一只茶筒深处又究竟能容下多少故事，局外人其实无从确知。

八木家族接连五代人终其一生都只制作茶筒，他们逐渐摸索出 130 多道复杂工序，新手往往要累积十年之功才能真正掌握。有时，旁人无须看茶筒底部的落款，就能从众多茶筒中迅速分辨出开化堂的手艺——筒盖会缓慢平顺地滑落，最终无声合拢，严丝合缝，这种沉着的优雅，令人过目难忘。

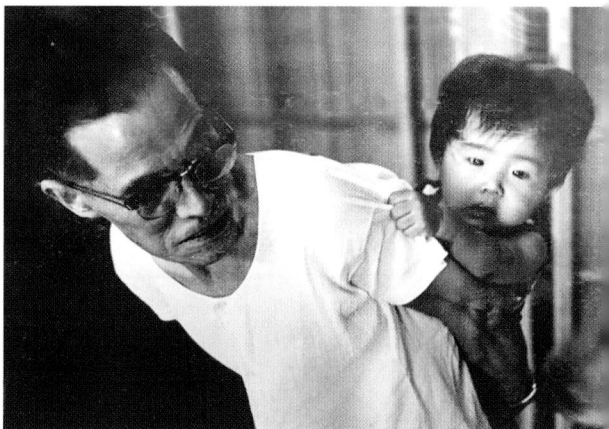

八木隆裕幼年时，和爷爷生活在一起，一直在观察爷爷制作茶筒。

130 多年过去了，每当开化堂的第六代传人八木隆裕对自己产生怀疑的时候，重新回顾高祖当年的选择，就会让他茅塞顿开。这些年他与西方的设计师和品牌合作，不断冲破技术的局限，将古朴的茶筒改造成充满时尚意味的咖啡罐、坚果罐、饼干罐、香料罐、意大利面罐、线香罐……乃至茶壶和奶壶。他甚至突发奇想，与松下电器合作了一个会发声的茶筒，连接手机蓝牙，打开茶筒的瞬间，音乐响起，由小渐大，而当盖子渐渐滑落，声音会越来越轻，在完全闭合的刹那彻底消失。这个"忤逆"的年轻人赢得了诸多赞许，他的作品被英国国立维多利亚与艾尔伯特博物馆永久收藏，这座博物馆被誉为"艺术工艺品圣殿"。但他越来越困惑，这样做真的好吗？自己是不是走得太远了？

然而，回望高祖创办开化堂的初心，他意识到，当年高祖使用马口铁或许只是一次小小的材料革新，对茶筒来说，却近乎一场革命。技术的进展直接影响着人们的生活方式，其实又与时代风尚息息相通，由此看来，自己看似离经叛道，实则一脉相承。

父与子

开化堂，其实还是一辆黄色意大利赛车的名字，价值 2400 万日元，可以换上千只开化堂的茶筒。

八木隆裕将开化堂的名字印在引擎盖上，就像《头文字 D》里 AE86 车身上的"藤原豆腐店"。八木隆裕 18 岁时也迷恋山路漂移，因为飙车曾被警察穷追不舍。如今参加正规比赛，收获了不少奖牌，不过，妻子照例还是会反对他参赛，他则会苦口婆心地不断做一些类比——赛车需要聚精会神，制作茶筒也是如此；赛车时要理性预判下一秒的状况，果断做出选择，制作茶筒也是如此；赛车要做通盘规划，不计较一时的得失，制作茶筒也是如此……

时而血脉偾张，时而沉默枯坐，他维系着这种近乎悖论的平衡。他也因此更能够理解自己的父亲——极力阻止他继承家业的父亲。

父亲曾经的理想，是做一名职业棒球运动员。不过，在八木隆裕的记忆里，父亲仿佛一生都席地而坐，平静默然。幼年时，父亲常把他环在臂弯，一手轻旋铁皮，一手挥动锤子。父亲手中的锤子，爷爷用了多年，传给了父亲。然而，等到八木隆裕成年时，父亲却无论如何也不肯再把这把锤子传给他。

过去的几十年间，机械制造对手艺产生了近乎致命的冲击。爷爷一直不以为意，依然坚持手作茶筒，耗时漫长，售价昂贵，往往会比机械制成的茶筒贵 100 倍，生意日渐萧条。父亲年轻时对制作茶筒完全没有兴趣，然而，爷爷自有主张，他同意儿子去打棒球，但是每天打球之前，必须帮忙完成一定量的茶筒制作。日积月累，八木隆裕的父亲掌握了全部工序，最终成为开化堂第五代传人。

旋即翻开的是一个更加狂飙突进的时代，金融危机来势汹汹，日本经济遭受重创，年轻人的生活方式更是日新月异，古朴精工的茶筒愈发乏人问津。为了阻止八木隆裕继承家业，父亲不肯传授技艺，八木隆裕只能凭着兴趣断断续续偷师，再向老师傅请教。读大学时，他考取了英语系，毕业后到京都的免税店工作，自家的茶筒却一次次撩动着他的心绪。不断地有金发碧眼的外国人从货架上托起开化堂的茶筒，眼神中闪烁着光芒。与他们交谈，八木隆裕意识到，除了装茶，茶筒或许还可以开发很多用途，通过革新，让年轻人

八木隆裕将京都的一座老建筑改造成开化堂咖啡馆，成为年轻人前往京都的又一个朝圣之地。

青睐，让全世界的人都能喜欢。他决定回归开化堂。

脱下内心的"和服"

在伦敦牛津广场的繁华边缘，茶店Postcard Teas 就像一个异类。店主蒂莫西·达菲（Timothy d'Offay）曾在京都学习茶道，钟爱东方文化，一直热衷于与艺术家们跨界合作。面对他抛来的橄榄枝，八木隆裕毫不犹豫地迈出了前往欧洲的第一步。

当初因为父亲的坚持，八木隆裕读了英语系，此时，一口流利的英语以及对欧洲文化的熟悉，让他的国际化之路比许多埋头苦作的日本匠人走得更为顺畅。人生

如此阴差阳错。

自然，各种意想不到的情况也层出不穷。在巴黎老佛爷百货，八木隆裕被要求每天穿上和服制作茶筒，不料，一群法国孩子却追着他，喊他忍者。他决定脱下和服，换上西装，人们的注意力终于聚焦在茶筒上。这是一次解脱，又像一场顿悟，他脱下的，更是自己内心深处那件"和服"。从此，开化堂的设计、制作与推广，尽量只保留10%的日本特性，用更多的精力尝试与世界接轨。八木隆裕相信，开化堂不该只是日本的土特产，它也可以属于世界。

这种思索，在与丹麦 OEO 工作室的设计师托马斯·莱克（Thomas Lykke）交谈时，更进了一步。像平常一样，八木

开化堂咖啡馆

八木家族用的锤子，爷爷传给父亲，父亲又传给八木隆裕。

隆裕也向托马斯·莱克演示了茶盖缓缓滑落的招牌特效，后者却打断了他。托马斯·莱克说，如果你只有这个特色，你就永远只能待在茶筒的世界里。何不把茶筒打开，以盖子来论胜负？

一语惊醒梦中人。

家族制作了一个多世纪的茶筒，长出了嘴巴和手臂，变成茶壶和奶壶。事实上，制作斜面和出水口，都是对技艺的极大挑战，而往金属茶筒里倒水，更让人感到匪夷所思。然而，一旦突破技艺的局限，或许就能改变人们的认知与生活。这次灵光乍现之后，八木隆裕变得更加兴奋，也更加轻松。想象力一旦开启，世界会持续加速。

"利他"的精神

古意盎然的京都，在过去几年间出现了一些新的迹象。

2012年，八木隆裕与5位日本传统工艺的继承人联合发起"GO ON"运动，他们是历史可追溯至日本平安时代（794—1185）的金网辻的辻彻、1688年开始制作出售西阵织的细尾的第十二代传人细尾真孝、中川木工艺第三代传人中川周士、朝日烧第十六代传人松林丰齐，以及成立于1898年的公长齐小菅的传人小菅达之。这些年轻人决定跨界合作，创造出更多适合当代生活与审美的器物，让全世界重新认识日本民艺。

4年后，开化堂又变成了一间咖啡馆的名字。八木隆裕将一座京都的老建筑改造成时尚空间，开化堂咖啡馆成为年轻人前往京都的又一个朝圣之地。

不过，与此同时，他又时常会被一些穿越时空而来的旧物击中。八木家族一直流传着这样一段往事——1923年日本关东大地震，有人在废墟中发现了家中那只开化堂的茶筒，竟然安然无恙，为此特地前往开化堂拜访。这些年来，回归到八木隆裕手边的旧物也越来越多，许多出自他的爷爷甚至太爷爷之手，别人用过许多年，又拿回来维修。没有人知道，这些年它们究竟在几代人手中摩挲过，色彩变得浑厚而拙朴，素昧平生却又如晤故人。

所以，他更愿意静下心来，从细微的听觉与触感的变化中，分辨器皿的弧度与密合度，从而迅速决断下一次落锤的角度和力度，将一块铁皮慢慢地锤炼成茶筒。有一次，他制作茶筒时，一位日本科学家给他做了脑电波检测，发现他大脑的注意力集中度高得惊人。

他依然不断地在世界各地旅行，向不同的人群解读开化堂的奥秘，但他也一再宣布，自己是匠人，而非艺术家，必须秉承"利他"的精神。有时，则不必言语，只需让茶筒的盖子缓缓滑落，直到密闭的瞬间，许多人已然心领神会。那时，他手中的茶筒，就像一个无须说破的禅机。

与海外的朋友交流，八木隆裕意识到，通过革新，茶筒或许还可以开发更多用途。

让传统自己往前走

问：你们家族好像很有运动基因，你父亲以前想做职业棒球手，你自己则是赛车手，可是制作茶筒时要完全沉静下来，这种动静之间的差别很有趣。

八木隆裕：其实做茶筒和赛车有很大的共通之处，都需要预测将要发生的事情。比如弯道赛，跑十圈，第一圈、第二圈跑得快是没有意义的，必须要考虑到第十圈，只有第十圈跑到冠军才有意义。赛车时需要换轮胎，也要不停地想，在哪个节点换轮胎才是最正确的选择。

赛车时，精神要高度集中，才能获得好成绩。从赛车场回来，做茶筒也是一样。做茶筒时，会进入一个完全不受周围噪音影响，身心高度统一的特殊时空，这样做出来的茶筒才是高质量的。当然，我也拿这些对比当借口，跟我太太说，让我去赛车吧！

八木隆裕 18 岁时迷恋山路漂移，因为飙车曾被警察穷追不舍。如今参加正规比赛，收获了不少奖牌。每当妻子反对他参赛，他就会做一些类比，证明开赛车和制作茶筒并无二致。

八木隆裕的爱车

问：你开的是什么车？

八木隆裕：是蓝旗亚的 delta intagrale，意大利赛车，就是为了比赛买的。全世界这个颜色的只有 200 台。我对车子的内部全部进行了改装，结果被人嘲笑，说我笨，如果不改装的话，这台车价值 2400 万日元。但是，我已经改装了……

我从 18 岁开始开赛车，以前一直在山里跑，被警察追着跑，就像《头文字 D》一样，只是"藤原豆腐店"改成了"开化堂"。哈哈！

问：一种技艺传承到第六代，很不容易。

八木隆裕：最近我也一直在思考一个问题：一件器物的价格，或许并不能代表它本身的价值。在这件器物的背后，隐藏着很多因素，从它作为一个理念出现，到最终成型，中间有很多人的努力。作为开化堂的第六代传人，我自己也是如此，我的身上也背负着好几代人的努力和积累，所有这一切加在一起，才是开化堂传递给大家的内容。所以，我做茶筒的时候，也在思考，怎样既能保留茶筒本身的风格，同时又能把它背后沉淀的价值传递出去。

现在中国也涌现出许多年轻匠人。其实，这些年轻匠人的出现并不是突然的，不管是他们从事的行业，还是他们设计制作的产品，都有着过去，有着很多历史的沉淀。年轻一代不能只考虑自己，更应该看到先人们一路走来的历程，了解他们的探索与积淀，然后面对未来，思考自己现在可以做些什么。

就像我们家做茶筒，我在设计、制作的时候，很希望有朝一日这个茶筒还能回到我的店里来，可能不是回到我手中，而是回到我的后人手中，经他们之手修理好，然后再传给顾客的后人。

问：1923 年日本关东大地震，有人在废墟中找到开化堂的茶筒，茶筒和茶都安然无恙。你最近还遇到过类似的事情吗？

八木隆裕：有一次，我在东京一家百货商店做讲座，有一位老爷爷过来跟我说，茶筒修好了，就像是他自己也被拯救了一样。

这样的故事并不是个案。最近，不少有着一百年左右历史的茶筒被送回来修理。在英国，我接受过 BBC 的采访，导演很喜欢茶，有时候会带一些茶器给我看。有一个茶筒是他在英国的跳蚤市场淘到的，就是 80 年前开化堂做的茶筒！他看不懂日文，不知道罐子下面日文的标志就是开化堂。也许外国人并不知道，开化堂的茶筒是可以慢慢滑落、合拢的，常年硬拔硬塞，边缘磨损了，密封性就不太好了。我说，我来帮你修理一下吧。导演很担心，连说不用了。我告诉他，你放心，自家的东西我很了解，一定能帮你修好。现场就给他修好了。导演看到盖子慢慢滑下去，非常开心。他开心的，不只是茶筒修好了，更因为他获悉了一个仿佛隐藏多年的秘密。

看了 BBC 的采访，很多人专门来开化堂买茶筒。有一天，我在家里，店员突然打电话给我，让我马上到店里去。我去了一看，很吃惊，竟然是珍妮·杰克逊，就是迈克尔·杰克逊的妹妹。大明星来了！不料，她看到我也很吃惊，她说："啊！我在电视里看到过你！"到底谁是明星呢？我觉得这种反差挺好玩的。

问：盖子慢慢滑落闭合，是开化堂的标志，第几代开始这样设计的？

八木隆裕：其实我一直很想告诉大家，虽然这确实是开化堂的一个重要特点，但我们并不是为了让它慢慢滑下来就特意这么做的。

这样做是考虑到使用者的心情，希望他们在打开和盖上盖子时感觉舒畅；同时也考虑到密封性，盖上盖子的时候尽可能地排出空气。而**在打开与闭合之间，其实我们更关注的是打开的瞬间，因为泡茶是从这一刻开始的**。从我的祖父到我的父亲，再到我这一代，我们依然在不断地研究内侧的弧度，它们其实有细微的差别。

我演示给你看，你就能明白了。现代人拿惯了矿泉水瓶，往往是竖握，握住中下部，所以也会按照这个习惯来拿茶筒。但是，以前的人其实是一只手握住上半部分，另一只手向下拉，打开罐子。开化堂的茶筒，其实是按照以前的人取物的习惯而设计的，一只手握住茶筒的盖子，让它慢慢滑落，另一只手可以接住落下来的茶筒。

问：这一点我们真的没意识到！

八木隆裕：基于大家握罐方式的变化，我们也在一点点改良设计。在功能性不改变的前提下，侧面边缘比以前更松一点，以适应现代人的习惯。

如今在京都，做甜点的百年老店也会根据现代人的口味变化，改变甜点的甜度。其实异曲同工。说到传统，有人喜欢说自己是原汁原味的、原原本本的传统，但我觉得，**传统也是可以微调的，要让传统自己往前走**。

开化堂的茶筒，每一件都需要经过130~140道复杂工序，手工制作完成。

作为匠人，要懂得"藏"

问：你和 OEO 工作室合作的茶壶和奶壶，是一次很大的突破，是怎样完成的？

八木隆裕：当时我花了 30 分钟来讲开化堂的特色，当然也讲到自然滑落扣紧的特点。托马斯·莱克说，如果你只有这个特色，你就永远只能留在茶筒的世界里。何不把茶筒打开，以盖子来论胜负呢？

如果单纯以盖子定胜负，那么，把盖子拉长就是水壶、咖啡壶，把盖子变扁变宽，就是托盘。我们完全可以通过别的方式来认识它。

我自己是有这个觉悟的。作为一个匠人，我不是在为自己做东西，而是为了别人做东西。每个人都有各自的职业需求和技术特点，这就意味着我也需要不断地学习，跟不同的人合作，我的技术在提高，自己也得到了成长。

问：你们 6 位传统手艺的传人组成了"GO ON"，彼此的领域不同，是怎样合作的？

八木隆裕：我们 6 个人从各自的领域出发，交流碰撞，做出具有"GO ON"独特风格的产品。但是现在正好到了一个转变和沉淀的时期，接下来作品的孕育方式可能会不一样。比如，在我们与日产汽车的合作中，并非要制作一个茶筒卖给你，而是要向你呈现这个茶筒诞生之前的一切，我卖给你的不是实物，而是传统工艺的步骤和顺序，最终要呈现的，是手边这件器物诞生之前经历的各个阶段和思考方式的变化。

我们 6 个人刚开始合作时，都觉得自己的领域很重要，都在强调自己的重要性，争执了很多次。在这个过程中，慢慢看到对方的好，再慢慢看到多方的好。到现在才互相认同，形成一个圆润融洽的集体，虽然是 6 个品牌、6 家公司，却像一个人一样，没有哪一个人是领袖，而是每个人都是领袖，大家都知道要往哪里走。

八木隆裕希望既保留茶筒本身的风格，又能把它背后沉淀的价值传递出去。

问：会定期聚会讨论吗？

八木隆裕：基本上经常待在一起，聚会非常频繁，有时候甚至会想，够了吧！怎么又在一起了！

问：我发现有一件特殊的作品，盖子是木头的，和中川周士有关系吗？

八木隆裕：是的，托马斯·莱克希望要木头盖子，中川的木头很讲究，是在地下两千年的沉香木，有自己特殊的香味。这个系列叫"珍物之盒"（Precious Box），不仅仅是茶筒，也可以做收纳盒，可以放一切你喜欢和珍惜的东西。

我们最近刚刚与足球运动员中田英寿合作完成了酒的冷藏器。中田英寿喜欢黑色，但是中川想保持木材原来的状态，不想再涂黑色的漆，就花了很长时间去熏烤木头，得到焦黑的颜色。开化堂的茶筒和盖子都是金属的，制作考究就能从容滑落，而现在，金属和木头结合，如何才能像原来那样滑下来？很有难度。我去中川的工坊，来来回回花了几个月的时间，最终完成了黑色木头和金属集合的酒的冷藏器。外围还是金属的，但内层是木头。这是一件合作的作品，一定不是强调我想怎么做，而是双方都能

八木隆裕与丹麦 OEO 工作室的设计师托马斯·莱克合作后，八木家族制作了一个多世纪的茶筒，长出了嘴巴和手臂，变成了茶壶和奶壶。

理解彼此的意图、特点以及为委托所做的尝试，这样才能得出好的结果。

问：你曾提到，你在制作器物时，会尽量抹去日本的痕迹，只保留10%，在跨文化的交流与创作中，你怎样把握其中的尺度？

八木隆裕：一直在想，确实一直在想。我小时候跟祖父在一起生活，现在工作的时候，仍然会觉得，祖父甚至曾祖父就在旁边看着我，与此同时，我也在看着自己的孩子。我一直是在这样的状态下工作的。对于自己是日本人的事实，是百分之百确定的，绝对不会忘记。但是，如果与别人沟通时，展现出百分之百的我，对方可能会被吓跑。所以，我会藏一点，再藏一点，藏到对方能接受的程度。我认为，艺术家会不断地强调自我的表达，而作为匠人，却需要思考使用者的需求和感受，要懂得"藏"，才能继续往下走。这是艺术家和匠人之间比较大的差异，这种"利他"的思想，匠人应该一直放在心中。

（本次采访，感谢许建明女士的现场翻译。）

经纬时光

【采访时间：2009 年】

他相信缂丝还有明天，就像他曾那么坚定地相信，他可以一次次突破千年工艺的束缚，开创自己的时代。

王金山（Wang Jinshan）

1939 年生于苏州，2020 年去世。中国工艺美术大师，研究员级高级工艺美术师，苏州缂丝研究会会长，第一批国家级非物质文化遗产缂丝项目代表性传承人，享受国务院特殊津贴。曾任苏州缂丝厂厂长、苏州工艺美术博物馆馆长、苏州工艺美术研究所副所长。从事传统缂丝及研究工作五十余年，荣获中国工艺美术"百花奖"、江苏省创新奖，作品被收藏陈列于人民大会堂、毛主席纪念堂、故宫博物院和中国工艺美术馆珍宝馆等处。

摄影：马岭

记忆的复调

32 年后，王金山又见到那段峻峭的枯笔走势。藏在缂丝机下面的镜子里，毛泽东的狂草作品《西江月·井冈山》的墨迹，正拖着漫长的呼啸，倏忽扫过丝帛的一角。70 岁的王金山只是扶正了眼镜，微微地一颔首，并无悲喜。他的双手平静地划动梭子，如同桨声推开丝路上的涟漪。木机上绷紧了大片的丝线，像冻结的瀑布，定格在细浪般的缂痕里。

1977 年的记忆渐次清晰起来，尽管王金山并不十分情愿追忆往事。那年，惊蛰已过，年近 40 岁的王金山却仍在蛰伏。他旧日的同事们都被秘密召集，执行一个政治任务，苏州缂丝界的翘楚王金山却被排除在外。

王金山成名已久，他自幼酷爱书画，17 岁进苏州刺绣工艺美术生产合作社，师从老艺人沈金水学习缂丝。1963 年，24 岁的王金山便被邀请前往故宫，复制南宋的缂丝名作——沈子蕃的《梅花寒鹊图》和《青碧山水图》，历时三年，探索失传的古老工艺，成品几可乱真，被视为当代缂丝工艺复兴的标志事件。然而，"文革"使这些刚刚开始的尝试戛然而止。王金山甚至不知道，自己还要等待多少年才可能再次拿起梭子，劈开丝线引上去。

过了一个月，王金山才知道老同事们在做什么。毛主席纪念堂西大厅需要悬挂一幅巨型的毛主席草书《西江月·井冈山》，点名要用缂丝的形式完成。然而，缂丝极难表达草书的浓淡虚实和枯笔，千年以降，史无前例。时间过了近半，工序却只是开了个头，人们依然一头雾水，不得不想起"问题分子"王金山。

王金山受命全权负责。他有着年轻人身上罕见的持重老成，早在故宫复制沈子蕃的缂丝作品时，他就养成一个习惯，先从色彩、设计上，一根丝一根丝地比较研究，决不轻易动手。在分析实验之后，王金山决定将小木机改为大木机，然后运用自己首创的绞花线技法，将充当字的黑线按比例拆开，按照墨迹的浓淡，与作为底线的金线拼合起来，生成书法虚实相生的效果。在王金山的主持下，人们三班轮换，一个多月后，居然提前 5 天完成了这幅 8 米长、2 米宽的巨型缂丝作品，也开创了缂丝的狂草时代。

送走这幅缂丝作品《西江月·井冈山》，王金山瘦了 18 斤。他不知道这次开禁对他意味着什么，又会给偃旗息鼓的缂丝界带来什么。这幅《西江月·井冈山》，王金山后来也只见过一次。几年后，他到北京旅行，在毛主席纪念堂看到它。不久，它就被转移到贵宾厅，不再公开对外展览。32 年过去了，接踵来苏州拜访的人们仍然会频繁地要求获取王金山的回忆，关于这幅他阔别已久的作品，关于这幅人们再未见过的神秘之作。它和他的那些被收藏进中国工艺美术馆珍宝馆的传世之作一样，在他缂完最后一根丝之后，就与他从此两隔。

王金山从未想过会在有生之年再做一幅《西江月·井冈山》。对他而言，这只是他突破缂丝工艺的一次尝试。他不能容许哪件作品霸占他的记忆太久，否则他将失去对新事物持续的热情。然而，不久前，毛主席纪念堂的工作人员却辗转找到他，希望由他亲手再做一件复制品，让普通游客也可以参观。32年后，当我们造访他的小院时，正看到缂丝机上这幅墨迹乍现的作品。每个字的缂法依然与他的记忆暗合，只不过，缂书法不是缂龙袍，并无定式可以参循，王金山始终信奉，每次新缂一件艺术作品，都是一次新的创作，这使这幅他极为熟悉的《西江月·井冈山》变得更为熟悉，也使这幅陌生的《西江月·井冈山》变得更为陌生。一切都没有改变，只是他和缂丝工艺一样，都已然年过古稀。

沸腾年代

王金山摘下眼镜，依然能清楚地看到30年前那些美妙的夜晚。炊烟尚未散尽，一声机杼已经沿着姑苏城中交错的河道，咿咿呀呀地蜿蜒开来。旋即，正如雄鸡的啼晓，满城的机杼声暮地扶摇直起，上万

台木织机远远近近地相互应和，在夜空中氤氲起来。

那是个过于疯狂的时代，人们毫无节制地投身于缂丝的狂欢中。太湖边泊满停航的渔船，渔民们不再编网、晒网，缂丝才是他们日常生活的重头戏。木匠也把卷尺、钢锯塞进床底的工具箱，作坊的地面不再铺满木屑，而是色彩庞杂的丝线。女人做花，男人打底，乐此不疲。

缂丝的复兴让所有人始料未及。中日建交后，日本的冒险家们开始频繁地造访中国，他们流连于江南，屡屡忘归。从缂丝到蓝印花布，从宣纸到紫砂，他们朝觐中日民艺的发源地，也审视着中国大量廉价的劳动力。日本拥有巨大的和服腰带消费市场，而缂丝则是制作和服腰带的经典工艺，缂丝在苏州复兴，一时水到渠成。巨额利润刺激着这座古城，缂丝这项几近失传的古老工艺，突然演变成一场全民运动。几乎在瞬息之间，苏州兴起了五大国有缂丝厂，其他中小规模的厂房，尤其是家庭作坊，更加不可胜计。鼎盛时期，全城同时转动着上万台缂丝机，苏州缂丝的人数，也超越明清，抵达历史之最。纤巧精致的苏州仿佛在一夜之间重又回到男耕女织的温情年代。

王金山终于被允许出山，担任当时中国最大的缂丝厂——苏州缂丝厂厂长。终日的谈判、宴请、讨价还价，更使他想起自己无端流失的十年光阴。在这样的沸腾

缂丝：通经断纬的美学（摄影：马岭）

年代，他却孤独地开始了一个人的战斗，他固执地相信，已臻完美的缂丝工艺，还有革新的余地。传统的缂丝作品，两面图案完全一致，即便在圣手辈出的南宋，也没有人能做到两面全异。他躲在缂丝机上，终日冥想实验，有一天，他突然发现了一个"点"。

王金山有一次缂蝴蝶做实验，一面缂出尾蚨，一面则没有尾蚨，就在尾蚨这一"点"之差上，他茅塞顿开。1982 年，王金山创作出缂丝史上第一幅双面三异作品《牡丹 - 山茶 - 双蝶图》，一面是牡丹，一面是山茶，轮廓相似，而图案不同，两面蝴蝶则略有差别。

这依然不是他想要的。早过不惑之年的王金山又开始想象更具颠覆性的两面全异缂法。他着了魔，每天满眼闪烁的不再是物体或图案，他总是在设想这些物件被缂成经纬交错的丝线的可能性。他昼夜不停地做着实验，整整两年。有一天，他无意中看到年画上的寿星，依然围绕那一"点"的原则，突发奇想。他用两排经线合并，成为缂丝的一个面，巧妙地将纬线移开，两面的图案就可以各行其路，一面是任伯年画的寿星，一面是吴昌硕的篆体书法"寿"字，两面全异，浑然天成。

这些创新将千年以来按部就班的缂丝技艺推向巅峰。吊诡的是，一个几乎可以用王金山命名的缂丝时代，同时却是一个狂热躁动的时代，在作坊里埋头苦干的人们完全无心去理解这些缂丝顶尖工艺的变革。在王金山冥想失眠的那些夜晚，人们却只是希望按部就班地尽快完成每一件平庸的产品，换取一时菲薄的报酬。

瞬息繁华

充斥于苏州街巷的缂丝运动，最终未能转化成民族内心的需求。"那时苏州的缂丝像雨后春笋，山花烂漫；但也乱发展，没有很好地规划，偷工减料，滥竽充数。"我们坐在王金山的院落中，面对几架沉默的缂丝木机——它们是现在苏州仅存的几十台缂丝机之一，王金山的脸上说不出是悲哀，还是嘲讽。

当时缂丝过度倚赖出口，完全无意开发国内市场，注定了这种昂贵艺术的脆弱。从业者杂芜，原本可以通过好的技术传授和开发，真正转化为缂丝发展的内在动力，这关键的一步，却有意无意地缺席了。随之引发的是质量的下滑，偷工减料、粗制滥造日益严重，直至触怒外商。日本客户要么流失，要么不再去工厂订货，他们直接到乡下，以更低廉的价格收购产品。20 世纪 90 年代刚刚开始，苏州的缂丝大厂便相继倒闭，小厂和家庭作坊也很快无以为继。随着王金山被调往工艺美术研究所，曾经盛极一时的苏州缂丝厂也很快走向低谷。

缂丝瞬息繁华，用十年走完一个轮

回，又回到起点。反观缂丝的历史浮沉，就会发现一个悖论。缂丝源于西域的缂毛，是最朴野的民间形式。后来，宋人庄绰在《鸡肋篇》中写道："定州织刻丝，不用大机，以熟色丝经于木棎上，随所欲作花草禽兽状，以小梭织纬时先留其处，方以杂色线缀于经纬之上，合以成文，若不相连，承空视之，如雕镂之象，故名刻丝。如妇人一衣，终岁可就。"缂丝在那时还会被制成衣物或日用品，有流通的空间。然而，两宋时代，随着那位著名的玩世不恭的皇帝极力倡导，一群画院书画家横空出世，缂丝开始文人化，与民众渐行渐远。明清时代，决定缂丝人命运的，则是一纸荒唐的诏书——为了倡导清廉之风，朝廷废止缂丝。后来又突然解冻，将缂丝名正言顺地纳入宫廷。从文人化到权力化，缂丝得到不世的恩宠，也在同时遭到毁灭。20世纪60年代，缂丝人曾试图以复制南宋顶尖的缂丝艺术为起点，复兴中国缂丝，却在时代面前失语；80年代，人们在巨额利润面前俯首称臣，误将自己认作工匠，终于忘记了缂丝本身的价值。或许缂丝注定是寂寞的艺术？鼎盛就是衰落，越繁华便越落寞。

王金山和他的缂丝时代一样，他的荣

王金山用缂丝工艺制作的屏。（摄影：马岭）

耀，亦转而成为他的悲哀。时至今日，王金山依然找不到能掌握他的最高技艺的传人。他有几个钟爱的弟子已经学艺二十余年，对于这些绝顶技艺，却也只能望洋兴叹。"重要的不仅是技法，而是想法，怎样设计，怎样规划。还要有良好的书画修养。"近年来，随着缂丝文物在拍卖市场上升温，以及媒体对缂丝的宣传，缂丝再次与神秘、国粹尤其是财富这些字眼挂上关系。慕名而来的孩子们一度挤破门庭，王金山时常会从信箱里翻出千里之外的来信，年轻的学生、白领、虔诚的父母，都渴望在王金山的院落里，拿命运做一次赌注。然而，关于缂丝的美好想象只能止步于现实门前，孩子们在木机前坐一天，就会失望地离开。他们耐不住寂寞，尤其在缂丝的世界里，有时坐在陈旧的木织机上等待一整天，也未必能看出梭子劈开的轮廓究竟是什么。

尽管忧虑，王金山却保持着一向的乐观，他相信缂丝还有明天，就像他曾那么坚定地相信自己会一次次突破千年缂丝工艺的束缚，开创自己的时代一样。

我们与王金山匆匆作别，重新走回21世纪的苏州街头，突然发现自己变成了陌生人，好奇而迷惘地打量着这些过眼的神秘景象。它们曾深刻地改变过十几个世纪中国人的生活，如今距离我们却如此遥远，如此陌生。

我们的车越过几座高架桥，渐渐驶离老城区，道路两旁开始铺满瓦房的废墟——那里的上空曾日夜不息地回荡着缂丝声。一根电线杆倒在荒原上，切断了通往古老记忆的道路。距离那些精致幽静的园林和院落不过几公里之遥，我们已经被迫卷入另一个世界。

真正的缂丝大家不是工匠，而是艺术家

问：你在苏州缂丝厂做厂长的时候，苏州有五大缂丝厂，当时有600多人在缂丝？

王金山：当时缂丝真是兴旺发达。苏州龙头厂就有5个，还有很多小厂和家庭作坊，这些都加起来，做缂丝的有上万人。

中日建交以后，日本对和服腰带的需求很大，就到苏州来订购。那时候不得了，有多少买多少，利润非常高，100%以上。我们苏州缂丝就像雨后春笋，山花烂漫，当然，也有些乱发展。

因为做缂丝赚钱，渔民不打鱼了，木匠也不做木工了。家家户户有机声，叽叽喳喳。男的做底，女的做花——因为缂丝做花比较难。但是，后来也有很多偷工减料、粗制滥造的东西，卖到日本去，全部被退货，或者因为质量问题，只能放到地摊上卖。缂丝这样名贵的东西，竟然要到地摊上去卖！

再后来，情况又发生了变化。有些日本客户不到工厂订货了，直接到乡下向个人订货，价格更便宜，反过来冲击了集体制企业。

各种各样的原因，本来很好的市场一下子落了下去，到1990年左右，把一些好的缂丝厂也冲掉了。

问：由盛转衰只有短短十几年。

王金山：我认为，和服腰带不应该成为缂丝发展的主要方向。这是日本的民族服饰，只适合日本的单一市场。中国应该发展出自己的民族特色。我们的国内市场大得很，现在的生活水平和购买力不比国外差。我们应该用缂丝来研发高端的艺术品和礼品，同时，适当推出一些适合国内生活的装饰品和日用品。

当然，如果一下子就这样转型，缂丝界的整体技术水平还不够。如果不提高技艺，也不会有出路。

在缂丝领域，三年五年只是打基础，也许做做和服腰带、龙袍还可以。龙袍和腰带一样，是"死"的。颜色都搭配好了，不用自己动脑筋去

构思、去刻画，只要线条均匀，轮廓和色彩表现得准确就可以了。

问：所以要在缂丝领域真正有所建树，还是要进行独立的艺术创作？

王金山：缂丝不是一般的手艺，它和国画紧密结合。历史上的缂丝大家，比如宋朝的沈子蕃、朱克柔等等，**他们不是工匠，而是艺术家，所以才能做出代表一个时代风潮和水准的作品。**

重要的不仅是技法，还有想法：怎样设计，怎样规划。还要有良好的文化艺术修养。作者对画理、书法、金石的理解以及各方面的知识，都对创作有重要影响。哪怕一个小小的印章，都能看出作者的水平和文化底蕴。只有具备这些素养，画稿的设计、色彩的组合才能一气呵成。可惜现在做缂丝的人，多数不懂画理，怎么能做出真正深层次的作品？

可以说，让缂丝达到最高水平的，是我们这一代人。我们从 20 世纪 50 年代开始学习缂丝。当时苏州刺绣研究所的画家很多，有些很有名，比如徐绍青先生，是吴湖帆的学生。我们经常交流，因此进步很快。几十年来，我在北京故宫博物院、沈阳故宫博物院、南京博物馆等机构，看过很多缂丝文物，既丰富了自己的见识，也认识到不同朝代的特色。我也很幸运，缂丝行业中不是每个人都有这样的机会。

从技术、材料和色彩方面来说，现在确实比以前有所提高和发展。现在一朵牡丹，往往要 20 多种颜色，而以前有五六种颜色就已经不得了了。但是，还有很多方面我们需要向前人学习，要下苦功夫。

问：现在缂丝作品的主要题材还是国画和工笔画吗？

王金山：我一般是自己设计，自己做。有时会选择一些历代的经典作品进行复制，比如沈子蕃的，朱克柔的。也会把历代有名的画家的作品做成缂丝，主要以国画、工笔画居多，比如郎世宁的工笔画，就比较适合做缂丝。

但是，一幅画想和缂丝结合，需要仔细考量是否合适，还要进行很多技法上的调整和探索。以前我们在苏州刺绣研究所，和画家接触得比较多。比如徐绍青先生经常和缂丝、刺绣的人在一起，他创作的画就能和我们的专业技术、生产方法结合得非常好。他设计的作品很有灵气，看起来好像很简单，但是很得体，图画丰富，做出来效果好，而我们做的人也很轻快，省工。这就是本事。而有的画家只考虑自己的艺术，画面满满的，做的人要哭死了，做出来效果也不好。

问：如果缂丝过程中出现了偏差或者问题，可以弥补吗？

王金山：缂丝不像刺绣那么灵活，尤其是平绣，线细得很，一根丝线可以劈成很多根，如果发现问题，可以从局部调整。乱针绣的针法就更活泼了，能绣出油画的立体感和光感，加深一点、做淡一些都可以。

缂丝是通经断纬，经线是笔直的，纬线是断的。缂丝从下面做上去，如果在下面发现了问题，就要把下面拆掉重来。如果下面都做好了，等做到上面才发现问题，要从上面一直拆到下面。所以要不断地检查，有问题当时就要修正。如果从里面动手术，总归会有痕迹。所以**缂丝艺术要步步到位**。

一般我们都会在下面摆一面镜子，时常看一看有没有问题。

重做一幅作品，也要重新思考

问：1982 年，你首创的双面三异作品《牡丹 – 山茶 – 双蝶图》，是缂丝史上的重大突破。当时怎么想到要做这种尝试的？

王金山：当时刺绣界做出了双面异色的作品，媒体一直在报道。我就想，缂丝也可以创新啊。我就一边自己设计，一边和画家们一起研究。构思了好几个月，对机台、工艺也动了点"小手术"，进行了增添和改造。因为技术要保密，就在我们工厂里，关了大门来做。当时新造的厂房，厕所没有用过，小小的，光线也很好，比较安全，就把缂丝机搬进去，做了第一幅双面三异的作品《牡丹 - 山茶 - 双蝶图》。媒体很快开始报道，兄弟单位也都来向我取经。

问：从双面三异的《牡丹 – 山茶 – 双蝶图》，到双面全异的《寿星图》，中间有技法上的关联吗？

王金山：《牡丹 - 山茶 - 双蝶图》出来以后，一些新闻界的朋友和我讨论，虽然两面的图案不同，但是轮廓是一样的。两面都是花，一面是牡丹，另一面是山茶。两面也都是蝴蝶，只是有一面的蝴蝶有尾巴，另一面的没有。能不能创作一幅更加新颖的作品？我就继续动脑筋。

我一直在思考蝴蝶尾巴的问题。不要小看这一点，就是这一点，为我创作下一幅双面全异的作品提供了启发。传统缂丝一般双面不能有变化，如果变了就做不出来了。那么，到底能不能完全脱离轮廓的限制？

这个过程很漫长。1982 年创作出双面三异的《牡丹 - 山茶 - 双蝶图》，一直到 1984 年才创作出双面全异的《寿星图》，花了两年时间。

问：怎么会想到做寿星题材呢？

王金山：平时脑子里一直都在想，却也摸不准。有一天，正好看见一幅挂历，上面是吴昌硕的书法，有一个篆书的"寿"字。啊呦！我想，我要创作一幅双面不一样的作品，这副挂历里面会不会有一个老寿星啊？翻开挂历一看，居然有一幅任伯年的《群仙祝寿图》，有个老寿星！吴昌硕和任伯年又都是清代的大画家。真是无巧不成书！两年的构思，因为一本年历找到了答案。

有了这个想法，还要在缂丝机上不断地实验，难度非常高。首先底色就不一样，一面是金线，另一面是银线和红线，要让它们的区别大一些，这就研究了很久。还要考虑各种细节问题，比如，一面是书法，另一面是画，应该怎样调整技法？比如，做出来绝对不能有刀痕……前前后后试了很多小样，终于成功做出来了。

现在世上没有人能做出第二幅，我可以这样说。如果叫我再做一次，我也要重新摸索了。有人出高价请我做，我不想做，只此一幅就够了，如果再做，就一定要换新的题材。

问：但你现在在重新做《西江月·井冈山》？

王金山：是的。1977 年，毛主席纪念堂的《西江月·井冈山》是我领衔做的。前一段时间，纪念堂的工作人员专程来苏州，通过苏州市政府找到我。这幅作品现在在纪念堂的贵宾室，只有一些来访的国家元首才能看到。他们想做一件小的，放到国内展厅，让大家都能看到。

当年我在大学做教育，把我调回来，要求我领衔来做。压力非常大，要立军令状的。我仔细看了他的草书作品，觉得可以做，但是人员要调整，我点名调了几个技术更好的人来，由我全面负责指导。6个人在机上做，三班倒，早班下来做晚班，晚班结束做中班，中间回家睡一会儿。40多天，我瘦了18斤，几乎没有休息。

当时我们真是革命加拼命啊。从1977年3月28日开动，这么大的作品，8米长，2米宽，总共花了600多个工时，提前5天完成。市委书记、市长都来祝贺我们，敲锣打鼓送到北京。后来给了我一个奖状。

问：你后来还见过这幅作品吗？

王金山：只见过一次，在纪念堂西大厅。后来变成贵宾厅，就不开放了。

问：时隔三十多年重做，有什么新的感受？

王金山：用缂丝来表现狂草，工艺真是难做得不得了。如果细看，线条有粗有细，有浓有淡，有笔锋还有枯笔……现在再做，还是一直都在研究。每做一笔，都要看，有没有出现偏差，墨色浓淡是不是准确，随时做出调整。

问：有些陌生感？

王金山：不是陌生。缂丝和很多工艺不同。同一件缂丝作品，每做一遍都要动脑筋，重新开始，要不断地修整，不断地提高。

1956年，我在苏州刺绣工艺美术生产合作社（苏州刺绣研究所前身）做学徒的时候，我自己独立创作的第一幅缂丝作品是《白头翁·竹雀》，当时一口气连做了十幅，全部卖掉了。从第一幅到第十幅，每做一幅，都要动脑筋，重新思考，小心翼翼。

如果不下苦功，真的会出现断层

问：你半个多世纪积累的这些独门技法，有传给下一代吗？

王金山：将来都要传给下一代的，要让他们掌握这个技术。但是现在还没有。我这里的徒弟们，有的跟着我学了二十多年了，但是还要再等，再看，要真正技术过硬才可以。

问：你现在教弟子，还是像老一辈那样手把手地教吗？

王金山：是的，口授，手教。除了我言传身教的徒弟，还有一些同行，请我去辅导技术，我也会定期给他们一些指点。

最近苏州技师学院想请我培养缂丝人才，不只是技术培训，还包括文化课、绘画、设计、电脑、外语等知识，希望下一代人既懂设计又会做，尝试着去改变过去师父带徒弟或者家族传承的方法。我们准备招十个左右的学生，我也会提高教师的技术，进行教学培训。

问：20世纪20年代，张謇和沈寿创办女红传习所，后来出版了沈寿口述、张謇整理的《雪宧绣谱》，对刺绣发展有很大影响。你有没有计划把自己的缂丝技艺与经验出版出来？

王金山：我现在在汇编这本书，写了一些内容，但是还有一些照片、资料不够，需要补充。以前我做的很多作品，被收藏在世界各地，有的有照片，有一些我连照片都没有。尤其是在研究所的几十年，作品做好了交给单位，都被卖掉了，或者当成国礼赠送外宾了。自己留不下来，顶多留一张照片。我成立大师工作室之后，才终于能留下一部分自己的作品。像我的师弟，技术也非常好，去参评工艺美术大师，但是一件作品都没有，都被卖掉了，只有照片是不行的。

问：缂丝在日本也流传下来了，叫本缀。日本的经验是否可以借鉴？

王金山：日本这样一个工业高度发达的国家，做手工的人也出现了断层。我到日本的工厂考察，很多做缂丝的人年纪也很大了，年轻的凤毛麟角。

和服作为日本的传统民族服饰，在重要的节日人们还是会穿。但是，毕竟穿起来太麻烦了，价格也很贵，一条好的腰带要一两百万日元。很多年轻人也不喜欢穿和服。一些传统都慢慢淡化了。

还好，日本政府很重视传统手工艺，有一些保护措施给予扶持。我们的"中国工艺美术大师"，在日本叫"人间国宝"。现在缂丝作为国家级非物质文化遗产，政府也加以保护，有一些资金支持，但是，用来培养下一代人其实是不够的。

我们做缂丝做了几十年，还是有感情的。但是，根据我的调查，缂丝领域最年轻的一代，基本也在四十五岁以上了。如果不下一些苦功，真的会出现断层。但是，缂丝的生产周期太长，效率太慢，稍微大一点的作品要穷年累月，而待遇却一般，这就决定了招学生比较难。

问：传承是一个很严峻的问题。

王金山：上次中央电视台播出我的人物专访，有不少人看了想来跟我学。你看这些信，常熟的、北京的、大连的、广西的、河北的、内蒙古的、四川的……昨天我又收到四川一个老师寄来的信，她的女儿已经大学毕业了，在外资企业找到了工作，但她喜欢美术、古琴，也想学缂丝。我和她通了个电话，我说你们方便的时候可以来苏州看一看，先看看再做决定。电视上的介绍和实际相比，还是有距离的。

采蓝

【采访时间：2009 年】

真正的变化都在不经意间发生，它潜伏着，短促地觊觎，片断式地进攻，很快偃旗息鼓，骤然又卷土重来。等到我们终于意识到它真正的力量，结果已然无从更改。蓝印花布的兴衰，也是如此。

吴元新（Wu Yuanxin）

1960 年出生，中国工艺美术大师，首批国家级非物质文化遗产代表性传承人。苏州大学硕士生导师，中国工艺美术学会会员，中国民间文艺家协会会员。现任南通蓝印花布博物馆馆长、南通大学蓝印花布研究所所长、南通市民间文艺家协会主席。

他长期致力于蓝印花布艺术的保护和传承，抢救保护蓝印花布等传统印染实物遗存两万余件，创新设计近千件蓝印花布纹样及饰品。他的创新蓝印花布作品曾连续三届荣获中国民间文艺最高奖"山花奖"，还曾荣获全国优秀文艺奖项一等奖、民间工艺品博览会金奖、中国工艺美术大师作品展金奖等。他设计的蓝印花布系列作品被中国国家博物馆、中国工艺美术馆收藏。曾出版《中国蓝印花布纹样大全》《蓝印花布》等作品。

摄影：马岭

蓝色幽魂

暴雨来临之前，它们悄无声息地在我们背后按下脚印。我看到那些蓝色的蚊子像幽灵般四散逃开，在黑暗的房间里倏忽不见。抬手去拍，手上留下一团蓝色的灰烬，最迟钝的那只蚊子，尸体柔弱得像一团棉絮，尚未抽搐一下，就被风吹散了。

池子里的染色药水常年不换，只是定期加入新的蓝草和石灰，满屋晾晒着刮浆后的布料，墙壁里渗透着谷物的清香，这里也就自然成为蚊子滋生的地方。

吴元新顾不得驱赶蚊子，他用竹竿将白色的布从染池中挑出来，那块布似乎正在剧烈地氧化，迎着空气，从黄变绿，从绿泛蓝。其实我知道，这只是我无端的想象，我不可能听见药水与空气相互厮打时那种惨烈的轰鸣，这过程尽管神奇，其实进展却微乎其微。真正的变化都是在不经意间发生的，它潜伏着，短促地觊觎，片断式地进攻，很快偃旗息鼓，骤然又卷土重来。等到它发展成为我们所能捕捉到的那些变化，已是无从更改的结果。蓝印花布的衰落，也正是这样，在不经意间渐次发生，直至几乎不可挽回。

蓝印花布曾是中国民间生活的底纹，自宋代起源，后来经黄道婆在江南推广纺纱技术，明清以降，蓝印花布"衣被天下"。与那些脆弱、昂贵、制作起来动辄需要耗时数年的民艺产品不同，蓝印花布就是日常生活中最普遍的需求。帝王自己占据了金色，将其他鲜明的色彩分赐给群臣，而把蓝色留给民众。民众却用日益高超的印染技术，将蓝色演绎到极致。

尽管蓝印花布技艺日臻完善，纹样日益精美，却始终没能与文人发展出暧昧不清的关系，连最浪漫主义的帝王也不会为它正名。皇权与民间隔着万重山，这种行为本身就是被禁止的，即便帝王也不例外。

蓝印花布于是不得不蛰伏于民间，尤其是在一个社会分工并不十分明晰的时代，纺纱织布、刮浆、染色，是每家每户都通晓的技艺，蓝印花布被广泛地应用在被面、枕巾、包袱、头巾、门帘等日常生活用品之中。无论朝代如何更迭，江山如何分割，人们毕竟需要经营自己的生活。这样广阔的民间背景，原本可以使蓝印花布拥有其他民艺所无的绝对优势，不料却在转型的时代，转而成为对自身致命的打击。

重塑蓝梦

1977 年，17 岁的吴元新进入启东工艺印染厂做学徒时，蓝印花布已不流行，蓝色的确良卡其布才是时尚之选。而染坊经过"文革"的冲击，也已濒临绝迹，只有一些艺人散落在乡间，缄默着蓝印花布的秘密。那时的年轻人都热切地想方设法进入半导体厂、电机厂，为中国的工业化欢呼雀跃。

吴元新出生于蓝印花布世家，却还是埋头做了3年学徒，学会最基础的印染工艺，后来开始进行刻版设计工作。当时日本商人久保玛萨来中国寻找蓝印花布，一路找到南通。她的频繁造访以及随之而来的大量订单，使备受冷落的印染厂，一时异军突起。只不过，那些陈旧的纹样渐渐不能引起接踵而至的日本客商的兴趣。吴元新开始随师傅到乡下，四处搜集流落在民间的蓝印花布款式，获取素材投入新的生产。这些迫不得已的举动，却在无意中勾勒出他的未来之路。

1982年，吴元新考入宜兴轻工学校，学习陶瓷工艺。然而陶瓷没能激起这个年轻人的兴趣，让他念念不忘的仍是那一抹温婉的蓝色。他整日在学校的图书馆里，漫无边际地读书，青铜、彩陶、木雕、剪纸……各领域诡秘的纹样刺激着他，他着了魔似的想把这些纹样嫁接到蓝印花布上。经过反复的实验、构图、推敲，剔除那些不适合蓝印花布工艺表现的内容，进行再创作，吴元新的设计稿开始频繁地寄回南通。每隔一段时间，启东工艺印染厂的传达室都会收到这些来自宜兴的邮件，各种奇思妙想的图纸，令那些平常只见过明清蓝印花布纹样的日本客商大为震撼。这些轻薄的图纸，将这家工厂推向巅峰。

然而，兴衰只在弹指之间，随着五彩花布染料进入中国，蓝印花布的含蓄之美，终被这些毕露的锋芒所掩盖。而大量工厂和染坊也相继用机器生产取代了手工，蓝印花布赖以立身的神秘的自然冰纹，渐次消失。

"手承心承手，人传艺传人"

众生喧嚣之中，一个人的跋涉显得愈发珍贵。

吴元新毕业留校几年后，调到南通旅游工艺品研究所，专注于蓝印花布纹样的设计开发与研究。设计室里有些拥有美术基础的行家对此颇不以为然。有位在四川美院学过漆画的同事也用了些时日，画出一张蓝印花布的设计图。然而吴元新回忆说，那不像蓝印花布，像剪纸。不同的是，剪纸剪出来，是最终完成的工艺；蓝印花布刻完，只是第一道工序，还要经过刮、洗等步骤。剪纸的线条太长，一刮一洗就坏了。

"我称蓝印花布是一种构成的形式，不仅是纹样构成，花形也全部是点线面构成的。用不同的点线面组织人物、动物、植物造型，根据构成的疏密关系来组织蓝印花布的图案。"吴元新在吸收传统元素的基础上，融入现代刀法，他的蓝印花布创新设计，连续三次荣获中国工艺美术界最高奖"山花奖"。

后来，吴元新受邀到清华大学美术学院讲课，教室全部用蓝印花布装饰。学生们最初同样毫无感觉，甚至不屑，直到吴元新要求他们临摹一张蓝印花布的纹样，甚至自主设计一张纹样，学生们一时手足无措，他们才发现，这些看起来毫不起眼的蓝白花纹中间，究竟隐藏着多大的奥秘。

与此同时，吴元新开始有意识地遍访乡村，收集、整理蓝印花布。这一行为连乡村里的老人们都感到不解。20世纪80年代的中国乡村，遍布着冒险者和机会主义者，他们会默不作声地顺走一个肮脏的狗盆，或者拿几个馒头换走一个毫不起眼的花瓶，很多投机文物商都是在那时聚敛家财，上演了一夜暴富的神话。而吴元新要寻找的，竟是家家户户床前柜上都覆盖着的已然破旧的蓝印花布。寻找蓝印花布的工作最初轻而易举，后来却愈发艰难。老人去世后，他们用了一辈子的蓝印花布都要被子女烧掉，一是表示对老人的孝心，二是因为这些已然过时的东西摆在家中实在碍眼。然而，"即便在清代，温饱还没有解决的时候，父母去世后，一条蓝印花布被面，三个子女还要分成三块。可以做成围兜，再破点做成鞋垫，再破点做成抹布，一块蓝印花布真要用尽了，才会扔掉。"现在，儿女们依然会为遗产而争吵，只不过，不包括蓝印花布。于是，那些曾经附着在蓝印花布上的民族的记忆，也就随着这些卷起的火舌灰飞烟灭。这种文化流失让吴元新痛心。

1997年，吴元新创办蓝印花布博物馆，将他收集的大量蓝印花布纹样和实物分类陈列其中，他也尝试着恢复和生产了一些传统纹样。2005年，他编撰出版《中国蓝印花布纹样大全》，算是对自己30年来不遗余力地记录和复兴中国蓝印花布工作的一次总结。冯骥才将吴元新的工作盛赞为"抢救"，"手承心承手，人传艺传人"。传承并非一人一时之功，吴元新的女儿吴灵姝在北京理工大学上学，也在耳濡目染之间，渐渐爱上蓝印花布，开始协助父亲收集整理相关资料，出版书稿，这成为吴元新极大的安慰。然而，现实的严峻却无以复加，随着上一代人相继去世，记忆的流失将比蓝印花布的流失更加迅疾，更加不可挽回。

一生的邂逅

吴元新的脸在蓝印花布间时隐时现，7米高的竹竿收拢着一束阳光，在暴雨将至的前一刻，闪烁明灭。

我们很难确切地描述一个人与一个物件的邂逅，以及，究竟是什么使得这种无意的邂逅，最终却成就一个人终生的事业。

吴元新几乎实现了当下民艺人的终极理想：从无数个学徒、工人中的一个，成为掌握和突破最高技艺的工艺美术大师；从小城一隅，到获得国际声誉；从被国有

手工染色才能造就神秘的自然冰纹。（摄影：马岭）

体制成就和制约，到把谋生之道开拓成对古老文化的收集和整理；从一个人的战斗，到一个家族的薪尽火传；从默默无闻的民间艺人，到站上大学讲坛去影响更多的年轻人；尤其是，建立一座海纳百川的主题博物馆，为自己多年来收集的大量旧物，以及持续的工艺突破和研究，找一处安身之所，也为历史找一个归宿。这些民艺发展的传统思路，几乎是当下民间艺人的最高理想和所能想象的极限。

然而，问题在于，被改变的其实不只是民艺，还有我们的生活本身。

拉塞尔·雅各比曾有过一段极为精妙的比喻："走进一个熟悉的房间同时识别一个新的事物——一盏灯，一幅画，一面钟——这是一种日常经验。但走进一个熟悉的房间并立刻指出最近刚搬走的东西就很难做到了。我们的眼睛和耳朵能轻而易举地发现添加了什么，却不太容易注意到'减少'了什么，比如物体和声音的消失。几个星期、几个月或者几年过去了，我们都没意识到它们已不复存在。也许，有一天一进屋我们便感觉到一种说不清的不适，什么东西消失了，可那是什么呢？"

用这来形容自"五四"以来中国人的"现代化"情结，再合适不过。"现代化"的魅影一旦附体在民艺之上，便孕育出两种截然不同的结果：民艺作品要么与落后、过时扯上关系，要么就走向另一个极端，成为当代艺术实验中的一抹泛黄的装饰色。民艺，究竟怎样才能与时代握手言和？一路上我一直在思考这个问题，却始终无法作答。

刮浆看似简单，实则展现着技艺与经验。（摄影：张泉）

"衣被天下"的时代

问：中国传统民间印染，自古以来有所谓"四缬"：夹缬、绞缬、蜡缬和灰缬，灰缬又被称为蓝印花布，它们在技艺上有什么关联？

吴元新：现在我正在做一个国家级的课题，就是关于中国两千年以来的民间传统手工印染技艺，经过与专家们商讨，基本可以分为五大类：夹缬、绞缬、蜡缬、蓝印花布，还有民间彩印。

夹缬、蜡缬和蓝印花布是不同的工艺技法。蜡缬和夹缬都可以被视为蓝印花布的前身。蜡缬是先刻木版，木版上的花纹比较简单，再通过点蜡来完成，而夹缬则是刻了木版以后夹染。了解技艺传承的历史，可以帮助我们明确蓝印花布的定位。

夹缬和蜡缬都起源于秦汉，蓝印花布则起源于宋代，此后夹缬和蜡缬就基本被边缘化了，像夹缬，主要在浙江南部、福建北部、江西东部几个县城和乡下流传。而在汉族的广大地区，蓝印花布成为主流的民间传统印染形式，可以说是"衣被天下"。

问：蓝印花布是怎样后来居上的？

吴元新：相对来说，蓝印花布的工艺比较简单，而纹样则比较丰富，无论是做服装、被面还是包袱等日用品，既可以定位设计，也可以灵活地运用，而夹缬和蜡缬在工艺上受到木工刻版的制约，流传和普及很受限制。

宋代宫廷里的一些服饰从丝锦改成夹缬，政府下令，夹缬很复杂，民间就不要做了，要和宫廷有所区别。但是老百姓需要装点自己的生活，就有人用纸版刻出各种花纹，当时有油纸伞，桐油可以防水，就把桐油刷在纸做的花版上，拿来印染。与此同时，刻版工艺也发生了改变，纹样更加丰富，从简单的几何图形，逐渐出现了诸如"鲤鱼跳龙门""狮子滚绣球""麒麟送子""凤戏牡丹"等各种图案，对刺绣、木雕、剪纸等纹样也都加以借鉴，极大地满足了人们的物质和精神追求。和蓝印花布相比，夹缬的纹样以戏曲人物为主，祈愿状元及第，富贵吉祥，又受到木版的影响，使用的场景有限。因此，蓝印花布在宋代以后迅速崛起。

刮浆所用的刻版，是塑造蓝印花布的灵魂。（摄影：马岭）

当然，蓝印花布的流传，与黄道婆关系密切。她从海南黎族学会了纺织技艺，并加以改进，大大推动了棉纺织技艺的革新与发展。蓝印花布在宋代起源，最初肯定还是印在麻上，印在棉上的比较少。后来，棉花大量种植，得到广泛运用。明清百姓生活中的软家纺用品，以蓝布和蓝印花布为主，男子穿蓝布，女子穿蓝印花布，家里的装饰也以此为主。于是，蓝印花布从宋代起源，到明清达到顶峰，"衣被天下"，汉族地区都流传着蓝印花布的纹样，只不过叫法不同，东北叫"麻花布"，福建一带叫"型染"，山东有时称它为"苏印"，有时称它为"猫蹄花布"，都和当地的风俗习惯有关。

问：和其他地区相比，江南的蓝印花布有什么独特之处？

吴元新：从我所收藏的全国各地的蓝印花布来看，江浙一带称得上是中国蓝印花布纹样艺术顶尖的地区。

蓝印花布起源于江南，嘉定的安亭镇。安亭镇前一阵也请我去考察，希望能做一个蓝印花布的博物馆或者艺术馆。这是很好的资源。

北方的蓝印花布，基本是从南通传到徐州，再传到山东，山东人闯关东再带到东北，各地的经济、政治、人文和风俗习惯都对当地的蓝印花布技艺有很大影响。

比如，山东只要有点花纹就行了，不像江南对刻版、接版等技艺都有复杂的要求。山东也有"凤戏牡丹"等图案，但是人物造型比较少，因为人物造型对刻版的要求比花卉等图案更高，断刀断在哪里，刀法要怎么样，都很讲究，所以山东称蓝印花布为"猫蹄"。这并不是说山东的工艺不好，而是由当地的风俗习惯决定的。当时山东的男子流行黑色和蓝色的棉袄，耐脏又保暖。所以，我们收集的山东的蓝印花布，有很多是没有白底的。而在江南，技艺逐渐提升后，能工巧匠为了丰富蓝印花布的图案，才发展出白底，需要两块花版套印。

江浙一带夫妇是两头睡，所以蓝印花布的花形一定要对称；而山东可能是炕，夫妇睡一头，所以花纹都是散花，不对称，定位的很少。而如果更仔细看，江浙一带的蓝印花布有中心图案，有主纹样，有副纹样，有边角纹样，很讲究，这都和江南的生活习俗有关，就像苏绣、湘绣、粤绣各不相同，都是当地人生活的反映。

问：说到白底，你以前讲过，冰纹是蓝印花布的灵魂。

吴元新：蓝印花布在白底上会出现冰纹。它的艺术价值比较高，因为机器加工无法留下冰纹。我前几天在浙江考察，当地学日本的吊染，就不可能出现冰纹。吊染是卷在铁架上，用机器吊起来，不是人工染。**只有全手工制作，才会在无意中形成各种各样的冰纹。**

当然，现在也有很多作假的，用机器制作的蜡染，甚至一些丝网印的东西，也在做假冰纹，但是很容易看出来。

实际上，如果严格来说，刻版、刀法和染色，都是蓝印花布的灵魂。我现在的主要精力都放在收藏、研究、讲学和新产品设计上，希望能支撑蓝印花布博物馆的运作。

问：你刚才讲到，蓝印花布是在安亭起源，为什么现在南通能成为中国蓝印花布之乡？

吴元新：南通是移民城市，大半的人都是从江南周边地区迁移过来的。唐代时，南通还是一个岛，叫胡逗洲，都是外来的流人。流人有不同的解释，一种解释是流放的犯人，还有一种解释是移民。他们到了这个岛上，形成了独立的方言——南通方言。现在的开发区那边，隔一个湖，还是吴语系。

南通在长江入海口，泥加沙的土，每年都会出现一两平方公里的泥沙冲积平原，我们土话叫"长出来的地"。

问：就像上海的崇明岛。

吴元新：对，崇明话和我们的口音差不多。这些"长出来的地"很便宜，但是还要经过很多年的改良，才能变成良田。太平天国期间战乱频繁，而这边是一个半岛，反而能安居乐业。经过多年的改良，泥沙地变为良田，就吸引着更多的江南移民来到这里，他们把江南的纺织技艺和染织技艺也带到了南通。所以我们说南通有江南的灵秀，江北的粗犷，就像我们的木版年画，既吸收了桃花坞的精细的传统，也吸收了潍坊杨家埠的粗放风格。

20世纪70年代，日本想在中国找工厂做绞缬，选中了南通。因为这里有江南的灵气，却是江北的价位，比苏州、无锡等地做绞缬最起码便宜

30% 左右。当时中国改革开放，需要外汇，而日本商人需要中国的廉价劳动力，双方一拍即合。

后来，日本人做蓝印花布，也选择了南通。当时外来的五彩染料、洋布对中国冲击很大，江南的染坊已经很少了。日本人只能到周边地区寻找。虽然南通的染坊经过"公私合营""文革"等一系列冲击，也已经所剩无几，但是所幸人还在，可以把传统继承下去。所以现在非物质文化遗产保护，首先要保护传承人。

可以说，南通是唯一没有间断地进行蓝印花布技艺传承的地区。

平心而论，如果不是日本商人在那段时间看中了南通的技艺，南通地区的蓝印花布传承可能也会中断。当时一个人一天可以做 7 匹蓝印花布，南通地区一天至少能做 700 匹。日本这个国家不大，很难想象，它们都被销售到哪里去了，而且竟然持续了十多年。

人常常是喜新厌旧的。当年五彩花布染料大规模进入市场，中国人穿了几百年的蓝印花布，被认为是落后的，需要淘汰。1977 年，日本商人来我们工厂参观，我母亲告诉我，要穿最好的衣服接待外宾。那一天，我们厂里是清一色的蓝色的确良卡其布，那是当时我们眼中最好、最时尚的服饰。大家都不要穿土布，因为土布是落后的象征。

所以，南通的蓝印花布和绞缬，在 20 世纪 70 年代是 100% 出口日本的，因为国内不需要。到现在可能只有 5%~10%，毕竟，日本的年轻人对传统工艺的情感也不太深了。

当然，经济效益也是一个问题。当年我做学徒，一个月只能赚 14.83 元。3 年后学徒出师，也不过 30 元到 32 元。而从 70 年代到现在，人工价位至少翻了 30 倍。但是现在在日本，蓝印花布和绞缬的价格变化不大，利润空间很少了。为了降低人工费用，绞缬技艺一部分转到朝鲜，一部分转到了印度。

从新的角度理解传承人

问：传统工艺的流失，确实和人们的情感变化有很大的关系。所以你这些年来一直在收集蓝印花布。

吴元新：冯骥才先生说我收集蓝印花布是在抢救，真的很贴切。像瓷器、木雕、缂丝、刺绣等等，如果我不收，还会有其他人收，因为有很多都被视为文物。唯独蓝印花布，在民间，老人去世后，他们用过的蓝印花布的东西都要烧掉，没有人会把它们收藏起来。人们觉得，它们是过时的，何况，既然是老人用过的东西，烧给他们也是一种孝心的体现。

现在是农业文明向工业文明、信息社会过渡的时代，只不过短短 30 年，却发生了天翻地覆的变化。20 世纪 70 年代，人们对蓝印花布还有些情感。可是，时代已经不同了。即便是我的母亲，现在叫她穿一件蓝印花布的衣服，她都不是很情愿。因为她觉得，自己从小就穿，已经穿了一辈子。人的心态都是这样的。

所以**现在我们更要抢救保护**。如果再不收，二三十年以后，当拥有这批蓝印花布的老人都过世了，我们国家再想去找我们祖先穿过什么、用过什么，到哪里去找啊！正规的博物馆不收藏这些东西，认为它们是民间的。2006 年国家非物质文化遗产评定以来，国家博物馆、中国美术馆也终于逐渐重视起来，开始收藏我收藏过的一些蓝印花布。但是**大批的其实都已经被烧掉了**。每一天都在流失。

问：据说你 1977 年到启东工艺印染厂工作时，就跟着黄师傅到各地收集蓝印花布？

吴元新：对。不过当时收集的主要目的，不是在保护和抢救，而是因为日本商人说，你们怎么只有这几种纹样？有没有新纹样？我们当时不会设计，只好到民间去收集纹样，复制以后再销售给日本商人。后来我学画画，1982 年考取宜兴轻工学校轻工美术专业，逐渐懂设计了，我就在学校里开始大量设计。一些日本人一看就说，"哎呀！太特别了！"他们没看过现代人设计的蓝印花布纹样。

我的学校原来是宜兴陶瓷工业学校，我在图书馆里看到很多的陶瓷、青铜、木雕、剪纸等纹样的书，以前在启东根本看不到这些书。我懂蓝印花布，懂染色、刮浆、刻版等技艺，就通过蓝印花布的工艺、刀法，对这些纹样进行融合与再创作。在吸收传统的基础上，我也在形式上进行了改进。比如，以前总是用蓝印花布做被面，我就做了方形，但是用传统的

染色中的蓝印花布（摄影：马岭）

凤、牡丹等图案，重新构成。日本人一看当然会觉得很新颖，很惊喜。

蓝印花布有经济效益，我在学习阶段就一直帮忙做设计。毕业后留校，老师说，你的图案画得这么好，就画图案吧。留校做了几年教师，调到南通工艺品研究所。当时设计室还有一位四川美术学院毕业的同事，是研究漆画的。他看到我一直在做蓝印花布设计，也想试试，后来花了很大的力气画了一幅，但是就是不像蓝印花布，像剪纸。因为他并不了解蓝印花布的特点。对剪纸来说，剪完了，工序就完成了；而蓝印花布，刻完了，才只是第一道工序，还要经过刮、洗等步骤。而剪纸的线条太长，如果一刮、一洗，就坏了。

现在市场上流通的那个年代的蓝印花布，很多都是我设计的。当时设计一幅纹样能赚 10 元。日本商人来工厂订货，我设计 30 张，他们照单全收。本来上学是学陶瓷的，结果陶瓷没学会，蓝印花布倒是成了。

问：现在你也在做老师，在清华大学开课，你是怎样向年轻人解读传统工艺的？

吴元新：我每年在清华大学讲课。在讲蓝印花布之前，我在清华大学还有一个传统工艺的教室，全部是用蓝印花布布置的。最初他们在里面上课，并没有感觉到蓝印花布有多好，但是，一旦我叫他们临摹一张，再创作一张时，他们就感到很困难。他们发现，蓝印花布根本不像看起来那么简单，原来我们的老祖宗、我们的民间艺人千百年流传下来的图案，早就达到了艺术的顶峰。

我告诉他们，蓝印花布是一种构成的形式，不仅是纹样构成，更是用**不同的点、线、面，来组织人物造型、动物造型、植物造型，根据构成的疏密关系，来造就蓝印花布的图案**。

为什么叫他们临摹？就是要他们了解断刀的形式。断刀断在哪里，至关重要。比如菊花和牡丹花，怎样才能抓住它们最突出的特征，又能符合技艺本身的要求。这是蓝印花布技艺传承和发扬的关键。

问：现在蓼蓝种植得还多吗？

吴元新：很少了。所幸，南通的印染技艺和方法，还是全手工的。

有人问我，你家是祖传开染坊的吗？我说，其实当年家家户户都会做蓝印花布。现在大部分都不做了，而你还在做，你就是传承人，把祖辈的手艺传下来。

我从小看着母亲纺纱织布，我父亲也会印染。这是每个家庭必备技能。自己种点蓝草，泡一下，做成染料。自己刮浆，弄点豆腐，调点石灰。这些都是随手可得的东西。只是每家的技艺高低不同，放酒、放灰的比例也不一样。有的做得好，有的不够好。但是花版，并不是每家都有。

其实问题不仅仅在于技艺的传承。我在清华大学申报了一个课题，关于中国蓝印花布传承人的调研。我们和专家讨论，**中国蓝印花布传承人的定义是什么？是会制作，还是能够经营？如果只有会做的人，没有会经营的人，技艺也很难传承。所以，我们需要从新的角度来理解传承人。**前段时间我去了浙江、湖南等几个地区考察，更加认为，需要把非物质文化遗产的运营者也作为一部分传承人。比如在上海长乐路经营蓝印花布的日本老太久保玛萨（Masa Kubo），她从 1975 年开始一直在订购中国蓝印花布，对中国蓝印花布的传承有很大帮助。我提议把她也放到传承人名单里。很多非物质文化遗产方面的专家也认同我的观点。

问：20 世纪 80 年代蓝印花布曾被用来设计时装，现在还有新的研发计划吗？

吴元新：用蓝印花布设计服装很困难。

80 年代中后期，我们厂有一个乡下的染坊，当时觉得时机到了，要做时装。南京艺术学院的一个学生，帮他们设计了西装。用蓝印花布做西装，听起来是时装加传统，很有代表性，但是，放在北京和上海的友谊商店，只卖掉几件，压库压了几十箱。

这一块我碰得比较少。现在主要开发的是包、装饰品和台布。而服饰是有季节性的，特别是时装，过季之后，基本就没人要了，也不可能像前人那样剪掉做新的东西，太浪费，代价太大。**传统工艺的创新，我们一直在摸着石头过河。**

我的信条是不和别人较量

【采访时间：2018年】

（本文图片由受访者提供）

没有伊豆烧，自然也没有创作者。菱田贤治却无比享受这种孤独，孤独可以让他心无旁骛。

菱田贤治（Kenji Hishida）

1964年生于日本神奈川县横须贺市，毕业于东京艺术大学设计专业，做过10年广告设计师，后担任尾道大学艺术文化系副教授，2008年在伊豆成立工作室，开始制作漆陶作品。在日本，由创作者本人完成制作陶胎与木胎、上釉、涂漆（包含莳绘）等完整工序的，仅菱田贤治一人。从2012年开始，日本陶瓷界极负盛名的画廊"黑田陶苑"每年邀请菱田贤治举办个展，在漆与陶的领域，他的创作被誉为"高度个性化的作品"。

和许多陶艺家不同，菱田贤治把家安在伊豆。家里没有窗帘，每天日出而作，日落而息。

孤独让人心无旁骛

野猪又来过了。清晨，菱田贤治俯下身，像个侦探四处打量。院子里出现了一片泥坑，水面上漂着野猪的鬃毛，显然它在这里欢快地打过滚。凹陷的水坑被野猪碾压，留下些细细的黏土，菱田贤治小心地收集起来，几个月后，它们将在他的窑炉里变成拙朴的陶胎漆器。

菱田贤治把家安在伊豆，是一个出人意料的决定。日本有许多陶艺和漆艺重镇，一方水土，一方风貌。备前烧、唐津烧、美浓烧……彼此泾渭分明。选择一个创作地，也就相当于选择了一种风格。菱田贤治却不愿进入任何看似封闭的系统，不肯被武断地归类。

许多人对伊豆的认知，源于川端康成，"俊秀的天城山，茂密的树林，清冽的甘泉，浓郁的秋色，袅袅的炊烟……"这里是旅行胜地，但并不出产陶土。没有伊豆烧，自然也没有创作者。菱田贤治却无比享受这种孤独，孤独可以让他心无旁骛。

起初，他也从外地购买陶土，却越来

越感到困惑。为什么不能用伊豆的土来创作？他决定从自家后院挖些土来试试。他乐此不疲地做着各种实验，用迥异的技法处理，尝试用自己的方式与这些其貌不扬的土对话。它们时常让他陷入绝望，又间或报以惊喜。突然有一天，他在后院发现了野猪留下的黏土，仿佛上天对他的垂怜，"对我来说，野猪就是上帝，是野猪在帮我制作黏土！"只不过，野猪偶尔才会到来，更多的时候，他依然埋头在工作室里，翻检着从院子里采集的土，思索着究竟该把它们变成一只茶碗，还是一尊佛像。

修炼技法如同修行

菱田贤治真正决定投身陶艺和漆艺创作，已经过了不惑之年。人到中年，往往比从前更渴望稳定，菱田贤治却辞去了公职。

当年在东京艺术大学学习设计时，他就对一楼的陶艺系满怀向往。让他好奇的不只是陶瓷本身，还有那些同龄人的工作状态：他们时常通宵达旦守在窑炉前，喝着酒度过漫漫长夜。菱田贤治参加了陶艺系老师在家里开办的课程，目的很简单，只是想给自己烧制几件日常用具。

大学毕业后，他在电通公司做了10年广告设计师，陶艺之于他，只是藏在阳台角落的一个轱辘，偶尔他会去公民馆的陶艺教室，借窑来给自己和朋友烧几只碗。后来，他应邀前往广岛尾道大学任教，教授设计和广告课程，有几个学生想做陶艺，可是学校并没有专业设备。菱田贤治听说后，突然来了兴致。他对学生们说，只要他们能成立社团，他就愿意担任指导老师。

世事往往阴差阳错，重拾陶艺创作的同时，菱田贤治却对一种新的材料产生了更加浓厚的兴趣。漆，自由流动，仿佛不受掌控，却又造就了自成一体的美感。他到图书馆借来能找到的所有资料，又频频在博物馆流连，自学漆艺。他没有选择漆艺家们惯常使用的木胎和金属胎，而是将漆涂在陶土上烧制，让漆与釉自然搭配，呈现出与柴烧全然不同的丰富美感，从一只红色酒杯开始，走出新路。

然而，漆之于陶，如同一种甜蜜的负担。做陶器只需几天时间，一旦加入漆，动辄就要消耗几个星期甚至几个月。他的作品一度无人问津，一些策展人认为他将漆与陶结合反复烧制，纯属多此一举。而他只是埋头创作，不断尝试新的可能。两年后，他在东京举办个展，一夜之间这个不走寻常路的创作者，令艺术界大为震惊。

然而，最热闹的关头，他却又搁下手中的陶胎漆器，拜江户莳绘师小林宫子为师。小林宫子是最后一位直接师从"人间国宝"田口善国的学生。菱田贤治追随这位80多岁的老人，学了三年莳绘。在他心中，修炼技法如同修行，作为创作者，唯其如此才不至于昙花一现。

一生的归宿

"我的信条是不和别人较量"，于是，菱田贤治只能一遍遍不厌其烦地与手中的器物较量。在漆与陶之间，他找到新的思路，孜孜不倦地钻研出独特而复杂的技法，他深信，唯其如此，才无法被人模仿。

早年在电通的上司要退休了，菱田贤治打算创作一组作品送给他。他想到了日月。在日本人的思想意识里，日和月构成了一个完整的世界。日月杯的意象古朴，却饱含着现代意蕴，迅速在朋友、同事中间风靡，不断有人央他再做一对。当然，人们并不知道，这对看似拙朴的杯子，其实运用了极其复杂的技法。要表现出深邃的美感，必须花费更多精力，但他处理得颇为低调，如同他为人处世的习惯。

他时常不按常理出牌。为茶道家近藤俊太郎制作茶器时，他决定用螺钿技艺，在茶碗上呈现银河。他自己炼土，用不同大小的滤网过滤，反复调配，把大的石块和不合适的土过滤掉，有时刻意留下一些植物杂质和小石块，它们将在烧制的过程中，与陶土、釉和漆融为一体，造就独特的器物……

创意看似随性，菱田贤治创作时却非常细心。在电通从事广告设计的经验，让他更关注使用者的感受，不以艺术家任性自居。他用手拉胚制作茶杯，边缘呈现出不规则的美感，但一定会刻意把一个位置处理得比较平滑，让人们喝茶时入口更舒适方便。制作餐具时，他也会周到地考虑使用者的习惯，很多人用右手拿茶碗，他就把茶碗的器型做得稍微向右倾斜，当使用者把筷子放在茶碗旁边，就会更顺手。女性用德利壶斟酒，他就在制作前反复设计，怎样让女性的手指与壶搭配得更舒服，呈现得更漂亮……他的身上一直充斥着这样的悖论，看似天马行空，实则体贴入微。

所有沉默的努力，蕴积成震撼人心的力量。有着80年历史的银座"黑田陶苑"向菱田贤治发出邀请，这家当年成就过北大路鲁山人的画廊，决定为菱田贤治举办个展。后来，日本酒纪录片《一杯的谱系》，又将他的陶胎漆器刊登在海报上……声名日隆，而他依然极其勤奋自律，家里没有窗帘，每天日出而作，日落而息。偶尔空闲下来，就在伊豆的山中穿行，眺望大海，用水彩记录沿途植物的变化，有朝一日它们将成为新的灵感源泉。

多年后，当他讲起过往时光，突然有些出了神。连他自己也未曾料到，当年一个小小的爱好，最终却成为一生的归宿。

对我来说，野猪就是上帝

问：你现在使用自己家后院的土来创作，这一点和所有陶艺家都不同。你家后院的土和其他陶土有什么区别？

菱田贤治：以前我经常用信乐的土，伸缩性比较好，对初学者来说，比较容易把握。后来用唐津的土，硬度比较高，比较难操作，需要长时间练习磨合。现在我家的土都是我自己淘的，颗粒的形状都不一样。如果是买来的土，颗粒往往非常统一，操作时的感受不同，最终呈现的效果也完全不同。

我会把叶子、根系这些自然的元素留在土里，烧制时，植物部分会变成草木灰，在陶器上留下色彩不同的斑点。这些植物的杂质，让作品呈现出独特的个性。

问：你用了多长时间来适应自家后院的土？

菱田贤治：实在花费了很大的心思，经历了大量试错的过程。

有时我会尝试把土都放到水里变成泥，然后过滤，蒸发，制作黏土。有时完全不加水，只是平摊，碾碎。我会用各种纱网来过滤，纱网的缝隙大小不同，过滤出的土也会呈现出不同的效果。有时更随性，只用手把一些杂质拣出来就开始使用。

比如这只杯子，有一块小石头嵌在上面，这是专门的构思。烧制时，黏土会收缩，石头不会收缩，会留在杯子表面。这是日本人比较喜欢的美学。

如果石头太大，会掉下来，在杯子上留下一个洞。所以我会调整滤网的大小，只挑出大小正好的石头，过大的石头都会捡走。

问：你从什么时候产生这种创作意识的？

菱田贤治：日本的陶艺风格很多元，比如备前烧、唐津烧等等，陶艺家不一定

出生在那里，但是往往会住在那里，用当地的土。

我在伊豆。伊豆不是传统陶土的产地，最初我也从外地买一些陶土来创作，但是总觉得不太对，于是开始尝试用自家后院的土。

问：说起伊豆，我们马上会想起川端康成的《伊豆的舞女》，这里的地域文化对你的创作有什么影响？

菱田贤治：伊豆没有平地，大海绵延突然就会变成高山。我住的地方有海也有山，到处都是植物和各种动物。我每天都会画一些画，记录植物在不同季节里的变化。我也会在一些作品上画植物，我家附近的植物给了我源源不断的灵感。

伊豆在海边，海浪会把一些石头冲上沙滩，有的像人头一样大，我就捡回家，把黏土盖在石头上，压出陶器的形状。

我们那里野猪很多。野猪为了把身上的寄生虫和杂质弄掉，会在水里打滚，滚过之后，土陷下去，留下一个小水坑，它又会在里面洗澡玩水。有时，土坑里会形成黏土，我就把它挖出来，做成陶器。土里也会掉落野猪毛，但是放到火里烧，野猪毛就没有了。对我来说，野猪就是上帝，是野猪在帮我制作黏土！

所有的作品都是实验

问：你在大学时代学的是设计，后来才投身陶艺和漆艺创作。创作过程中，设计思维是否对你产生了影响？

菱田贤治：我是学设计的，又在广告行业待了10年，现在创作时，广告和设计思维确实对我产生了很大的影响，我会考虑什么样的人会使用它，以及会怎样使用它，一直会带着这些想法来创作。

在日本，由创作者本人完成制作陶胎和木胎、上釉、涂漆（包括莳绘）等完整工序，菱田贤治是唯一一人。

问：你的作品中经常出现一些独特的元素，有些像远古时代的抽象符号，还有一些比较有当代意蕴。这些意象来自哪里？

菱田贤治：茶道很重视季节感，而季节感一般比较具象。但是，如果在茶碗上画一个代表秋天的图案，就只能在秋天使用。茶道的初学者不可能拥有那么多茶碗，所以我想，一些抽象的图案会更好。

我很喜欢去博物馆，昨天早上我刚刚去了上海博物馆，看了很多青铜器和瓷器，在以后的创作中，一定也会拿来参考。

比如，我做了一件饰物，用莳绘画了一只凤凰。有一位长辈得了重病，后来好了，我就做了这个送给他。因为凤凰代表涅槃重生。

问：你还特地为谁创作过作品？

菱田贤治：比如日月杯，以前我在电通工作时的上司要退休了，我把它作为贺礼送给他。用日月的意象表达祝福，是一个渊源已久的传统。因为太阳和月亮构成了一个完整的世界，代表着吉兆。我的前上司，刚好到了退休的年龄就顺利退休了，非常圆满。没想到，后来很多人都想要，我就一直都在做。

我妈妈的脚不太好，需要拐杖，她不想用金属拐杖，我就从法国买了木质的拐杖，用漆艺的莳绘技法，从上到下画了葡萄的图案（当然，最下面的三分之一可能会踢到，就没有用莳绘）。

总的来说，我的创作和日常生活息息相关。

问：你创作的一些茶碗，会让我想到天目*。

菱田贤治：其实完全不一样。我会先在陶器上涂漆，然后撒上金粉，在漆干燥之前，再撒上釉药，因为只有在釉药下面漆才不会干。洗掉后，下面的黑色就会保留在这里。

当然，每件作品的制作过程都不一样。比如这只碗，先做素烧，浇上釉药再

————
* 釉彩瓷器的一种。——编者注

菱田贤治的创作看似天马行空，但他其实非常关注使用者的习惯和感受，体贴入微。

烧，会先空出一些位置，涂上漆，继续烧。然后再涂一遍漆，洒锡粉，再涂一遍漆，让它干燥，然后打磨，有一些色彩呈现出来，然后进行莳绘（其实，我还用银在月亮下面做了莳绘，只是一般人可能看不出来）。然后加上金，继续涂漆，再打磨……做一只碗，仅仅漆的工艺就要用两个月。**整个过程太复杂了，所以一定没有人想去模仿。我的信条是不和别人较量。**

问：你从小就是一个特立独行的人吗？

菱田贤治：哈哈，自己不会觉得自己是一个特立独行的人。不过，可能正因为特立独行才会去东京艺大读书吧，如果思想保守，也不可能从电通离职，不会辞去教职而投身创作。

问：你大学时代最喜欢的艺术家是谁？

菱田贤治：法国印象派画家塞尚，还有意大利宗教画画家乔托。大学时代我到意大利旅行，看了乔托的真迹，实在太厉害了。

东京艺大是日本唯一的国立艺术大学，我们入学后也必须学习日本古代艺术。有一个月左右，要到奈良和京都合宿，看一些早期的佛像和绘画，那段经历一直留在我的记忆里。

所以我现在也会创作一些佛像。以前日本有一个叫圆空的和尚，一直在日本各地旅行，做了几万个木质的佛像。我觉得这太酷了。

每天都是瓶颈期

问：你把陶与漆结合进行创作，遇到过瓶颈期吗？

菱田贤治：**其实每天都是瓶颈期，非常顺利的时候很少。遇到瓶颈，就只能动手去做，换一个方向再尝试。**

最初我只是在陶器上涂漆，第二个阶段是进行釉药和漆的搭配，第三阶段开始莳绘。如果不看实物，可能很难了解，漆究竟涂在什么地方。但是涂漆之前和之后完全不同。比如这个部位，**看起来没涂**

菱田贤治最初只是想为自己烧制几件日常用具，不料，陶艺与漆艺创作却成为他一生的方向。

漆，其实用了非常多的技法在涂漆，花费了大量精力。我喜欢这种低调的感觉。

现在我对漆艺的追求更少了一些，对土有了更多追求。这就像日本料理，最重要的是原材料。我已经学会了很多技法，现在更想在原材料上下功夫，让炼制的过程更加精细。

问：年纪大了会返璞归真。

菱田贤治：过了50岁就开始这么想。我对茶道没有兴趣，但是我喜欢喝茶，为了喝好喝的茶，就做了很多茶具。其实也经过了精心的设计，比如，我做的杯子，入口的地方只有一处，会特意把它做得比较平，其他位置则是不规则的。当然，这是很早就有的想法，一直坚持到现在。

问：京都、金泽这些民艺家汇聚之地，会有很多交流发生。你在伊豆，是什么样的状态？

菱田贤治：我喜欢孤独。我家没有窗帘，每天日出而作，日落而息，除了吃饭以外都在工作，没有周末，也没有节日。

每年2月到6月，我会制作黏土，5月到6月炼漆，秋天做一些木工，冬天画画。我有几个窑，有几个月会一直烧，完全不休息。

这十年间，我几乎没有长途旅行过。我更愿意宅在家里，一步都不出来。我很幸运，真正投身创作的两年之后，就在东京做了展览。而且我太太很会赚钱，让我可以没有顾虑，所以精神状态很安静，与人见面反而觉得很累。

有时想到，十年后，二十年后，活着的日子里，也许会一直创作陶器和漆器吧。这样想一想，其实也有些惆怅。

（本次采访，感谢唐诗女士的现场翻译。）

我的客人是琴，不是人

【采访时间：2018 年】

把修好的琴归还委托人之前，他会自己先拉一曲，测试琴的耐受度。往往是巴赫的《无伴奏组曲》的一小段，或者勃拉姆斯的《第一大提琴和钢琴奏鸣曲 E 小调 Op. 38》，如果需要适应更大的场面，就试试埃尔加的《大提琴协奏曲》。在那些短暂的时刻，被他倾注数日心力医好的琴，仿佛终于与他产生了更直接而深刻的共鸣。那是别离前最后的道白。

李伯苍（Lee Boa-Tsang）

制琴师，修琴专家。自幼学习音乐，毕业于辅仁大学音乐系，主修大提琴。1990 年前往意大利留学，就读于世界三大小提琴制作中心之一克雷莫纳国际制琴学校，随瓦亚·埃内斯托（Vaia Ernesto）学习制琴，随马西莫·内格罗尼（Massimo Negroni）学习制琴及修琴。1994 年毕业后回到台北，成立"李伯苍提琴工作室"，除制琴、修琴外，他还在高雄师范大学、辅仁大学等学术机构举办过多场提琴维修专题讲座。他曾为多位世界顶级音乐家制琴、修琴，是台湾一流的制琴师、修琴专家。

摄影：杨镇豪

有所为，有所不为

李伯苍失眠了。23 年来，经他之手修复的小提琴不下千把，已经很少会有一把琴，让他如此辗转反侧。

这把琴是 100 多年前制造的，却也算不上名贵，何况又有着复杂而致命的缺陷。只是，李伯苍知道，对于望子成龙的寻常台湾父母来说，买下它已是不菲的支出。这是它第二次来到他的工作室。上一次，他修好了琴的下半部分，几年过去，琴头又出现了问题。

这次要把整个琴头卸下来。拆琴头不难，但他如履薄冰。他自然知道，不能用判断新琴的思维方式来推测老琴，然而，他对老琴的认知，或许也无法完全适用于这把琴。经历了一个多世纪的颠沛流离，它究竟遭遇过什么变故，内部是否被人动过手脚，都不得而知。如同给一位得了健忘症的老人动手术，一切都要加倍小心。

李伯苍不会轻易接订单，每次他都开诚布公地声明："我是一名制琴师、修琴师、调音师，但是，我的客人是乐器，不是人。我没有办法百分之百达到你的要求。如果我认为你的要求对琴不好，我就无法如你所愿，不能接下这次委托。"他也会一再强调，提琴的设计原理和构造，决定了某些先天问题无法避免，只能在演奏时依靠音乐技巧进行弥补。作为修琴师，他也必须选择有所为，有所不为。

不过，一旦达成共识，他就会全力以赴。一个多月后，这把饱经沧桑的小提琴终于重新搁上委托人的肩头，琴弓刚刚拉响五个音，她的嘴角已经溢出笑容。

这也是李伯苍最开心的时刻。

相遇的种子

李伯苍对琴的想象，是从味觉开始的。

20 世纪 70 年代末，早年从上海音乐学院、福建音专前往台湾的那一代音乐人已近暮年，音乐教师逐渐变成稀缺职业。李伯苍的哥哥、姐姐都被父母要求学习音乐，希望未来能以此谋生。哥哥为了"脱离苦海"，对年少的李伯苍说，如果你去学钢琴，教钢琴的老师会请你吃口香糖。

在口香糖的诱惑下，李伯苍进了小学音乐班，主修钢琴，辅修大提琴，读高中后专注于演奏大提琴，很快成为乐团的首席大提琴手。然而，做演奏家不是他的兴趣，教书更不是理想所在。他对未来模糊的想象，一直藏在心底，无处安放。

因为买不起更好的琴，他时常会做些小实验来改善音色。有时往琴桥上放一张小皮块，有时在纸板上做一些凹槽，似乎都能达成奇效。这些无意中的发现，让他兴奋不已。他对手工满怀好奇，却又不敢轻举妄动，生怕伤到手，耽误了练琴。

在辅仁大学读到二年级，他才从台北

室内管弦乐团的张文贤老师那里得知，原来欧美有制作乐器的专业学院。意大利的克雷莫纳、德国的米滕瓦尔德、法国的米尔库……这些闻所未闻的名字，像巴赫的《G弦上的咏叹调》那样令人心驰神往。

克雷莫纳是意大利北部一座人口不过五六万的小城，却生活着800多名制琴师，工坊星罗棋布。从16世纪以来，这里就是制琴大师的摇篮，世界制琴三大重镇之一。经过充满波折的入学考试，完全不懂意大利语的李伯苍进入克雷莫纳国际制琴学校，从磨刀开始，学习雕刻、涂漆、制琴、修琴……多年演奏大提琴的经验，让他更加得心应手。

许多相遇的种子在那时埋下，各种困惑与挣扎，争执与努力，感激与哀伤，交叠纠结，终又无声开解。20多年过去了，在台北的工作室，他再度讲起那些亦师亦友的故人，想起彼此相处的种种，眼角渗出泪来。他们中有的人已经离去，还有的人，是他每年重返意大利的理由。

时间的痕迹

李伯苍做的第一把小提琴，其实并不是木质的，而且，远在他去意大利的5年之前就已经完成，仿佛冥冥之中自有定数。

当时，为了庆祝女友的生日，他做了一个30厘米左右的小装置——用西卡纸做成小提琴，拿油漆笔反复涂抹，呈现出木

质的纹路，琴弓是牙签做的，还有一本乐谱，是圣桑的《A小调第一大提琴协奏曲Op. 33》。他存了几个月的零花钱，到西门町寻找装裱画的师傅，帮忙做了立体画框。

如今，当初的女友早已成为太太，但她越来越不喜欢跟李伯苍重返意大利。每年回到意大利，李伯苍绝大多数时间都是在老师马西莫·内格罗尼的工作室里度过的。老师自顾制琴，学生自顾观察，老师从不掩饰独门技法，学生则总是会在某些时刻恍然大悟，发现新的诀窍。制琴的奥妙，要学习一辈子，20多年光阴流逝，不过是一个瞬间。

当年来自世界各地的十几个同学，早已星散各处。最要好的澳大利亚同学，小提琴拉得好，终于还是放弃手工，回归了舞台。有一天，李伯苍收到她寄来的CD，不是古典音乐，却是张学友的唱

李伯苍的工作室里贴着他和太太、女儿的合影。
（摄影：杨镇豪）

片。张学友世界巡回演唱会，她是乐团成员。她一直以为，张学友也是台湾人。她在信中写道：你能听到我的琴声吗？

如今，李伯苍像他的老师一样，工作室里不设屏障，时常有熟识的年轻人来聊天，或者静静地看他制琴、修琴，他也从不隐瞒自己的技法。台面上摆满各种刀具，制作中的琴面凹凸起伏，如同意大利

多年演奏大提琴的经验，让李伯苍在制琴、修琴时更加得心应手。（摄影：杨镇豪）

南部崎岖的海岸线，柜子里则摆着他代理和收藏的许多大师作品，这些古老的灵魂和年轻的胚胎，与他朝夕相处。

每天的工作，从自己做的一杯咖啡开始。他做咖啡也一丝不苟，不算迅疾，却也有条不紊。最近刚从开咖啡馆的朋友那里"偷师"了一门做焦糖的技法，忍不住再实验一番。这么多年，"偷师"一直是他莫大的乐趣。

他相信，琴如其人。他代理的大师作品，都有着浓厚的个人烙印。好几次，有人带着出了问题的琴来找他。他发现，它们一定都经历过快速氧化，据说把琴放在特殊的装置里，密闭通电 24 小时，可以达到 20 年的效果。然而，未曾经历时间的洗礼，木头内部的肌理无法自然拉紧，隐患随时可能爆发。"欲速则不达，没有任何办法可以仿冒时间留下的痕迹"，这是他对每一位制琴人的忠告。

把修好的琴归还委托人之前，他会自己先拉一曲，测试琴的耐受度。往往是巴赫的《无伴奏组曲》的一小段，或者勃拉姆斯的《第一大提琴和钢琴奏鸣曲 E 小调 Op. 38》，如果需要适应更大的场面，就试试埃尔加的《大提琴协奏曲》。在那些短暂的时刻，被他倾注数日心力医好的琴，仿佛终于与他产生了更直接而深刻的共鸣。那是别离前最后的道白。

幸好克雷莫纳还有这样的人存在

问：1990 年到意大利克雷莫纳国际制琴学校留学以前，你没有任何制琴经验，是怎样适应的？

李伯苍：去意大利以前，我只有演奏的经验，制琴经验完全是零，而且当时一句意大利语都不会讲。但我大学时成绩很好，是辅仁大学弦乐组的首奖获得者，自信应该没有问题。

笔试的时候我提前准备了一篇文章，叫作《自传》，用意大利语写的，硬背下来，不管出什么题目都写那篇文章。但是，写到一半我居然忘了，就交了那一半。

面试的时候，一句都听不懂，有位女老师会讲一点英语，勉强问了几个问题。面试结束后，有位老师用意大利语对我说，很抱歉，你不能入学。我听不懂，还对他说谢谢。他只好对另一个同学说，请你告诉他，请他回台湾，先学一个阶段语言再回来。

但我当时自信一定能入学，已经把工作时需要的 70% 的材料都买齐了。有一位台湾学长，高我两届，帮我对老师说，他成绩这么好，大提琴也不错，要不要给他一个机会。主考官答应了，让我试读三个月，到圣诞节时考试，如果没通过，就一定要回台湾学意大利语。从 9 月到 12 月，我过着地狱般的生活。后来我一直有个习惯，开车时看到路边的招牌就会念出来，因为就算不懂意大利语的意思，也可以根据拼音念出来，只是重音节可能出错。

班里的同学对我帮助很多。有位澳大利亚同学，叫艾特肯·盖尔（Aitken Gail），我们每天一起上学、放学，不懂的我就用英语问她，她先用英语再用意大利语回答。还有位德国同学叫厄休拉·塞巴斯（Ursula Seebaß），像做家教一样给了我很大的帮助。

问：制琴和修琴要从哪些基本功学起？

李伯苍：刚开始要学磨刀，熟悉你的刀具，平刀、圆刀、锉刀、小刀……磨刀会割到手，磨熟练要一两年。**我虽然志不在磨刀，志在修琴和**

制琴，但我觉得磨刀是很大的学问，是一辈子的事情。

磨完刀，我会右手拿刀，试左手的寒毛，看它锋不锋利。磨刀真的很无聊，不小心磨错一点，就要全盘重来。但是，制琴时会知道，如果切得不漂亮、不滑顺，就该收手了，先耐心地去磨刀。正所谓"工欲善其事，必先利其器"。

磨好刀，老师会设计一个图像，做一个模型，我们再复制在木块上。这样一点一点学起。

问：你的两位老师瓦亚·埃内斯托和马西莫·内格罗尼，教学风格有什么区别？

李伯苍：瓦亚是我的导师，教了我 4 年。他的个性很好，喜欢骑重机车，但也比较有意大利人的骄傲，把制琴当成一个宝瓶，有些知识不会随便教给你，比如下刀的手法，油漆的配方。他漆琴漆得很漂亮，但他觉得这是个秘密。

我从大二开始上内格罗尼的课，先是油漆学，然后是修理课。到意大利第三年，我女儿出生了。有一天，内格罗尼在学校碰到我，把我叫到旁边。他说"我完全没有不尊重的意思,我有一对儿女,大的6岁,小的3岁,他们以前穿过的衣服,材质都不错,我太太都洗好收起来了,不知道你女儿愿不愿意要"。我说太好了。他连帮忙都很在意我们的感受。他用两个大纸箱把衣服送到我家,全是名牌。他说,等你女儿慢慢长大,这些衣服用不上了,也希望你们洗好包起来,送给下一个需要的人。后来我们也这样做了。

现在我每年回意大利,也是因为内格罗尼老师,我在代理他和他儿子的作品。

问:你有偶像吗?比如墙上的这幅海报——安东尼奥·斯特拉迪瓦里(Antonio Stradivari)?

李伯苍:斯特拉迪瓦里当然是大师,但是按照我的个性,不会有偶像。当然,我很喜欢一些制琴家的作品。随着年纪增长,喜欢的种类也会改变。我以前不喜欢完美派的作品,太干净了,很漂亮,线条犀利得不得了,漆也很美,但我不喜欢。这两三年来开始有些改变。前年认识了几位年纪比我大三四岁的制琴师,真的是大师,几乎是无暇的。和他们订一把琴要等三四年,因为他们一年只做五把左右。去年订了一把,乐观估计,到2021年能拿到。

完美是一个根基,有了扎实的基本功,再去寻求变化,就是另一个境界。幸好克雷莫纳还有这样的人存在,坚持做完美无瑕的作品。

问:刚回台湾时,制琴和修琴有市场吗?

李伯苍:我以前一直在音乐圈,有师长、同学、朋友帮忙,一直没有担心过客源,只是怕自己做得不够好。任何一门学问,毕业只是开始,很多经验一辈子都学不完,直到现在,还经常有新发现。

我每年会回意大利一两趟,但我太太很不喜欢和我回去,因为每次我可能只会挑一天出去玩,其他时间都是吃完早餐就往内格罗尼老师的工作室里跑,什么都不做,就看着他工作。老师很大方,知道我在"偷"东西,但他愿意让我"偷"。他觉得我们是同一种人,用眼睛看人家做事情。学到了东西我也会和他讲,比如可以这样打磨,以前的观念太死板,其实可以活用。老师听了也很高兴。

问：评论家往往不会写小说，你从小演奏钢琴和大提琴，当你洞悉了琴的许多秘密，演奏时会受影响吗？

李伯苍：其实主要影响的不是自己的演奏，而是更能理解客人的感受。音乐家往往很单纯，有时他们的描述天马行空，比如，他觉得这个音有点飘，一般人也许听不明白，我比较容易理解他们的感受。当他们对音色、声音的平衡等有特别的要求，我能快速切入，有针对地进行调整。

问：音乐家更感性，需要用理性的方式帮他们实现。

李伯苍：除了制琴和修琴，我也是一个调整者。调整时我会很诚实地和他们讲，不是任何事情我都懂，都能解决。提琴的历史已经四五百年，很多人无法忍受共振，但这就是琴设计出来的缺陷，天生的 DNA 缺陷，要改善可以，但是一定会失去一些什么。

比如，琴体有一个最大的缺陷叫"狼音（wolf-tone）"，这是琴体设计的天生缺陷，只有严重或者轻微之分。也许你的琴刚好没有，也有可能它已经被动过手脚，比如把哪边的木头刮薄一点、增厚一点就可以避免，但那不是原本的设计。也有很多人会加狼音器，但狼音器会吃掉很多中低频的力量，如果你可以接受力量减少的负面影响，那就装，如果不能，就要靠弓的位置或者抖音把它模糊掉。毕竟，一首曲子不可能都是狼音，狼音只是过渡音而已。在这些方面，要诚实地沟通。当然我也碰到过完全不能沟通的人，那就只能另请高明。

没有任何办法可以仿冒时间留下的痕迹

问：你修复过这么多琴，最难忘的一把是怎样的？

李伯苍：有些琴会留在店里修很久，前阵子就有一把，已经第二次来修。演奏者误信了老师的建议，买了一把 100 年左右的琴，但是非常不健康。以前帮她大修过一次，把琴的下半部分完全修好了。现在是上半部分，她无法忍受，又送来修。

修琴的时候我没有完全的自信。"我是老师傅，我已经修了 23 年了，交给我你放心，没问题"，这种话我从来不敢讲。

为了修她那把琴，有时候会失眠。它不是顶贵的，但是新台币七八十万，对一个家庭来讲也已经是蛮大的负担。

睡不着是因为修的技法不是常常碰到，要把整个琴头卸下来。拆头一点都不难，但是，琴跟人一样，年纪越大，问题越复杂，就像骨科医生最怕碰到老人家，骨骼发生了什么变化完全不知道。而且，拆年纪比较大的琴，不能用新琴的思维来判断，要花很长时间去想，要对它更温柔，让它恢复到应有的健康。

客人的反应对我来说最重要。琴修好以后，她拉前五个音就知道了。这是藏不住的，她会笑，我就安心了。

我常常和客人讲，我的脾气比较硬一点。我是一名制琴师、修琴师、调音师，但是，我的客人是乐器，不是人。我没有办法百分之百达到你的要求。如果我认为你的要求对琴不好，我就无法如你所愿，不能接下这次委托。

李伯苍收藏的一把德奥时期的小提琴。3443 意味着有一任主人应该是希特勒主政时期的犹太人，当时财产普查，所有东西都会盖上号码。这把琴没能回到当初的主人手上，他或许被杀害了。（摄影：杨镇豪）

问：能讲讲你收藏的琴的故事吗？

李伯苍：比如这把琴，被我列入非卖品，是 1996 年左右跟内格罗尼老师买的。这是一把德奥时期的琴，很迷人，但是和意大利琴的完美完全不同。琴脖子上印着 4 个数字——3443。老师问我，你在意这个吗？我可以帮你去掉。这把琴真正的背景他也不十分清楚，但是据了解，它有一任主人应该是希特勒主政时期的犹太人。当时希特勒下令全国财产普查，所有东西都会盖上号码，造册完毕再归还。但是可想而知，这把琴没能回到主人手上，他或许被杀害了。这个烙印对于了解二战历史的欧洲人来说，是一个永远的痛。

这把琴的款式并不是斯特拉迪瓦里斯式的，在他之后，德国有一位地位同样崇高的制琴家，叫雅各布斯·斯坦纳（Jacobus Stainer），我们称之为斯坦纳型。琴骨的曲线特别像人的脊椎骨，隆起来，肚子很膨。左右并不完全对称，其实不是耗损，而是当时的纯手工就是这样的。

琴的背板一般用枫木，这把琴用了鸟眼枫，在当时比较少见。它还用了非典型的裁切方法，让背后出现了云朵状。

这把琴曾经借给两个人演奏过。它很适合在教堂演奏，挑高的空间，声音没有侵略性，比较温暖、通透，一听就知道是老琴。

问：有遇到过仿造的老琴吗？

李伯苍：有人会通过泡盐水、加溶液等方法，让木头快速干燥。据说以前有个意大利制琴师和一个亚洲制琴师，发明了一种仪器，把

制琴是一生的修行。李伯苍深信，没有任何办法可以仿冒时间留下的痕迹。（摄影：杨镇豪）

拼好的琴放在一种密闭的箱子里，通电，像电子打火机那样产生电弧，快速耗氧，连续开24小时，据说可以快速老化，造成20年的效果。

这些年，我修过几把类似的琴。根据我的研判，是因为快速老化产生的问题。比如，没有撞击点，却产生了裂缝。快速氧化让木头内部的纤维错过了互相拉紧的过程，所以会裂掉。**欲速则不达，没有任何办法可以仿冒时间留下的痕迹。**

问：时间在同一个创作者身上，也会留下复杂的痕迹吧。

李伯苍：我这里有两把琴弓，是法国制弓大师让·A. 纳罗斯（Jean A. Narros）做的，他是我非常好的朋友，已经去世了。这两把弓不属于我，属于纳罗斯的太太。仔细看，它们差别很大。其实，一把是纳罗斯做的第一把弓，另一把是他做的最后一把，两把弓相差20多年。最后这把弓，他用了玳瑁壳和18K金。中国大陆制弓经常会取玳瑁壳比较厚的部分，把两片合在一起，但这不是正确的做法。玳瑁壳像马蹄一样，一层层越长越大，每一层1厘米左右，很有弹性，基本是胶质，自然风化后会剥离。如果取最厚的部分，总有一天会剥离。纳罗斯是反其道而行之，让玳瑁壳先剥离下来，用七八十度左右的水浸泡，把龟板变成胶质，让它们互相触碰，融为一体，然后施加适当的力量把水排出，慢慢加压，它会压缩成一整块，中间不会有任何缝隙，才会持久。

几十年前，为了庆祝女友的生日，李伯苍做了一个 30 厘米左右的小装置。那是他第一次制作"小提琴"。如今，当初的女友早已成为他的太太。（摄影：杨镇豪）

问：你和纳罗斯是怎么认识的？

李伯苍：我刚去意大利第一年就认识他了。那时我们班的澳大利亚同学，住在意大利旧市区的房子，二战前后盖的，外面看起来很斑驳，里面其实不错，几户人家共用一个广场。纳罗斯也住在那边。那时我还没有小孩，意大利留学生最喜欢办酒会，我不喝酒，我去的目的是多讲一点意大利语。我带了我自己的琴弓去，我同学介绍，这位是制弓大师纳罗斯。后来和他渐渐有了很深的连接。我们吵过架，发生过很大的冲突，差点就不合作了，但是后来非常要好。其实好朋友没有不吵架的。

他给我女儿做过一把弓，一边烙着他的名字，一边是我女儿的名字。他年轻时也制琴，制弓以后，制琴的东西不需要了，全部卖给我了。很多几十年前的老物件，价格翻了几百倍，他却按照新物件的市价给了我。

他的弓在台湾是我代理的，他做的松香，全世界大概只有我这里有。

有一年，我有位意大利的学弟来台湾，我正带他在山上吃饭，纳罗斯的太太来电话，说他去世了。我记得那一天是 9 月 6 日。10 月 6 日我飞到意大利，帮助他太太和几个学生整理他的工作室。他的工作室很大，东西很多很杂。他的星座和我一样，我如果买一把刀，绝对还会买第二把、第三把备用。我常开玩笑说，我只有太太一个，女儿一个，其他都是两个以上。他更是如此。

他的去世让我非常非常伤心。

已经很久没有人提起纳罗斯了。其实台湾很多音乐家都受到过他的帮助。虽然他是收费的，但是，就像看医生，你的病痊愈了，付费是应该的。

我每年去意大利，一半以上的时间都住在他家。现在他走了，他女儿又去法国念书了，每年我还是住在他家。我是很容易掉眼泪的人。我平常不喝酒，但是每次去意大利，都会陪他太太喝酒。说是陪他太太喝酒，其实不尽然，可能还是陪着纳罗斯喝酒吧，虽然他已经不在了。每次都是他太太没掉眼泪，我先掉眼泪了。想起和纳罗斯在一起的种种，与他的交往，让我一生受益。

当年从世界各地到意大利求学的十几个同学，早已星散各处。（摄影：杨镇豪）

羊毛书写者

【采访时间：2018年】

（本文图片由受访者提供）

早期的毛毡技术从 6000 年前的游牧部落中起源，而伊格拉就像一个现代世界的游牧人，穿梭于科学与艺术之间，奔走于不同的大陆，异乡每每成为故乡，许多陌生的国度，后来都成为灵感的应许之地。

伊格拉·露西娜·奥帕拉
（Igora Lucyna Opala）

植物学家，医药科学家，也是纺织设计师，被誉为"羊毛书写者"（Wool Author）。出生于波兰，现居澳大利亚，擅长纺织材料的创新运用。其织物设计将毛毡融合到传统丝织品中，制成服饰及家居装饰用品。曾获得世界工艺协会艾琳国际工艺品竞赛大奖、世博会澳大利亚堪培拉工艺大赛冠军、澳大利亚国立羊毛博物馆最佳围巾主题设计大奖等，足迹遍及欧洲各国以及美国、中国、吉尔吉斯斯坦等国家。

(伊格拉作品《蝴蝶花园》(*Butterfly Garden*))

　　就像是一场魔术。那团杂乱的毛线球，在母亲的手指之间，神奇地变成了一件漂亮的衣服。许多年过去了，伊格拉·露西娜·奥帕拉早已过了母亲当初的年纪，却一直对这一幕念念不忘。

　　在她儿时的记忆里，母亲一直都像一个魔法师。二战后，波兰物资贫乏，生活艰辛，母亲的双手却总是能点石成金，出其不意地给晦暗的生活增加亮色。

　　几十年后，在澳大利亚的一家社区商店里，一些尼泊尔孩子做的花，突然唤醒了这段久违的回忆。此时，伊格拉已经移居澳大利亚多年，作为一名植物学家和医药科学家，从上班第一天起，她就从许多年长的同事们身上，看到了未来的自己——她将每天面对各种科研数据，在实验室里波澜不惊地度过一生。然而，这些由孩子们手工制作的花，却让她突然意识到，自己的生活中缺少的，究竟是什么。

　　澳大利亚的纺织传统由来已久，这里拥有全世界最好的羊毛——美利奴羊毛。

在自家厨房中一个不足 2 平方米的小空间里，伊格拉开始了最初的尝试。她双膝跪地工作，将各种色彩、形态的羊毛，进行组合演绎。这很容易让人想起斯托夫人，100 多年前，同样是在狭小的厨房里完成了划时代的巨著《汤姆叔叔的小屋》。

伊格拉很快展现出惊人的天赋。她对色彩有着天生的敏感，多年习得的植物学与化学知识，更让艺术创作如有神助。科学家与艺术家的双重身份彼此交织，极度的理性与肆意的感性，在热烈与冷峻之间独成一体。

想象可以天马行空，进入创作却显示出一个科学家的思维方式。她积累了多种创作方法，一旦遇到技术难题，就像调配医药——按照不同的比例进行调整，找到解决途径，并且往往会收获惊喜。独特的创作风格由此形成，她以古老的毛毡制作技术为基础，结合多种材质，融入具有当代意味的个人设计，不断地在羊毛的纹理间构建出新的美学。

她一直对自然界情有独钟，万物生灵，沙漠星空，都可以以更加现代而梦幻的形态进入羊毛的世界。她也善于从不同的文化中汲取灵感。在澳大利亚红土中心的旅行，催生了"沙漠"系列作品；而应敦煌研究院之邀前往敦煌莫高窟考察，戈壁荒漠中的佛国，同样激励着她将灵感倾注指间。她说："遇到任何未知的文化总是让我激动万分……与陌生人相遇，他们

的文化与环境总是带给我很多灵感——它们迟早会成为我新作品的一部分。"这些跨越文化与国界的相遇，一直让她心存感激。

早期的毛毡技术从 6000 年前的游牧部落中起源，而伊格拉就像一个现代世界的游牧人，穿梭于科学与艺术之间，奔走于不同的大陆，异乡每每成为故乡，许多陌生的国度，后来都成为灵感的应许之地。对创作者而言，从来如此。对缪斯的向往与追问，引导他们找到永恒的故乡。

艺术、科学与自由

问：你是艺术家，也是医药科学家，而你很擅长运用植物材料进行环保喷绘，这和你的科学研究有关系吗？

伊格拉·露西娜·奥帕拉：**如果从后见之明的角度来看，我作为一个科学家的职业生涯或许也是为了我后来成为一个艺术创作者而做的准备。**学习植物学、解剖学、遗传学、生理学、生物化学、物理学和其他更多的学科，使我睁开眼睛看到微观的宇宙。拥有这些知识，有助于我与世界的不同层面建立关联。此外，得益于这些知识，我对生命及其不同形式所产生的种种现象，更是深怀好奇与敬畏。比如，当我开始进行环保喷绘的时候，我学到的植物学和化学知识都在帮助我更深入地理

解自己的创作，并加速了我"实验"的进程与勘查。

问：你怎么看艺术与科学的关系？

伊格拉·露西娜·奥帕拉：对我来说，**科学与艺术的关系就像是自然界的共生关系，两者相互受益，难舍难分**。拥抱这种"统一性"有助于我在创作的过程中保持平衡与和谐。科学的知识与训练，也促成了我对技术的不断探索，为我的艺术之路夯实了基础。

问：据说，早年你是在厨房里进行创作的？

伊格拉·露西娜·奥帕拉：我创作的需求与热情很强烈，简直可以说是永不停息的，当然，也有一些灵感是出其不意间产生的。我那时没有工作室，只是在家里有个大约 2 平方米的狭小空间，双膝跪着工作。即便如此，我觉得也还行。真正重要的是我想做什么，我想传递什么，我想创造什么，而不是我个人的舒适感。

问：你从 2008 年开始就成为纺织艺术家，但你仍然一直从事医药研究，并持续到 2013 年，你怎样兼顾这两种身份？

伊格拉·露西娜·奥帕拉：其实，当我回顾从前的时候，我也不知道我当初是如何做到的。我只是依然清晰地记得，创造的过程极度振奋人心，就像谚语所说的

那样，"它给予你飞翔的翅膀（It provides you with wings to fly）"。我感觉自己充满活力，各种想法不断涌现。如今，我依然能够感到这种激情的存在，它随时准备着向我传递更多的东西。

还有一点很重要。我从我的伙伴那里得到了很大的帮助、支持与接纳。我的家人与最亲密的朋友用掌声让我度过了艰难的转折期。

我努力做着两份工作。当然，不得不承认，我总是迫不及待地想要结束白天的工作，赶快回家开始新的创作计划。

问：是什么让你最终决定将更多的精力投入艺术创作？

伊格拉·露西娜·奥帕拉：应该说是自由的感觉，我最终因此感到非常充实。科学的事业，需要我们作为一个团队去工作、合作。所以，在很多层面，包括道德与伦理的种种观念与想法，都需要一种持续的妥协与折中；而做一个艺术家，则让我能够自由地表达自我。在我的人生中，我总是非常渴望自由。

忠于自我

问：你的成名作《雨后的沙漠》(*Desert after Rain*)，灵感来自何处？

伊格拉·露西娜·奥帕拉：可能就像我所有的作品一样，这件作品非常贴合我

伊格拉作品《玫瑰花园》(Rose Garden)

的内心感受；也像我大多数的作品一样，它有着表面的含义和象征的意义。我想要传达一种变化，发生在自然之中，也发生在人类遭遇漫长的旱灾之后。当沙漠热切地回应着天空洒下的甘霖，就像我们的心灵回应着爱与呵护。

我们的心灵需要爱，就像沙漠需要雨水。当它们得到滋养，会给予世界更多的回应。

问：你创作的是穿戴艺术，怎样在实用性和艺术性之间找到平衡？

伊格拉·露西娜·奥帕拉：**纺织艺术是一种媒介，它能完美地使一件物品变得既独特美丽又实用。**我生于二战后的波兰，我和父母一起，度过了一段非常艰难的时光。然而，我还记得，在那种严酷的环境中，我的母亲仍然尽可能地在自己所做的每件事中都试着创造美丽的事物，比如准备食物，用手工刺绣装饰我们朴素的衣服，日常所用的每样东西她都会想办法创造点什么出来。我想，她在生活中所做的这些既实用而又具有艺术性的探索，早已深深根植于我的内心。

问：你遭遇过瓶颈期吗？

伊格拉·露西娜·奥帕拉：我并没有经历过很严重的瓶颈期。有时我会遇到技术难题，但是时间长了，我会学着如何调整技术的限制，用自己想要的方式来表达想象。我积累了很多不同的方法来创作，通过调整这些方法，我总能获得意料之外的惊喜，而这些结果又常常能让我自己感到非常满意。

事实上，**我的这些尝试也体现在我的教学之中。我只是呈现想法，而不是给出方法。**

问：你的座右铭是"忠于自我（Stay true to yourself）"？

伊格拉·露西娜·奥帕拉：是的，对我来说，忠于自我是使创作变得独特而有意义的唯一方法。因此，我对生活的信念、态度和人生观就体现在我所有的作品中。我的作品给我一个向公众开口的机会，它允许我向他人倾诉我的内心，甚至与之产生共鸣。

问：你经常谈起你的花园，说那是你最大的财富。

伊格拉·露西娜·奥帕拉：我的花园是我的灵魂真正的"家"，也是我的灵感无穷无尽的来源。它用它结出的美丽果实滋养我，并且持续地填充着我的精神世界。花园里有很多树，一株高大的本地桉树，还有苹果树、橘子树和柠檬树。我还种了一株桑葚和一株蓝花楹用来纪念我的母亲。还有玫瑰、天竺葵、蓝铃花，以及其他许多品种的植物。我的花园是任其自然生长的，所以经常杂草丛生。但它是我

内心深深爱着并且关心的对象。很难说哪种是我最喜欢的鲜花，因为它们中的每一种都能唤起一阵巨大的爱的波浪，我以被淹没作为回报。

它也是很多鸟儿的家，鹦鹉、喜鹊、吸蜜鸟和其他很多鸟儿在我的花园里筑巢安家，或者时常前来造访。我爱我的花园。它是我灵感的无限源泉。我的很多作品都浸润着我花园里的色彩与氛围。

在文化间穿行

问：你33岁时从波兰移居澳大利亚，遭遇过文化冲击吗？

伊格拉·露西娜·奥帕拉：关于文化冲击，我的第一段有趣的经历是看到同事们在工作间歇吃蛋糕和甜点时，居然非常夸张地舔着手指！那是20世纪80年代，在我的祖国波兰，这种行为在社会上是绝对不可能被接受的。

问：6000年前波斯的游牧民族创造了早期的纺织，你是否觉得自己也有某些游牧民族的特点？你觉得旅行和创作有什么关系？

伊格拉·露西娜·奥帕拉：这是个很有意思的问题。我通常很不愿意与家或是花园分开。话是这么说，一旦我踏上心仪的旅程，就发现很容易把其他地方称为"家"。我常常与新的目的地"坠入爱河"，

回到家之后仍带着很多回忆，各种想象、感受与梦境。随后，它们就会成为新作品的要素。我在澳大利亚红土中心的旅行最终带来了"沙漠"系列的很多作品。同样，来自敦煌的邀请，也最终催生了"敦煌莫高窟"这一系列的作品。

问：你从 2014 年开始，经常来中国展览和教学，你怎么看中国的纺织传统？

伊格拉·露西娜·奥帕拉：制造和利用毛毡方面，中国有着悠久的历史。一些考古学家发现，早在大约 4000 年前的古老墓穴中就有类似鞋子的物件。但是在古代，毛毡制作并不流行，仅限于游牧部落或是有农场畜牧传统的地方才有。相比之下，制作丝织品才是绝对的主流。

我很惊喜地发现，早在公元 9 世纪，中国云南一些部落的人们就披着用毛毡做的整片的毯子（根据樊绰于公元 9 世纪在《蛮书》一书中所作的记载）。这很有趣，因为我自己也喜欢制作并穿着毛毡斗篷作为冬天的外套。

问：吉尔吉斯斯坦同样有着深远的纺织传统，你在那里做过展览。澳大利亚、中国和吉尔吉斯斯坦在纺织方面有哪些异同？

伊格拉·露西娜·奥帕拉：吉尔吉斯斯坦在这方面也有着悠久的历史。他们用不同的动物纤维去制作非常耐用的毛毡制品。这个国家所处的区域气候寒冷，游牧民族有自己的生活方式以及在农场运用羊毛的传统，吉尔吉斯斯坦被很多人认为是毛毡原创制品的发源地。毛毡比较薄，但能起到不错的隔离作用，也是很好的媒介，可以用来建造可移动的家，也可以用来制作既有装饰功能又很温暖的地毯。

在中国，毛毡制作则是地域化的行为，只有某些特定的族群才有，包括四川、云南、西藏、广东和广西等地。

毛毡是随着第一批移民的到来被传入澳大利亚的。移民们带来了动物，也带来了欧洲毛毡制作的传统。人们都相信，努诺毛毡结合了羊毛和织物，最早源于澳大利亚。众所周知，澳大利亚以幅员辽阔、饲养美利奴羊的农场而著称，也因高品质、柔软耐用的羊毛闻名遐迩。和丝绸结合后，美利奴羊毛变成了极为轻盈、温暖兼具高透气性的纺织品。

在以上提到的所有国家中，对于毛毡的制作都有个共通点，就是在制作纺织品的时候，会运用一种基础的技术。简单来说，其过程包括延伸动物纤维，用皂液浸泡，再人工卷起，最后用一条很有韧度的、几乎不会坏的工具反复敲打。

我的方法是在这一古老技术的基础上，加以我个人独特的、当代的设计。

问：你应敦煌研究院之邀，前往敦煌进行创作，你怎么看敦煌的艺术？

伊格拉作品《这是雪胶桉之国》(*This is a Snow Gum Country*)

伊格拉·露西娜·奥帕拉：前往敦煌石窟，对我来说是无比惊艳的一段经历。某种程度上而言，甚至是我人生的一次变革，或许很难用文字来准确描述。敦煌不仅是中国非常特别的地方，在世界上也独一无二。

在莫高窟的经历是超出预期的。它有着一种原始的美感，大地和天空的色彩在日光、月光与风中变幻着。风在周围的沙丘中演奏着庄严的音乐，这里的寂静从某种角度来说却是充满活力的。整片区域的能量仿佛存在着魔力，势不可挡，最终让人潸然落泪。

那些石窟令人难以置信。那里是信仰与神圣之地，也是难以想象的历史档案，一座巨大的人类博物馆。壁画覆盖了墙与天花板，雕塑的眼睛就这样望着你，充满爱意与悲悯。石窟好像在分享它们迷人的故事、神话与历史。

大量游客从世界各地慕名而来，前来见证这些惊人的奇迹，同时也满怀敬畏，对此，我并不感到惊讶。我也对敦煌研究院的人们充满敬意，几十年来他们一直做着如此重要的工作，并孜孜不倦地持续进行。我对他们鞠躬致敬，并为自己能前来见证这一宝藏而深感荣幸。

伊格拉作品《我曾有一个梦》(*I Once Had a Dream*)

伊格拉作品《蝴蝶花园》(*Butterfly Garden*)

伊格拉的披肩作品《沉睡的沙漠》(*Sleeping Desert*)

问：当你与一种陌生的文化相遇，你的思考和创作的习惯是怎样的？

伊格拉·露西娜·奥帕拉：对我来说，遇到任何未知的文化总是让我激动万分。然而，我也强烈地意识到，不论人们出生在何地，其实内心深处拥有相同的本质，只是被不同的历史、文化与信仰塑造成了不同的人。我把内心向所有遇到的人敞开，然后倾听、观察、吸收。当然，我经常也会感到惊愕、诧异，甚至不知所措，但我总是试着不去评价。

每次与陌生人相遇，他们的文化与环境总是能带给我很多灵感——它们迟早会成为我新作品的一部分。

问：你对中国的年轻匠人和艺术家有什么建议？

伊格拉·露西娜·奥帕拉：首先，学着去爱自己，尊重自己。这样，来自他者的爱与尊重自然会随之而来。

学会接纳，对于自己拥有的和没有的，都心存感激。要沉着平静，并且笃定。最后，尊重并保护传统，但要敢于参与创造新事物。去做造物者吧！

伊格拉作品《大爆炸——生命的起点》(*Big Bang—The Beginning of Life*)

设计的尺度

中篇

如何驯服一匹野马

【采访时间：2017 年】

（本文图片由受访者提供）

许多曾以为对立的事情，或许并非彼此矛盾。而在年轻时代经历的所有困惑、迷惘与挣扎，都将成为给养，反哺人生。驯服一匹匹「野马」，其实也是在重塑自己。

吕永中（Lv Yongzhong）

设计师，"半木"（BANMOO）品牌创始人兼设计总监。1968 年生于四川，毕业于同济大学，留校任教逾 20 年，长期致力于建筑室内空间及家具设计。他是中国建筑学会室内设计分会副理事长、中国陈设艺术专业委员会副主任委员，曾担任德国 iF 大奖中国区特邀评委，被评为 "CIID 中国室内设计十大影响力人物"，美国《福布斯》（Forbes）中文版 "中国最具影响力设计师"，入选美国《室内设计》（INTERIOR DESIGN）中文版 "设计名人堂"，被日本杂志 GQ 评为 10 位 "中国下一个时代开拓者" 之一。他的空间设计作品曾荣获美国国际室内设计协会（IIDA）"全球卓越设计大奖"年度最优秀空间设计唯一大奖，是首次获此殊荣的中国设计师。

摄影：吴俊杰

第二场逃逸

一切无声无息地发生了。

北方剧烈的冷暖干湿变化，唤醒了两万支湖笔，潜藏于羊毫深处的水汽偾张而起，隔空喷在玻璃上，漫溢开来，如同一幅混合了印象派风格的泼墨山水。

造物主从来如此，于无声处，彰显伟力。

这是吕永中8年前应邀为爱马仕橱窗展所做的艺术创作，他将实验的版本挂在北京草场地的"半木空间"。他用定制的两万支湖笔，列成矩阵，化为一匹抽象的马，给它取名"美丽的逃逸"。但他显然没料到，8年之后，这匹马竟完成了另一场逃逸，不动声色，却惊心动魄。

有的人注定无法被困住，就像吕永中。1986年从四川考到上海，从同济大学毕业后留校任教，有一份稳定的教职，一间自己的设计事务所，他却突然开始怀疑这种按部就班的生活。同济最负盛名的文远楼，是一幢包豪斯风格建筑，校园里到处游荡着包豪斯的信徒。吕永中也不例外。他迷恋工业设计，热衷于探讨材料、工艺和技术，他相信，照相机、手表、机械蕴含的精准之美代表着那个时代的力量。八九十年代汹涌而至的各种概念、思潮和器物，刺激着这一代人跃跃欲试，吕永中偶尔也会出手设计一些产品，"笛"

香、"光环"烛台、"梭"花瓶……以极富现代意味的方式重新演绎传统美学，意境盎然。

那时，不惑之年还遥遥无期，他却变得越来越困惑。他发现，许多曾视为理所当然的理念，在实践中逐渐变得缺乏说服力。作为设计师，他对设计产生了严重的怀疑，甚至是幻灭感，他不断地问自己，也追问同行们："都那么完美了，我们还有什么事好做吗？我们为什么还要造一个杯子，我们还缺一个杯子吗？"

那时，他还叫吕永忠。"忠"字是父亲起的，带着浓厚的蜀地气息，他决定舍弃底下那个"心"。并非不再忠于内心，但他更试图寻求中和之道。

30岁那一年，他给自己改了名字。

镜与药

那是一个新的开始。20年过去了，吕永中仍然说，自己喜欢建构，并不愿意解构。而立之年，他重新建构的，便是自己。

2004年，一个偶然的发现开解了他的困惑。当时他准备装修新家，找不到合适的家具，决定自己设计。上海南汇区的木工陈师傅带着几个徒弟，接下这份工作。吕永中发现，木匠师傅手艺之精准，并不亚于现代工业的标准，而他们对空间的想象力，更让他深感意外。

一段久违的回忆同时被唤醒。他想起

吕永中对"半木"的解读是"以木为聪，取半舍满"。（摄影：吴俊杰）

小时候，在四川老家，有时也会跟着堂哥一起做木工。他又重新反思来自包豪斯的忠告，包豪斯同样强调动手能力，设计师应该像工匠那样，深入地了解材料，对材料保持感情。

他逐渐发现，家具可以是一面镜子，让不同地域的人发现不同的世界，也可以是一剂药，让人们在冰冷的现代都市中重拾失落的情感。他的好奇心与日俱增，开始研究实木结构和加工工艺。他依然信奉包豪斯的告诫，关注人体工学和结构力学，与此同时，他也试图探索因势而生的美学，希望"器以载道"，在情感的温度与创作的尺度之间寻找平衡。

两年后，一家 23.5 平方米的小店在上海马当路悄然开张，吕永中给它起名"半木"。有一天，一个路过的中年人突然停下自行车，进门便问，这里的实木家具都是半价吗？

十几年过去了，吕永中早已记不清，有多少人与他探讨过"半木"的含义。对这个饱含禅意的词汇，每个人都有不同的解读和想象，当时吕永中在《上海工艺美术》杂志上写了一篇文章作为回应——《以木为聪，取半舍满》，然而如今回想，还是倒吸一口冷气，"我当时胆子真是大，30 多岁的时候就给自己找了这么几个博大精深的字"。无论是"永中"还是"半木"，它们如同预言，更像一种砥砺，要用一生去咀嚼。

原木的哲学

2008 年深秋，秋分过后，黑夜开始不断吞噬白昼的长度，吕永中却在夜幕之中，用原木的纹路和光影，在一片菜市场深处布下天罗地网。他在上海偶然发现了一座清朝同治年间的清水砖建筑，将它打造成"半木明舍"。"游园追梦"的开幕大戏成全了一个戏剧性的夜晚，他要展示的不仅是家具，更试图营造一个时空，介于传统、现代与未来之间。

后来的路，越走越顺，在米兰、巴黎、伦敦、埃因霍温、法兰克福、芝加哥、首尔……全世界最负盛名的国际设计周、设计产品展上，"半木"备受关注，也聚拢起忠实的用户。吕永中几乎每年都会收获海内外的各种奖项，越来越多的人则习惯于称他为"设计师中的哲学家"。

这些声誉背后，是持续的纠结。解开一个结，有时只在闪念之间，有时却要琢磨十年。

一把椅子的诞生，就让他和木工们废寝忘食。

如同安东尼奥·高迪所说，直线属于人类，曲线才属于上帝。中国传统木作对直线的遵循，同样引起了吕永中的反思。微妙的弧度，带来的是截然不同的气韵。他试图呈现出最合理而美的曲线，只能反复设计调整、打样、磨合。他还研究人的

坐骨神经，一次次描摹椅子对大腿血管的压迫曲线，为身体和椅面寻找最适宜的弧度，再不断试坐、调整。要创造一把舒适合理的椅子，别无捷径可走。

他重新审视中国人对于对称的执念，设计了"徽州大班台"，探索新的美感，并在一张桌子上融汇了多重功能；"片舟"则凝结了他的情感记忆，他把自己在天堂湖漂荡一下午的细微感受，用原木展现出来；他又继续挑战曲线的极限，通过

"八方禅凳"局部（摄影：吴俊杰）

一遍又一遍手工打磨，创作出流水一般的"琴桌"……

朝夕相处之间，他开始熟悉每一种木材的呼吸。从前他痴迷于原木变幻的纹路，渐渐却发现，它们"简直就是一匹匹野马！我要驯服它们，让它们相安无事，成为你生活中的伴侣"。

要驯服这些"野马"，需要准确地了解每一种原木的特性、美学风格、组合方式，选材、烘干、设计、制作……给每种木材、每款家具建立档案，持续追踪。对细节的反复打磨，在设计师与使用者之间达成了某种冥冥中的默契，仿佛禅机乍现，心意相通，它理性而克制，却又在每一个看似不经意的细节里饱含深情。

为了改进这些看似微不足道的细节，动辄消耗两三年时间。以前为了防止运输意外，"半木"用包装艺术品的方式包装家具，不料，拆装却成为难题。吕永中和团队用了两年多时间，终于解决了这个问题，能够完好地运输，拆装则只需一把美工刀。

问题一个个涌现，又一个个迎刃而解。渐渐地，他发现，许多曾以为对立的事情，或许并非彼此矛盾。而在年轻时代经历的所有困惑、迷惘与挣扎，都将成为给养，反哺人生。驯服一匹匹"野马"，其实也是在重塑自己。

在新时空重生

一张十几米长的桌子，横贯上海"半木之家"的工作间，桌上摆着一方温润的砚台，来自徽州歙县。早在柳公权的时代，歙砚已被视为中国四大名砚之一，吕永中却拿它做了茶盘。

徽州是吕永中的福地，他有好几件代表作，灵感就源自徽州。几个月前，一个朋友感叹，如今写毛笔字的人越来越少，歙砚日渐寥落。他们谈起中国的文人传统，谈起时代的变化，吕永中突然想到了茶。他请朋友将砚石做成茶盘，竟无比妥帖。曾经承载砚台的时空不复存在，但器物可以找到新的功能，获得新生。

吕永中讲起对年轻一代的期许和忠告，事无巨细，滔滔不绝，仿佛重又站在讲台上。他马上要50岁了，知天命之年，这些天，突然想重新做一做自己十年前的作品。十年之间，时代剧变，心境殊非，再度由心抵手，大概终会不同。这些念头让他愈发兴奋，又点起一根烟。窗外，夕阳一寸寸染红天际。

造物，格物与参悟

问：对一个设计师来说，从单纯的创作，到创办一个品牌，是一个巨大的转变。2006 年你在同济大学任教，同时创办了"半木"，你是怎样面对这个转折的？

吕永中：这些年就像从山上掉到人间。十年前我还在教书，还在象牙塔，当然，不是很纯粹的象牙塔，毕竟中国这样高速发展的阶段，象牙塔也沾染了人间的气息。但我觉得也是好事，不到人间去磨，谈的想的都是空的，不在当下的状态。

"半木"的发愿很简单，看到国外有很多好东西，中国为什么不能做？就像家里缺点什么，就自己动手做，是个自然而然的过程，没有考虑过商业目的。我想挑战点什么，但整个过程都是朦胧的状态，很像当下的中国。

问：你是怎样走出这种朦胧状态，并逐渐找到自己的设计节奏和创作风格的？

吕永中：**造物之前，格物很重要。朱熹谈的"格物"是更大范畴的，而器物层面的命题其实也蕴含着"道"。**设计师也好，造物者也好，可以从很多方面参悟天地万物，同样可以得到人生的道理。

这十多年的经历，就像修行，如果从我做老师的角度来说，是带着一些命题，用实践去参悟。

比如胡桃木，传统觉得红木的坚硬和富贵能代表中国，但我喜欢胡桃木的低调与安静，就像中国文人的气质，我觉得也可以代表中国。我最早用胡桃木，后来全中国都在用胡桃木，这种木材价格也涨起来了。

问：这些年对木材的认知发生过什么变化？

吕永中：接触木材这么多年，我对它的理解不断深入。我原来觉得，木头花纹很漂亮很自然，现在觉得简直就是一匹匹野马！我要驯服它们，让它们相安无事，成为你生活中的伴侣。我总不能让野马成为你的伴侣

吕永中重新审视中国人对于对称的执念，设计了"徽州大班台"，探索新的美感，并在一张桌子上融汇了多重功能 。（摄影：吴俊杰）

吧？但我搞不清楚哪匹野马在哪个特定的时间、温度、气候条件下会脱颖而出。朝向、拼接方式等等都会影响设计和品质。所以，每件家具从选材、烘干、设计到制作都有记录，甚至是卖给哪个顾客，他住在什么地方，全部记录在案。一旦发生问题，我们可以随时回溯，解决问题。

那天和一位丹麦的老教授聊，他谈的环保概念我很认同。一般环保概念是再生或者是某些工艺，但他说："如果一个材料，你好好对待它，让它流传下去，就是很好的环保方式。"

我的性格是往深度里走的。比如，表面处理要处理到什么程度？怎样才能说明我们"听懂"了木头？我想了好多年。比如，产品或设计品如何回到生活？我们的文化，我们的工艺和设计，只有回到生活这个平台，并用生活的方式来承载它们，才能重新演绎，不断往前走。这就从单纯的设计，回到了为什么而设计，是一个转变，也是挑战。

问：从设计，到为什么而设计，你是怎样转变的？

吕永中：很多设计师灵光一现，设计了产品，设计完就结束了，后来才发现，使命远远没有完成。你如何链接这些产品？这就需要做一些原来不愿意做的事情。当你开始做这些不愿意做的事情，其实就是一种修行。

比如生产。有人说，中国啥都缺，就是不缺工厂，不缺制造。但是十年前，你的阻力在于，你有要求，而厂家的生产工艺却不匹配，只能自己建厂，找工匠，在与工艺的互动中积累。而把工匠们留下来，就面临沟通和生存的压力，就从设计师变成企业家，得把自己的一部分调整到企业家的思维。后来发现，这样的转变也对，企业家何尝不是在做整个关系的全局设计？

比如销售，通常就是设计产品，取名字，标价格，开展销会，找代理商，开多少家店……这些我们都懂，但为什么没有这么去做呢？因为后来发现，个体的思想只有自己参透了，找到合适的机缘，才能让它不变形。**不只是最后设计出来的产品代表了创造，设计的整个过程都是创造。**我们就这样形成了自己的销售团队和销售方式。

当下不是手工业的时代，我们最终都要走到市场这一步。现代都市生活需要一个庞大的体系，欧洲人从不回避商业，从不讨论艺术和商业哪个好，而我们总要两极化，非得二选一。在好坏没有定论的时候，也许现在

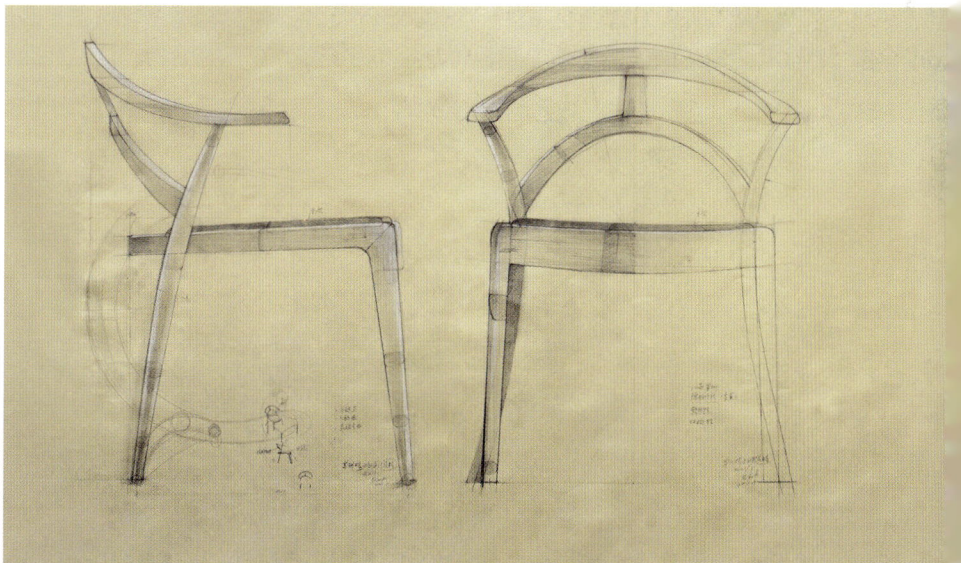

吕永中手绘的苏州椅设计草图

的状态就是最好的，最合理的。如果商业也作为其中一支力量推动制度和社会朝着更好的方向发展，这是好事。当然，如果只是为了钱去做事情，也走不久远。从设计的节奏，到品牌化运作的规律，要一点点摸索。

问：设计师和品牌缔造者，这两种身份之间，如何找到平衡？

吕永中：有些事情不是我一开始想做的，但在当下中国，迫使我去想、去做，不是简单地设计，而是当成一个个命题去解决，是一个解惑的过程，这样再苦再累也不怕。所以我开玩笑说，我把"半木"当成是实验性的行为艺术，从社会品牌人文市场的角度，从当下中国面对世界的角度去思考，去造物，我们能否实现一些我们认为的"真"？为什么不可以呢？

我发现，随着我们更关注人，终于走出了现代主义的思路。包豪斯有些理念我依然认同，但如果我们更关注当下的社会，以一种开放的眼光来看，可能更美妙。

让一群人一起往前走，内部的，外部的，包括消费者，就像互联网思维。条条大路都往一个方向去，从一个人所谓的艺术，变成一群人认同的方向。他们会赋予我新的理解。造物的过程，就是不断被打开的过程。比如深究"半木"的"半"字是什么意思，不同人给我不同的解释，不同阶段我也有不同的思考。现在想想，我当时胆子真是大，1997年把自己的名字从"忠"改成"中"，后来又起了"半木"的名字。三十多岁就给自己找了这么几个博大精深的字。

"我"是谁？

问：你觉得，设计师的使命是什么？

吕永中：造物其实是在塑人，用造物来实现我们所期望的某种理想。这就是我的发心。我希望别人生活好一点，希望在繁杂的城市中给人安静和温暖，希望我们尊重这些材料，希望能把工匠们留下来，希望政府能让我们用我们的方式保护非物质文化遗产……诸如此类小小的理想就放在造物的过程中。

当然，所谓的好设计，也是要参透的。**设计师往往会经历三个阶段：第一阶段是鲜明地表现自己；第二阶段是内容的厚度，要耐人寻味。**现在很多欧洲的年轻设计师，作品很单纯，但我想我们这个阶段恐怕做不到单纯，我希望我们的下一代能很自由、很单纯，但现在这个阶段需要"紧"，不然下个阶段就会"瘫"。

第三个阶段很重要，就是"去我"。以前总想着"我想干什么"，或者"我要干什么"，后来变成"我应该干什么"。在谈"应该干什么"的时候，其实已经把"我"字去掉了。如果幸运的话，"我应该"跟"我想"是合一的，但通常是分离的。这种时候就要把"我应该"放在"我想"的前面，这样就能基本做到"无我"。

问：有一个悖论。你有句名言，"设计是性格的影子，修炼是设计之师"。但是你还说过，当设计和人发生关系，最舒服的状态是感觉不到设计的存在。那么，设计师的介入程度应该怎样？"我"应该置于何地？

吕永中：设计确实是"我"性格的影子，但这个影子一定加上了时间、空间的维度，会随着境遇和心情的不同而调整，当你的阅历增长，更理解这个世界，影子会变，当然，不忘初衷也很重要。

如果拿我做的家具跟别人的一比，就会知道，那就是我。再小的细节，我都要做好。有人劝我放下，但这就是影子，那种抱负的情结一直都在。**我喜欢中正的东西，并不想解构已有的秩序，只想建构当下的新秩序和生态链。**

我的性格有多面性，算是双子巨蟹，可以很轻盈，也可以很复杂、很厚重，这就是人性。生活也是，可以很重，也可以很轻。

我们原来总说"极简""空"，现在想想不是这样。还是得有，但不是满，就像"半木"的"半"字，要有个度。这很玄妙，它不是一个简单参数决定的，有很多线索，各种各样的维度——时间，空间，或是其他制约着的维度，找到它们的交叉点，那个点也许就叫"度"。"度"并非不可确定，而是需要一个庞大的系统，投入很多精力，才能精准把握。这就需要完善自己的知识结构，开放地聆听各种意见，当成一个命题去思考。可能永远做不到那个"度"，但至少在不断逼近理想状态。

扶手
格栅扶手
柱子
悬崖
石材
白墙
半插飞梁
楼梯踏步
圆棒销
石材
榫头
灯槽
支撑横料
石材

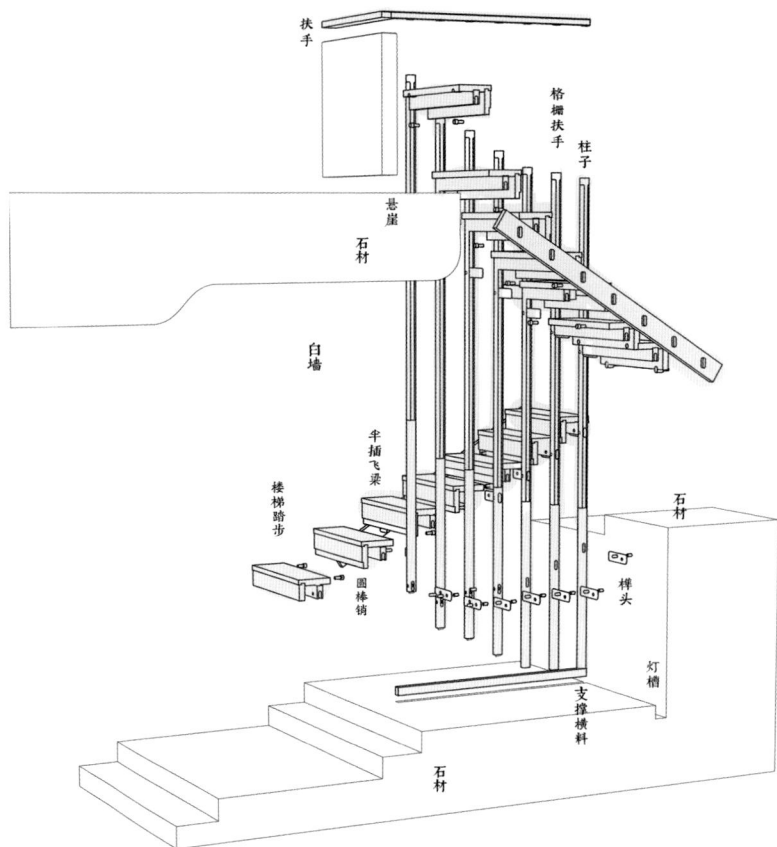

吕永中设计图稿《向悬空寺致敬》

问：制约这个"度"的参数确实很多，需要一层层抽丝剥茧。

吕永中：对年轻人来说，最重要的是先想明白"我是谁"，为此就要搞清楚时间、地点、人物、事件。就像我，1968 年生在四川，父母都是老师，四川的山水一定对我有影响。后来落到上海，学了包豪斯，正好遇到改革开放的大背景。这就是我的基本点，不回到这个点，就无法超越。回到这个点，文化的个性就显现出来了。

所谓文化，就是同一个历史阶段不同的人有不同的个性，各种各样的个性一起表达中国。比如，只有明代家具才能代表中国吗？格物还要崇理，以前中国人不太重视明代家具，更喜欢唐宋的，是在包豪斯教过书的外国人发掘了明代家具的价值，它合乎现代主义的特点，跟贸易、商品经济有关，用料精细，结构科学，生产方便等等。

前段时间有个研究砚史的专家说，唐代的砚台有簸箕状的，宋代像抄手，到了明代就是干干净净的，这些器物承载着一个国家在不同时代的不同喜好。唐代魄力很大，是母性的，包容的。我们现在不需要这种包容吗？也许年轻时不喜欢，但是年纪大了还是需要一些的。这时候唐的特点就会被我们关注。一个国家在不同的时代，一个人在不同的年纪，需要吸收的东西是不一样的。把这些想明白，就会很自由。

当然，经验越丰富，包袱就越重。怎样做到增加很多内容但不忘记自己的主线，这很重要。**明代的家具是为了明代的生活方式存在的，那么现在的生活方式是什么样的？我们的家具有没有为这种生活方式服务？**文化性格、价值认同是积淀下来的，把握住过去这根主线，再把握住未来解决问题的主线，就知道当下该如何了。主线之下，内容很丰富，表现手段也很丰富，这就是所谓的"理一分殊"，内部弹性很大，指向的空间也很广泛。每一个造物者都回到他的特质上来，他就无法被复制，就会不断地在自己的位置上生根，找到自己的支持者。

问：确实，如果不把"我"放在时空的坐标中来审视，很容易迷失。

吕永中：想明白"我是谁"以后，还有一个命题，就是在世界范围内我是谁？在这个时空里我是谁？以设计椅子为例，舒服是一个最基本的标准。欧洲成熟的设计师不会谈这两个字，但当下中国的一些设计师就需要多加关注。只有在这个宏大的、很多线索交织的维度里，才能确定"当下我们该做什么"而不是"我们想干什么"。这需要不断碰撞。我也在探索，有时候不敢走，有时候又冒进，这也是很自然的过程。我们感受到消费者的需求，然后加以设计，再让消费者参与反馈，用互动的方式来设计。如果目标群体也能抱着这样类似游戏的心态，就比较有意思了。只有游戏才能永远玩下去。

首先把作品做好，你的思想、你的作品才是长久的。解决了温饱问题以后，也许35岁、40岁的时候，一定要想明白，你到底想干什么，那就不要丢掉它，不要被诱惑，不要被一个简单粗暴的漩涡吞没。

不要放过自己

问：如今谈起东方美学，人们往往会想到日本。

吕永中：日本的"人间国宝"，其实是慢慢帮文化找到供养者。

对造物者来说，最重要的是有一批供养者。日本的一些作品，始终有人等着，慢慢做，不着急，心很定，不被市场扭曲，这是所有的造物者都喜欢的状态，而且是市场上真实发生的事情。

有些东西就是很孤傲的，就只有几个人会买，它们也就是在等那几个人。这时候心态要放平，也要算算口袋里的钱能不能撑到那几个人到来。要想好自己设计的版图，不要因为一些个案而去简单改变什么，把格局定好，打好组合拳。

现在这么发达的互联网和营销渠道，是为真正的内容插上了翅膀。就像一些创意酒店，再偏的地方都会有人去，只要内容好，游客就来了。

找到合适的渠道，对创造有很大的促进和推动作用。中国进入了一个我称之为"新物质时代"的阶段，这是必经阶段，也是好事情。"新物质时代"的价值美学，其需求是分层的，为创造价值的人提供了很大的空间去发挥。国门一开，大众去国外看了一些好东西，总希望国内也能有。十几年前是我们这么想，现在消费者也这么想，这很重要，光我们想没用。消费者认同了，我们能否真正帮消费者实现？价值是否匹配？设计师必须明白一点：永远不要低估消费者。

问：如果说本尼迪克特的《菊与刀》或者禅，描述了日本的部分特质，那么，中国文化的特质是什么？

吕永中：中国版图很大，历史很长。"半木"不可能代表中国，但是是中国的一支。

大家可以很多元，但有一点非常关键——在这么多支点里，是否能解决人类的某一个小问题？如果能解决问题，用的语言清晰、易学，自然会被别人拿来用。这需要时间。当然，也许哪一天因为一两个点扩散出去，大家就片面地认为那就是中国文化，就像我们提到日本设计，就认为是无印良品。真正的日本设计不是这样的，很多好的日本设计甚至被抹杀了。无印良品作为一个强势的商业能量向外输出，但是你看日本民艺的设计，味道很足的。

中国太实用主义了，丢失了将某些问题、某些能量、某些可能性持续积累以后堆出来的高度。中国有很多闪光点，但是很容易放弃，很容易放下。谁的"放下"说得好，就用谁的，但是他的"放下"和你的"放下"是两回事。实用主义者对文化的理解往往是只言片语。

我很反对"放下"，很多人还没到该放下的年纪就放下了。中国人讲气，却很容易泄气。尽量不要放过自己。

问：你马上要50岁了，知天命之年，你打算怎样应对天命？

吕永中：我最近想复刻以前的作品。从十年前学着处理直线，到后来做出曲线，再到设计三维面，工艺和技术有了比较大的进步，我对家具、对人和文化的看法也进步了。十年前真是单纯，经过十年，我想再来一遍，这是我的新命题，我想看看这十年的变化。

也许堕落了，也许进步了，没关系。我原来说过，我从大学老师变成木匠是人生的升华，那么，从设计师变成家具品牌老板是堕落还是升华呢？

有人对我说，老吕啊，你很多事情亲力亲为，很不容易，"半木"要是后继无人该怎么办？这个命题我也想过。现在很多90后设计师在寻找方向，只要找到了，他们一定比我们做得更好。**如果实在没人，万事万物有生有灭，"半木"在它有限的生命里对行业、对未来有所触动，就算完成了自己的使命，我觉得足矣。**

无法告别的告别

【采访时间：2018 年】

（本文图片由受访者提供）

渴望告别，又无法告别。无法告别，却终要告别。这是人生的死结。我们与命运之间，从来只负无胜，但总有人会把棋努力下下去，在自己变作棋子以前。

摄影：钱东升

殷九龙（Yin Jiulong）

设计师，视觉艺术家。"艾和拉维"（ARTLAVIE）创始人兼艺术总监。1975 年生于四川，毕业于成都大学，自 1997 年投身设计领域，多次应邀参加国内外艺术设计展览与交流，负责多个国际文化艺术机构的形象设计。他的设计涵盖平面、空间、装置艺术、产品等多重维度，试图通过跨界创作真正打破艺术、设计与生活的界限。

被虚构的扫地僧

永远不要低估一个印刷工人的潜力。

面对堆积如山的印刷品每天迎来送往，各种字体、色彩、版式、纸张无穷变幻，闭上眼睛都能从刺鼻的油墨里嗅出它们究竟属于杂志、绘本、招贴画还是方便面外包装。如同孤独的水手可以和鱼对话，因为除了大海他一无所有。

终于有一天，印刷机昼夜不息的轰鸣让他厌倦，他决定逃离这《摩登时代》般的生活，亲自动手设计点什么。一夜之间，他的作品挂满成都的大街小巷，从第一届中国西部论坛到法国医生组织减少危害中心（Médecins du Monde and the Asian Harm Reduction Network）的形象设计，从为寺庙做装饰到为中国最重要的当代艺术家们设计画册——他在短短十几年间操刀了五六百个项目，惊人的创造力，层出不穷的视觉创意，很不成都，甚至很不中国。而他当然从没留过学，成名之初甚至都没出过国。这个扫地僧一般的年轻人，仿佛从天而降。

有人说他像约翰·列侬与小野洋子的合体，有人对他的毒舌耿耿于怀，又被他的雄辩逗得哭笑不得。他迅速成为中国最受瞩目的视觉设计师之一，2012年，成都当代美术馆为他举办大型个展。展览结束，他却决定放弃一切，从头再来。

那几年，一个刚从四川美院毕业的年轻人对他说，做了这么多项目，你把你的手都做烂了。如同当头棒喝，他决定和过去的自己告别。

转眼又是6年过去，他的创作早已从平面扩展到装置艺术、产品与空间，他也不得不为艺术之外的诸多事情焦虑。有人劝他何苦为难自己，如果安心做一名平面设计师，一定比现在过得更好。但他知道，抗争已是宿命，人生从无定局。而他抗争的，甚至不是命运，他只是渴望更透彻地认清自己。

这些故事都是真的，除了主角早年的经历。

他从没做过印刷工人。这个被人们虚构出来的身份，只是关于殷九龙的诸多传说之一。

漫长的前传

现实其实比虚构曲折得多，也痛苦得多。

殷九龙出生在四川东部闭塞的乡村，十岁才见到电灯，十几岁到镇上读书，第一次看电视，才知道外面的世界何其广阔，有那么多人过着不同的生活。

贫穷令人窒息。读初中时，他窝在被子里读《平凡的世界》和《白鹿原》，痛哭流涕。书中一幕一幕，正是他生活的写照。作为九个兄弟姐妹中最小的一个，没有一条合身的裤子，一个孩子要负责打理全家的田地，为了帮助母亲减轻负担，他饿着肚子背猪草，每天走20里路，累得坐在山坡上哭……幼子，爱哭，叛逆，在强势的父亲眼中，这都是致命的缺陷，而他偏偏热爱"无用"的艺术，更让父亲愤怒不已。他们不断爆发冲突。上初中时，他赌气说，我不会再重蹈你们的覆辙。读到高二，他决定兑现这句誓言。十几个小时的长途汽车将离家出走的少年卸在成都街头，《四川日报》上一则成都青年影视学校演员培训班的招生广告诱惑着他。他的梦想并不是成为菲利普·斯塔克，而是成为下一个刘德华。

这个胆怯、自卑的少年开始学习表演，说得最标准的普通话只有一句——"您好"，他随时准备露出笑容，传达谦卑的善意。他渐渐有机会出演一些影视剧，却没能如愿进入中央戏剧学院或者北京电影学院，蹩脚的普通话让他止步于成都。而他还算幸运，考上了成都大学设计专业，但毕业后，又一度被20多家公司拒绝。第一次拿到薪水，他把钱分成九份，想带给留在家乡的哥哥姐姐们，数了又数，还是默默地将它们归拢起来。每一份实在太少，杯水车薪。想要改变命运，只能靠自己，他们如此，他也是如此。

许多人生故事，会在平静的生活中慢慢终结，周而复始走向一眼就能望见的结局。对他来说，这却只是漫长的前传。

天赋与勤奋——成功学最钟爱的两个词，虽是陈词滥调却又让人无从辩驳。

殷九龙足够勤奋。许多人勤奋是为了更好的生活，他却是为了生存别无选择。自然，他也有自己的生存智慧。临时被拉去宣讲创意方案，面向几十个挑剔的客户代表，这个名不见经传的年轻人认真地阐述分析，等到客户们纷纷点头，他却轻描淡写地说，其实这个方案不够好，已经推翻了。他有条不紊地展开替代方案，令客户倍感惊喜，他却继续说，这个方案也不够好，现在我来讲我们最终选择的方案。这种欲擒故纵的话语策略与他的巧妙创意相得益彰，迅速给客户们留下深刻的印象，后来他们信赖他，远远超过他所任职的任何公司。

他无疑又拥有天赋。整个大学时代，能找到的专业书籍寥寥无几。当北京、上海学院里的师生滔滔不绝地谈论包豪斯，包豪斯对他而言却只是一个听起来有些中西合璧的名字，从老师口中倏忽即逝。但他懂得触类旁通的道理。吕澎和易丹编著的《CI战略》，分析日本品牌的视觉形象，他反复看了几十遍。或许，物质与知识的贫乏，反而会让人倍加敏感，读一本书就像钻木取火，他善于从字里行间寻找新的思考维度，抓住属于自己的灵感火花。

他取出了火，却失去了一只眼睛。连续通宵加班，又被庸医所误，左眼失明。他在一家小医院摘除了眼球，手术费是客”m²”系列靓丽的色彩，极富视觉冲击力的拼配，碗、盖、碟之间可以不断自由组合，让人兴趣盎然。

户们包红包垫付的。他对苦难保持着审慎的乐观，像一根橡皮筋，似乎永远都能恢复如常。手术第二天，他拿黑丝带绑住左眼，三轮车轧过成都喧闹的街巷，他莫可名状地微笑，确认自己如此与众不同。

有一段时间，他不太乐意复述从前的种种苦难，仿佛那是在博取同情。但后来他又释然了，"我还需要博取同情吗？"

他走得越来越远，关于他的想象与谣言、赞美与毁谤也越来越多。人们比从前的任何时代都更迷恋天才的神话，又对一切都满腹疑心。

然而，在千篇一律的天赋与勤奋之外，另外的词汇或许更适合描述殷九龙的过往甚至将来——抗争与叛逆。

阴差阳错，命运未能让他得偿所愿，逃离乡村的年轻人最终没有成为刘德华，他只是成了他自己。

茶碗里的风暴

两场雷阵雨之间，会有短暂的间歇。成都人掐准了时机，又把人民公园的茶社坐得满满当当。

这里是殷九龙久违的秘密花园。

大学时代，他常和同学逃课，来这里喝茶，天马行空地寻找灵感。20多年后，成都人喝了几辈子的茶碗，被他信手颠覆。

他试图用包豪斯的视觉语言，重新解读中国的传统，将咖啡杯和茶杯这两种文化的载体，用一种设计语言整合起来。靓丽的色彩，极富视觉冲击力的拼配，碗、盖、碟之间可以不断自由组合，让人兴趣盎然。他把它们命名为"㎡"。

从平面向陶瓷跨界，源于几年前在景德镇的见闻。千年瓷都的仿古风潮让他百感交集，他决定将自己的视觉经验转换到陶瓷上进行新的尝试，野心勃勃地试图告别传统，构想着各种颠覆与创新的计划。

波点、菱形、条纹、渐变、纯色、立体雕刻……现代视觉元素在古老的梅瓶上涤荡债张。他用"1/1000"系列告诉人们，如果将传统与当下的生活结合，会激发出无限可能。吊诡的是，这些时尚的元素，灵感并非源于当代艺术，而是对乡村生活的记忆——小时候姐姐们穿的豌豆花图案的裙子、哥哥参军回来穿的海魂衫、老宅的窗棂、土布窗帘的图案……最乡土的生活片段，却组合出极具戏剧化的视觉张力。简单的点线面，却能引发无穷的联想。这正是设计的力量所在。

"Song"的诞生，则源于对宋代的重新思考，"我发现，回不去。那就必须要去创造，去改变，把自己变成这个时代"。与"1/1000"不同，"Song"的花瓶色彩素雅，器型也更平淡，但花瓶内藏玄机，可以拆开，变成两个形态不同的花瓶，重新组合起来又能严丝合缝。拆解组合之际，使用者与创作者或许可以就此默契地隔空一笑。

瓷土、釉色、组合拼配，都是对工艺巨大的挑战。产品的研发动辄一年以上，他的苛刻要求令供应商们望而却步，若是其中有四川人，一定会抱怨他"弯酸（有意无意刁难人）"。但他告诉他们，他自带流量，这次合作可以让他们重新思考产品。他创办了新品牌"艾和拉维"，全部的资源都是通过给品牌方和供应商上课、帮他们设计品牌形象获得的。他是个手艺人，这是他唯一的资本。

如今，基于陶瓷的创作，仍在以每年一个新系列的速度不紧不慢地推进，在他眼中，每次创新其实都在回应一些问题："1/1000"回应的是为什么要仿古，为什么不能提供符合当代人审美的器皿；"Song"是在回应一种情感，回应一种审美的趋势；"㎡"系列是在回应一个话题，回应关于西方和东方的讨论。

众声喧哗之间，他更看重的是分享精神。如何将遥不可及的传统引入今日的生活，如何将旧时的权贵审美引渡进当下的日常，如何让喜新厌旧的现代人重拾拥有的快意……他说，抗争变成了我的宿命，变成了一种习惯——我不小心就把这种所谓的反抗、所谓的反叛，置入我的作品里去了。但他也深知，从前积累的平面设计经验与声名，为他重新启程铺下了捷径，同时又是巨大的困扰，稍有不慎就会被所谓的成功经验绑架，于是每一步都如履薄冰。对一个以创新和颠覆为天命的设计师来说，这种警醒与谦卑难能可贵。当然，严肃的反思往往会在后来变成自嘲，他时常出其不意地开怀大笑，神思敏捷地开着别人和自己的玩笑。他试图用这种轻松感来消解些什么。或许，就像早年学习表演时那样，他只是努力地希望说好每一句"您好"。

"Song"的花瓶色彩素雅，器型也更平淡，但花瓶内藏玄机，可以拆开，变成两个形态不同的花瓶，重新组合起来又能严丝合缝。

"1/1000"系列的时尚元素，灵感并非源于当代艺术，而是对乡村生活的记忆——小时候姐姐们穿的豌豆花图案的裙子、哥哥参军回来穿的海魂衫、老宅的窗棂、土布窗帘的图案……最乡土的生活片段，却组合出极具戏剧化的视觉张力。简单的点线面，却能引发无穷的联想。

所有的创造都在没和解之前

这天又到成都电台做节目，和主持人许久不见，在办公室格子间寒暄。殷九龙比从前更加忙碌，电视、电台、网络、视频节目、展览、讲座，不断切割着创作和思考的时间，所幸，他还没有迷失。

下班高峰，出租车和私家车里传出他依然不算标准的普通话。女主持人问了一个关于孤岛的问题——假如前往荒岛，只能带三件东西，他会带什么。

"讨好你们吧，收音机。"他回答得认真、俏皮，眼神里又有些莫可名状的情绪。

这个回答其实无比真诚。他不迷恋旧物，早年的代表作都不知丢到哪里去了，却一直珍藏着一台收音机。

这台收音机曾短暂地属于他的母亲。

多年前，母亲生病紧急住院，打他的手机却一直关机。当时他正在电台做一档系列节目。后来知道，母亲得了癌症。他给母亲买了一台收音机。从电台里听到儿子的声音，母亲非常开心。这台收音机陪伴着她度过了人生最后的几个月。

贫穷带来的痛苦始终刻骨铭心，母亲最担忧的就是最小的儿子独自在成都无法安稳生活。有一天晚上，她在病床上说，如果你没有妈妈了该怎么办？殷九龙说，妈妈，那该怎么办呢？母亲的回答他永远都记得——那你就多挣点钱，以后我不在了，你到路边去买一个妈妈。

他的公寓门禁森严，曾是成都市内最昂贵的房子之一。然而，室内装修从母亲生病入院那一天戛然而止，装修费都留下来为她治病了。母亲病情不断恶化，他一直希望母亲能到他的房子里看看，希望给她一些勇气。终于有一天，他把母亲接进小区，然而，刚到楼下她就再也无法支撑，只能送回医院。她终究没能走进儿子在成都的家。

关于苦难的记忆漫长而曲折，稍有不慎就可能消解我们对他的设计与思想的认知。然而，如果回避对苦难的追问，我们就很难理解真正的殷九龙。

"经历过生死离别之后才发现，原来身边有那么多东西值得珍惜。虽然我那么俏皮地说和过去告别，但实际上无法告别。就像传统一样，虽然我们这代人是不具备历史厚度的一代，不了解自己的出身和过往，但是冥冥之中，血脉里面流淌着过去的DNA。这就是我，这就是我们。"

我们于是知道，究竟是什么成全了冰山露出水面的那八分之一。

时至今日，殷九龙仍是一个无法复制的文化现象，艺术、设计、社会学甚至人类学的原理，都难以解释他的出现。又或者，叛逆之心人皆有之，只是绝大多数人终究没能找到出路，又缺乏一点运气，于是被时间磨平了棱角，将理想视作荒唐，对令人窒息的生活习以为常。

不过，殷九龙给出了另外的解释。不断地向过去告别，其实是因为不肯与自己和解，"当你和自我和解了，你会发现，这个世界已经不是你的了。因为所有的创造都在没和解之前……"他点上一根烟，陷入沉默。

事实上，所有的创作，也在举棋未定之时。渴望告别，又无法告别；无法告别，却终要告别。这是人生的死结。我们与命运之间，从来只负无胜，但总有人会把棋努力下下去，在自己变作棋子以前。

"1/1000"系列和"Song"系列

我不会重蹈你们的覆辙

问：你马上要动身去年保玉则，你的灵感来自旅行吗？

殷九龙：可能大多数灵感来自对话和思考。旅行会让我很害怕，我害怕一个人出现在一个陌生的城市。我是一个很胆怯的人。

问：你很胆怯，为什么读高中时会离家出走？

殷九龙：胆怯和离家出走其实是两件事。胆怯是性格里的。我特别爱哭，家里人说九龙就是一个贫困家庭里的贾宝玉。我现在也爱哭，但我从不为自己掉眼泪。

离家出走则是对命运的不服气。

小时候我的成绩特别好。有一次，小朋友获奖之后得个奖状，戴个红花，所有获奖的人都到台上站着，把奖状举起来。我举起来了，裤子掉了，没有内裤，裤子很不合身。我没有哇的一声哭出来，但是眼泪其实流了下来。老师冲上来把我抱住。她是为了保护我，所以我现在也学会了保护别人的自尊心。

我到 10 岁左右才看到灯泡，1986 年到小镇上中学才看到电视，看的第一部电视剧叫《魔域桃源》，那时候喜欢上了刘德华和赵雅芝。

我看到了明星，看到了不同的生活方式，原来世界有那么多不一样，为什么我要劳作而他们不用劳作？为什么我劳作了反而穿得更差、吃得更差？有了比较，我选择离开。

以前的生活给了我太多心理负担。我小时候除了自卑，还有一些小小的自闭。到成都学表演那段时间，我说得最标准的台词就是"您好"，再给对方报以一个微笑。

问：小时候对成都有什么想象？

殷九龙：没有想象。我小时候到过成都，但是记忆很模糊了。

我父亲以前在大山里一座生产军用物资的工厂工作，后来发生爆炸，工厂关闭，他所有的战友和同事都被调离。当时我父母已经结婚，有了三个孩子，但是只能让他一个人走，他选择留下来。以前他是有公派小轿车的，后来一直在乡政府做书记，郁郁寡欢，觉得自己怀才不遇。他的钢笔字写得非常好。

我记得那一次，他带我到成都的战友家，我吃糍粑吃得胃疼，当天晚上就去了医院。因为我觉得好吃，阿姨不停地给我夹，吃了一盘又吃一盘。当时对吃有着强烈的需求。我小时候整个冬天不洗澡，人是黑的，又贪玩，和小朋友一起在山上奔跑，汗水在脸上流出一条条白沟，汗干了，又和衣而睡。

到了初中，我读《白鹿原》和《平凡的世界》，在被窝里边看边哭，觉得《平凡的世界》描写的就是我们，孙少平就是我。

问：你是老九，叫殷九龙，你的哥哥姐姐的名字都是按照数字排序的吗？

殷九龙：No！很多人以为我只有 30 岁左右，其实我 45 岁了。我是最后一个儿子，在凌晨子时出生，电闪雷鸣，有传奇的，哈哈。天将降大任于斯人也，不是先苦其心志，而是先有气象，哈哈哈哈。我一落地，雨就停了。他们觉得传说中龙的降临可能就是这样的，再加上农村望子成龙心切，还有《智取威虎山》里有一句"老九不能走"，我爸就给我取名殷九龙。但这个名字太大了，大到我认为我所经历的坎坷，都是因为这个名字造成的！因为扶不住啊！哈哈哈！

我爸爸喜欢长子，他觉得他掌握了"皇权"。大概上初中的时候，我和他发生争执，我说，我不会重蹈你们的覆辙。那是极其痛苦的人生的认知。

问：但你和母亲关系很好。

殷九龙：是的。我不是很喜欢保留东西，因为一直在变化当中，没有那么多东西值得珍惜，所以我说过，不断地向过去告别。

但是这台收音机我一直保存着。我母亲生病的时候，我在做一期音频直播节目，他们一直打我的手机打不通。后来发现母亲是癌症。这个节目会一直播，我想让她知道她的儿子在外面做什么，就给她买了一台收音机。母亲听到收音机里传出我的话语，很开心，可能这就是普通人认为的成功或者成绩吧。

我每天晚上会去陪她，在病床上给她按摩。她跟我开玩笑说，儿子，可能过一段时间你就没有妈妈了，怎么办？我就问妈妈，那该如何是好呢？她说，这样吧，你多挣点钱，以后我不在了，你到路边去买一个妈妈。她其实不知道她病得多严重。大概三个月后，我的妈妈就离开了。

那时我正在装修这个房子，我妈妈生病的时候，我停下了所有的工程。现在你们看到的，就是装修停止以后的房子，因为手上的钱都拿去给妈妈治病了。

我很想她到我的新房子里来住，但是没有这样的可能。有一次，我想让她看一下这个房子在装修，我想给她一些力量，告诉她过不了多久就可以住进来，但是不行。她在楼下的时候就无法支撑，又把她送回医院。

经历过生死离别之后才发现，原来身边有那么多东西值得珍惜。虽然我那么俏皮地说和过去告别，但实际上无法告别。就像传统一样，虽然我们这代人是不具备历史厚度的一代，不了解自己的出身和过往，但是冥冥之中，血脉里面流淌着过去的DNA。这就是我，这就是我们。

问：所以你的作品很当代，但是总会有传统的影子？

殷九龙：我的作品里总是有传统的影子，但我把传统消解了很多。我更关心当代人的生活、习惯、审美，当代人对这个时代的反应。

不是我们有初心就能改变的，就像我母亲一样，万般不舍还是终将离开。所有和过去有关的事情，我们要一分为二地看待，既要有效地保存，好好地爱护，更要让它能在生活中发声。这就是设计师的作用。

如果设计师能把过去文化里的元素和经典，通过设计语言传递给当下的人，这才是最好的记忆，最好的传承。

在不同场合都可能面临这个问题。理想是什么？初心是什么？我经常回想这些过程。理想会随着环境变化、认知变化而不断成长。对大多数人来说，初心或许是丢失或者放弃。而我一直在寻求万变不离其宗的状态。

问：后来你和父亲和解了吗？

殷九龙：没有。其实我觉得，人无法真正走进对方的内心，即便是父母和爱人，所以就没什么要求。没有要求，就不会那么痛苦。但是，没有要求，不等于没有需求，也不等于没有渴望，所以必须要好好相处，总的来讲是跟自己相处。**有一种说法是自我和解，哈哈，其实蛮难的。当你和解了，你会发现，这个世界已经不是你的了。因为，所有的创造都在没和解之前。**

我希望产品能体现分享精神

问：你多年做平面设计、广告设计的经验，对你创办"艾和拉维"、研发产品有什么影响？

殷九龙：任何事情在我眼里都有两面性。做了那么多项目，有时候可能是我的障碍，我不得不承认，也不得不面对。过去的经验让我走了很多捷径，这毫无疑问，我比较容易找到传播的语言和方法，我对审美的理解和诉求的目的性很强。但是，从创作上来讲，如果我的力量很小，就会被这些东西束缚，我称之为成功经验导致的对成功体系的追求。这非常糟糕，可能会绑架创新。每次做新的创作，都会反思这个问题。

问：毕加索晚年也转向陶瓷创作，从平面到立体，也是一种思维方式的转变吧。

殷九龙：2008 年，我碰到一个 1986 年出生、刚从川美毕业的学生，他说，九龙，你做了 500 多个项目，你把你的手都做烂了。我觉得就像一记响亮的耳光。我该去寻求自己真正意义上的表达。当然，到目前为止，还没实现。

介入陶瓷，是一次有目的的尝试。

我在景德镇发现，所有人都在仿古。一千年的陶瓷基地，像麦加一样的地方，为什么只能做一个样式的东西，和今天的生活没有任何联系。我就想，能不能把过去的视觉经验转换到陶瓷上来进行尝试。

我去寻求一些师傅的支持，他们觉得我在破坏传统的意境，破坏景德镇的语言。我借用景德镇的技术，比如青花，但是，传统青花大多画花、

成都人民公园的茶社，是殷九龙久违的秘密花园。（摄影：钱东升）

鸟、鱼、虫、人物和山水，而我使用了流行的元素——波点、条纹、菱形、渐变、纯色，包括立体雕刻。他们不太情愿跟我合作，但是等到看到产品，他们也很惊讶。

问：最开始介入陶瓷的"1/1000"系列，为什么选择梅瓶的器型？

殷九龙：我觉得梅瓶非常有东方的特点，苏州园林有很多门厅也是用梅瓶的造型。在传统绘画和生活中，插一支梅或者一支松，就能表达出东方的意境。

"1/1000"的器型源于梅瓶，但改变了缘口和基座的平底，把它简化掉，再加上我的设计语言，就变得很当代。

早期的作品很大，大概 60 厘米高，它最早是 2012 年我在成都当代美术馆的个展上出现的，我希望大家不只看到我的平面作品，更能看到一个设计师的无限可能。它在展览上受到很多好评，我就一直深入下去。

后来想，已经做到这个程度，是否可以衍生成小的生活用品。因为"1/1000"成本很高。这一系列衍生品仍是"1/1000"的器型，但是缩小到非常好握的比例，进行新的设计，一分为二可以变成两个水杯——一个拿来喝水，握在手上很舒服，另一个有点像茶盏，而我在家里会拿它吃冰激凌。有人质疑稳定性不够，其实不用担心，中国传统器型里有斗笠碗，看上去比它还要惊心动魄。

衍生出高水杯和矮水杯，我觉得还不够，又做了餐盘，它已经开始背离"1/1000"了，但是它又很时尚，很好用。

做产品的时候，我考虑的不仅是陶瓷怎样使用，还有更重要的问题，就是分享精神——当然，我们还没达到这个目标。这个时代的中国，标准化很重要。在消费升级的过程中，中国的产业也在升级，过去几十年中国加工厂的名声并不那么好，但是，与此同时，iPhone 这些好产品有百分之八九十都是中国制造的，只不过，这个标准不是我们提出的，是由品牌方提出的。我希望中国未来的产品有标准化的概念，所以，在陶瓷这个最难实现标准化的材料上，我提出这样的目标，进行严格把控。当然，分享精神还包含价格定位等等。

问：你把第二个系列命名为"Song"，你是通过什么媒介认识宋代美学的？

殷九龙：我们这一代对历史不是非常了解，但我身边有很多学者、艺术家、作家、媒体人，他们有个群体叫"宋党"，对宋代审美很有研究。他们无形中吸引着我，我也开始查找资料。影响我最大的还是宋徽宗的《瑞鹤图》。

收集宋代器物的样式，会发现它用最简单的方式就能把审美表现得淋漓尽致，非常简朴。但是，这种审美不是老百姓的审美，而是一种权贵审美，这就是为什么我要对它重新梳理再进行创新的原因。我希望产品能体现分享精神。

"Song"原本是对宋代致敬。后来我发现，回不去。那必须要去创造，去改变，去把你自己变成这个时代。

某一种工艺失传很多人可能会痛心疾首，或者哀怨，为什么这些人忘本了？不需要过去了吗？其实不是我们不需要过去，是因为过去的东西已经不在我们生命中了，我们很难对它产生所谓的感同身受。

既然宋代那么吸引我们，我们能不能把一种新的情绪带进去，体现今天的生活趣味？我用了组合的方式。组合在一起是完整的器型，如果分开，可以变成两个花瓶。人都会审美疲劳，会对某些物品产生抗拒，所以会有那么多旧物被放在箱底。我希望在使用过程中，这种组合的形态能让生活场景不断变化，产生一种趣味。

我个人认为，"Song"其实比"1/1000"更有趣，"1/1000"的那些元素太容易识别了，"Song"一直有点像压箱底绝活的感觉。我觉得"Song"会唤起我们对当下生活场景的思考，这远比我们追求宋代审美更有趣。

问："Song"的组合要实现上下完全密合，用了多长时间来磨合制作工艺？

殷九龙：产品研发时间都很长。"㎡"系列研发了一年，到目前都很难绝对地大批量生产。

"Song"也是一样，陶瓷在窑里像果冻一样变化，要实现扣合，自身的重量、收缩比等等都要考虑。现在"Song"的扣合效果已经非常好了，至少在国内是一流的技术力量。

别人不愿意做的时候，我比较会耍小聪明，我会扔一本书（我的作品集）在供应商面前，告诉他，我自带流量，哈哈哈。给我们做东西，能让你们重新思考产品，这是个有趣的交易。

2014年，我给他们做讲座，做品牌形象设计，换取了启动"艾和拉维"的所有生产资源。其实我觉得，他们也意识到，产业的发展需要新鲜血液，一些有意识的工厂已经在转变，因为过去的路走不通了。

这样的创意，看上去没什么惊天动地，但是实际在做的过程中，我们发现，这些小小的情绪，应该是由一个大的语境下的小创意来体现，而不是用小的创意去呈现大的语境。

问："1/1000""Song"和"㎡"这三个系列，有一种游戏的感觉。

殷九龙：有些东西和我的生活息息相关。有人说，我的波点很草间弥生，其实，以前我对当代艺术不那么了解的时候就已经喜欢波点了，波点作为一个基本元素，谁都可以用。我们小时候，大姐姐们穿的豌豆花图案

的裙子，电影《邪不压正》里周韵穿的波点连衣裙，都很美。我的灵感也来源于海魂衫、农村传统的窗棂、简单的窗帘……当然，它们组合起来特别戏剧化，这种戏剧化可能会让人想到小丑、魔术、氢气球……能引发无限的联想。

问：你用"㎡"系列做了茶碗，又做了咖啡杯，可以说是东西方文化生活的两个重要意象。你怎么看它们之间的关系？

殷九龙：我做每件产品，其实都在回应一个问题。"1/1000"回应的是为什么要仿古，为什么不能提供符合当代人审美的器皿；"Song"是在回应一种情感，回应一种审美的趋势；"㎡"系列是在回应西方和东方的讨论。

这是一个融合的时代。有一次参加聚会，大家在讨论东方和西方的区隔，如何用东方的东西去吸引西方的眼球，但是我认为，在这个互联网高度发达的时代，就像一本书所讲的那样——世界是平的。我受到西方设计语言的影响很大，我就想用包豪斯的语言，把过去中国传统的东西剥离得特别干净、立体，通过撞色的方式改变传统器型，再把咖啡杯和茶碗这两种不同文化的载体，用一种设计语言整合在一起。一定有一种方式，一种语言，不用说就可以沟通，这就是设计的力量。

最美好的事情总是尚未发生

问：你小时候的理想是做画家吗？

殷九龙：我很热爱艺术，但是当时的条件没办法直接参与艺术创作。那时首先想到的是生存。我学表演，学设计，毕业后工作，第一件事都是如何生存下来，如何改变命运。当时工作非常辛苦，无限地加班，每时每刻都想要表现自己。

问：你的眼睛也是当时……？

殷九龙：1997 年，我们和台湾一家公司为中国电信和中国移动做形象设计，我有一个星期通宵加班。有一天骑自行车，我突然发现，怎么前面有一坨云，是黑的。去医院检查时误诊，后来导致左眼失明。

问：当时正是设计生涯的上升期，突然跌入低谷，是怎样调整的？

殷九龙：其实在我的生活中，眼睛不算是最大的痛苦吧，哈哈。小时候没有衣服穿，没有吃的，劳动量太大，身体承受不了，都非常常见。初中时回老家打猪草，每天中午饿着肚子走 20 里路，太吃力了，背不动，坐在田场上哭。但那时不是为了改变命运，只是为了帮母亲缓解一下家庭的压力。

当时还是很贫困，我做了两次大的手术，手术费用都是我的客户包红包给我的。最后一次要做眼球的摘除手术，我找了一家私立医院就做了。那时候我就像佐罗一样，拿一个黑色的丝带把眼睛捆绑起来，所有人都侧目看我。但是我坐在三轮上特别骄傲，你看，我终于跟你们不一样了，哈哈哈哈。

我常说我可能是一个积极的悲观主义者，我需要跟命运做斗争，可能也是为了表现自己存在的一个理由吧。

这些故事讲出来，也许有人会觉得，这是不是在寻求同情与怜悯？我需要别人怜悯吗？在我的职业生涯中，已经做过 500 多个项目，我在所谓的成功中不断寻找新的载体，新的创作方法。很多人认为，如果我不这样做，我过得会更好。但是实际上，**抗争变成了我的宿命，一种习惯。我到底在抗争什么？其实不是命运，其实是在给自己找事儿，是寻求自我认知的过程。**

在我的一生中，如果加上生死五件事，除开生死三件事——不断地认知自我，不断地认知世界，不断地认知方向。这就是我的宿命吧。

问：你的雕塑作品《春的肖像》描述的是一场梦，梦中会有经常重返的场景吗？

殷九龙：我有好几个创作是从梦里来的。《春的肖像》描述了我在农村的生活，重新认识春耕、播种、雨露、生根、发芽。大多数人所理解的事情，我一般会反着来。你说美好，我说恶劣；你说喜欢，我说不喜欢；你说黑，我说白。这可能是我长期以来的抗争情绪。大多数人对春天都会有美好的展现，但我的《春的肖像》，在美好的现象中，在生命蓬勃的发展中，描绘了消亡与挣扎，为了生存，被春风雨露摧残。

有人对我说，九龙，你作为一个农民，并没有反映农民的精神，你虚构了另一个世界。

其实我的插画就是如此，有传统的元素，有门前屋后的花卉，有我小时候的昆虫玩伴，池塘里的锦鲤，都是关于农村的记忆，但我把它叫作《乐园》，也许为了生存下去，要给自己制造一个梦幻般的世界。

问：以前你给沃尔沃创作过一个艺术装置，像山一样高低起伏，留出一条路，像车开过的痕迹。在参与商业合作时，怎样保持艺术家的独立性？

殷九龙：那是为沃尔沃发布 X90 而创作的。它是一辆越野车，刚好当时我在做的一个作品和山水镜像有关。我用纸做了四面体的椎体，不同的面是不同的色彩，非常尖锐、锋利，形成山的意境。下面是反光玻璃，会有倒影，像一个悬浮的极乐世界，我称之为梦幻岛。梦幻岛在很多人眼里可能是柔软的，但我把它塑造得非常坚硬。我不小心就把所谓的反抗与反叛置入作品里。

我很愿意洞察客户的需求，他们到底想展现什么。我刚刚设计了一个商业空间，他们很有耐心，等了我半年。我想，商业空间为什么一定要按照传统的方式去做？人们更想知道企业的文化是什么，是否有未来，是否有前瞻能力，是否能对新的世界产生推动。我用了很多方法，让他们认同我的观点，做了一个非常艺术化的商业空间。当然，我也引用了伊曼努尔·康德的道德律和仰望星空的概念。所谓仰望星空，是指不管哪个行业，都有权利去做梦。我制造了 5 个未来新世界的梦境，我希望它是一家有道德感的企业，更是一家有梦想的企业，能对世界的美好做出展望。

问：我觉得有一个悖论。反叛精神推动着你的创作，但你这些年也在强调融合，比如，别人讨论东西方的对立，但你更强调融合。

殷九龙：我们讨论融合，是在融合什么？我们讨论对立，又是在对立什么？弄清楚这点非常重要。**很多人焦虑是因为我们出现了文化断层，丧失了东方的优势与一些话语权，但是，融合是整个文明进程的问题，其实我们根本不用讨论什么是东方，我们本身就是东方。**

我和客户也是这样。我和客户的对立是甲乙方的对立，但是我和他站在一起思考，这就是融合。不然没有那么顺利，我不是什么天才。

问：真的不是？

殷九龙：貌似吧，哈哈哈。

问：据说你还准备以丝绸、竹编、蜀锦为媒介进行创作，你对材料是什么态度？

殷九龙：我对材料非常好奇，我在等待机会，进行更多跨界的合作，但要准备很久。

前段时间参观了成都的漆器，我可能会在陶瓷上介入漆器材料，让它们进行沟通对话。但是一定要符合我的审美要求、创新要求和工艺要求，当它们能整合在一起，我才会真正动手。如果为了一个材料而去做一个材料，我觉得意义不大。通过我的介入，它能在生活中出现，这种出现是最好的保护。**我希望能通过设计反哺民间工艺与东方文化，回到我们自身的基因里去。**

我现在在做熊猫，我一直认为，全成都的熊猫标识和形象设计都很丑，我希望，未来能创作出区别于过去关于熊猫的所有概念。

有很多很多的计划。比如关于人类迁徙的主题，比如我喜欢李商隐，有可能通过一些装置和地方戏曲来重新演绎李商隐诗里的情绪，比如可能我会做"秘密花园"系列，以苏州园林为蓝本，在盒子里创作微缩景观，描述中国人文里不敢言语又藏污纳垢的东西……

最美好的事情总是尚未发生，所以我还在期待我将来的作品。

有很多人问我，你的灵感来源于哪里？我认为无处不在。他们说，如果你的灵感枯竭该怎么办？我说可能是我死的那天吧，哈哈哈。

民艺启蒙众生

时间如同代达罗斯的双手，砌出命运的迷宫。它蜿蜒曲折，如河水般顺流、逆流，最终回到源头。每一件器物、每一种传统其实都在这时代的迷宫里浮沉寂灭，每一代人也注定要在这跌宕起伏中寻路，从旁观者变成局中人，尽自己的本分，努力开拓出自己时代的格局。

朱哲琴（Dadawa）

音乐艺术家，"看见造物"（KANJIAN）创始人兼艺术总监，当代中国创造倡导者。朱哲琴的音乐代表作有《阿姐鼓》《央金玛》《七日谈》《月出》等，曾获得美国录音协会经典唱片奖、美国独立音乐大奖、华语音乐传媒大奖、华语金曲奖等奖项。2009 年，朱哲琴被联合国开发计划署授予"中国亲善大使"，发起中国少数民族文化保护与发展亲善行动。2011 年发起中国第一个当代民艺论坛。2012 年合作创立"看见造物"，汲取多种材质和手工艺精华，集结国内外卓著设计力量，与手工作坊联合打造代表性设计产品，致力于对中国传统材质与工艺的当代诠释及应用。2014 年被联合国世界手工艺理事会任命为"世界手工艺大使"。

摄影：夹子

茶的声音

水滴坠落，清响不期而至，四壁仿若绽开涟漪，周遭喧嚣一时俱寂。

我回过神来，窗外依稀的人声与汽车轰鸣重新漫溢开来。茶汤仍在黑陶茶盘上盘桓，渐次没入绵密的孔隙。它们将继续穿越中空的陶板，沿着棉线流向陶锤，在下一个不经意的时刻，发出不疾不徐的一声。

七年前，当朱哲琴在香格里拉尼西村发现黑陶时，这种古老的技艺已经沉寂千年。黑陶曾在汉地兴盛一时，沿着茶马古道传播，止步于香格里拉，被制成藏民日常的陈设。它幸运地躲过了时代的更迭剧变，携着八千年光阴呼啸而至，质朴纯粹得令人窒息。

接到朱哲琴的邀请，设计师石大宇来到香格里拉，初见黑陶，激动得彻夜难眠。后来，当卢志荣、迈克尔·杨、胡如珊、汤姆·迪克森等设计师随着朱哲琴一起踏上民艺采集之旅，相似的一幕频频重现。

2010 年，作为联合国开发计划署"中国少数民族文化保护与发展亲善行动"大使，朱哲琴完成了少数民族音乐采集之后，又带领团队踏勘西藏、云南、贵州、青海、内蒙古等地，采集、整理少数民族手工艺。这些美轮美奂的古老民艺，久违

的质朴，精湛的技艺，偾张的生命力，让这些成名已久的设计师不断反思，所谓的中国，所谓的东方，究竟是什么。

所有反思最终转化为创作的源泉。经过深入的考察、整理与研究，设计师与匠人合作，在传承技艺的同时，创造出适合当代审美与需求的新器物。"看见·黑陶茶盘"正是一个令人印象深刻的开端，茶文化得到全新演绎，又在精神上一脉相承。用黑陶烧制茶盘，是对技术的巨大突破。茶盘中央的设计，借鉴了藏民堆柴薪的方式；排水则参考了噶丹·松赞林寺屋顶的排水系统，用棉线和陶锤取代了塑胶管。水滴滴落发出的声音，是茶盘的点睛之笔，这源于朱哲琴的小小愿望，她对石

看见·黑陶茶盘（摄影：吕祝君）

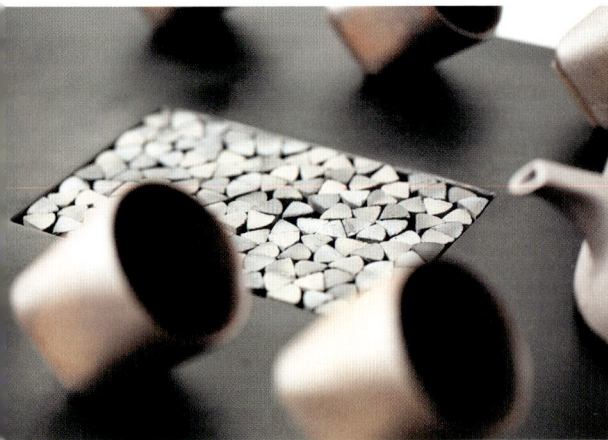

看见·黑陶茶盘中央的设计，借鉴了藏民堆柴薪的方式；排水则参考了松赞林寺屋顶的排水系统，用棉线和陶锤取代了塑胶管。（摄影：吕祝君）

大宇说，我是一个音乐家，我不仅想喝茶，也想听到茶的声音。

时代的迷宫

即便在七年前，朱哲琴也很难想象，自己竟会创办一个品牌。

2010 年冬天，她在中央美术学院美术馆举办"'世界看见'民族手工艺设计"特展，原本以为对手工艺的寻访就此告一段落，她已经迫不及待地准备继续潜心整理从西南地区采集的 1000 多首原声采样，创作新的音乐。民间艺人质朴纯粹的歌声与乐声，和民艺一样，每每令她心跳加剧。

然而，设计师们却纷纷提出，通过西南民艺采集之旅创作的器物太具挑战性，无法纳入他们自身的品牌系统。他们不约而同地希望，由朱哲琴出面，打造一个新的平台，兼容这些前所未有的创造，让传统继续发扬光大。"从某种角度上来说，我是被大家选中的"，朱哲琴突然感到别无选择。

作为最具国际影响力的音乐家之一，她很早就在进行跨界创作，不羁的性格让她敢于大胆突破，尝试新的可能。这次转型看似意外，实则一脉相承。两年后，"看见造物"的诞生，正是多年探索与反思的延续。她试图改变当代人对奢华的执迷，倡导"上乘非奢侈"的生活态度。"看见造物"既是一个品牌，更是一个平台，她不得不换一种思维方式，重新打量那些让她血脉偾张的民艺创作。当设计师们被民艺传统感召、激发，欣喜若狂的时候，她已经迫使自己率先沉下心来，更深入地思索，更理性地考量，让那些天马行空的想象，生出扎进土壤的根系，让传承与创新都能在健康的维度中持续推进。

黑陶、紫砂、刺绣、漆器、银壶、景泰蓝、丝绸……古老的技艺借助设计师的构想与匠人的双手，重获新生。从"看见·黑陶茶盘"到"看见·青龙吉他"，从"看见·戏石屏风"到"看见·玉珊金壶"，"看见造物"不断地跨越古今中西，拓展造物的边界。

七年过去了，朱哲琴逐渐意识到自己的转变。她曾乐于表达，现在更善于倾听。她曾专注于寻求个体的自由，渐渐地更关切世界与众生。那些或质朴或绚烂或震撼或衰败的民艺，如同一面面镜子，照出文化生长的脉络，更让她重新认识了自己。在她看来，并非这一代人在拯救民艺，反倒是民艺在启蒙众生，让人们辨认过往，再度启程。

时间如同代达罗斯的双手，砌出命运的迷宫。它蜿蜒曲折，如河水般顺流、逆流，最终回到源头。每一件器物、每一种传统其实都在这时代的迷宫里浮沉寂灭，每一代人也注定要在这跌宕起伏中寻路，从旁观者变成局中人，尽自己的本分，努力开拓出自己时代的格局。

过去的半个世纪，中国民艺经历大悲大喜，从无人问津到家喻户晓，仿佛转瞬之间，鱼龙混杂，泥沙俱下。朱哲琴感到欣慰，也提高了警惕。寻访民艺的旅程与创作实践，让她清醒地知道，这些古老而脆弱的传统是"基因"，无论是设计师还是研发者，都必须无比严谨，加倍地小心克制，否则很可能适得其反，带来毁灭性的结果。既要大胆突破，更要常怀谦卑之心，才不至于辜负这场跨越时空的相遇。

书写自己的时代

问：西南和江南，是"看见造物"进行考察和作品研发的两个重要区域。你怎么看两种地域文化之间的异同？

朱哲琴：当初"世界听见"和"世界看见"的采集之旅是在西南少数民族地区进行的，这是"看见造物"的一个基础。但是，"看见造物"针对的是整个中国的手艺，不只局限于西南和江南。

从区域的造物传承来看，江南的工艺、产业基础比较成熟，更容易盘活；西南的工艺生态非常有生命力，但是规范化、标准化和产业化的基础较弱，不可能进行百分之百的实践，我们只能取某个素材或某个工艺的局部，放到比较容易规范生产的流程里，让它作为主要的特色和主题来呈现。

问：几年前你告诉我，在贵州的田垄间听侗族大歌，感觉整个人都飞起来了，让我想起列维－施特劳斯的人类学考察。

朱哲琴：无论是音乐还是民艺，整个西南地区的原生态非常珍贵，对这些地域文化进行介入和开发，要格外小心，稍有不慎就可能喧宾夺主，甚至变成破坏性的开发。这是我们最留意的事情。

在"世界听见——民族音乐寻访之旅"中，我们采集到原始的基因，我的音乐专辑《月出》并没有对基因进行改变，而是围绕这个基因再做发展，创作出新的音乐。这种工作方法也是"看见造物"前期的策略。它们是基因啊，如果基因被破坏、被混淆了，就无从寻找它的脉络。

问：具体到材料本身，西南的黑陶已经少有人知，江南的紫砂却是一种强势的传统。两种不同的材质和文化，落实为茶具，有什么不同？

朱哲琴：黑陶有 8000 年历史，曾在汉地兴盛一时，后来慢慢消失了。我第一次见到黑陶是在香格里拉，那里的人用黑陶制作奶茶壶、烛台。我非常惊讶，它的品相这么纯正，没有受到明清以来直至近现代的影响，没有发生人为的介入与转变。

看见·生生托盘（摄影：吕祝君）

"看见造物"的创作过程，既要保持黑陶原初的真实，又要进行转化。黑陶从没做过茶盘，流传到茶马古道后，在香格里拉地区的烧制形式是户外堆烧，无法烧制大型陶片，只能做一些小型器物，户外堆烧也无法达到一定的温度，容易碎，所以也很难向更远的地方传播。

对黑陶工艺深入研究后，我们做了大胆的拓展。我们不喝酥油茶，不点酥油灯，但是因为黑陶的气质以及它与中原地区有渊源，和茶文化有相通之处，所以我们创作出新的器物——"看见·黑陶茶盘"。

我带着设计师石大宇去看黑陶，他一晚上没睡着。它真的会让人激动。传统工坊的师傅们和设计师一起完成了这件作品。烧陶的人都知道，陶板很难做，而且有句话，"宁做十圆，不做一方"，黑陶茶盘在工艺上达到了很高的水平，它就是这个时代工匠精神的体现。

饮食安全方面我们也做了前期检测。

景泰蓝手绘（图片提供：朱哲琴）

黑陶在熏制过程中会发生氧化，不宜入口，藏地用来喝酥油茶，酥油锁住了它的细胞，问题还不太大，但是，从安全方面考虑，我们虽然设计了茶具，最终还是放弃了。

我们用黑陶发展出以前没有的器物，但是美学系统一脉相承。茶盘中间的设计借鉴了藏民堆柴薪的方式，茶盘的排水参考了松赞林寺屋顶的排水系统，用棉线和陶锤取代了塑胶管，水落下来会发出声音。当时我对石大宇说，我是一个音乐家，我要听声音。这个设计获得了专利，也比较整体地贯彻了茶文化的精神。喝茶是一件随性的事，能让思想充分自由。人的六感在自然状态中充分打开。如果刻意追求什么，离禅就很远了。

问：对于紫砂这种比较成熟的工艺，又是怎样开发的？

朱哲琴：当代人对紫砂有比较固定的演绎，很多都是围绕古典形制做仿制品，或者干脆就用宋代或明代的器物。但我认为，**每个时代的人都应该书写自己的时代，是从艺术、文化、思想、科技等领域进行的全方位书写，其中更重要的是民艺**。因为一个时代的人平时使用的器物最具普适性，这比学院里的理论更真实。学科化过滤掉很多东西，很容易人为地设置一个系统。而当我做田野采集时，看到的是一个事物生成的逻辑和脉络，看到天时地利人和、文化的背景与传承，是更丰富、更生动的维度。**与其说采集之旅是去了解、寻访、帮助民艺人，倒不如说是在帮助我们自己，去认识一个事物生成的过程。**

无论我们觉得宋代、明代有多理想，无论我们怎样努力地仿制，我们做出来的也只是赝宋代、赝明代的东西。我们这个时代是否能做出拿得出手的器物，具有这个时代的风范？既运用传统工艺，又能反映现代人的审美和需求。

比如"看见·陶壶壹号"的设计，采用的是天方地圆的造型。以前都是天圆地方，为什么天方地圆？因为我觉得现代人很狂，这种狂体现了这个时代的胆识，也反映了这个时代的混沌，希望这件器物能留下这个时代的痕迹。同时，我们用建筑的理念设计茶具，器型更能进入当代的语境与生活。现代人不再生活在亭台楼阁中，钢筋水泥建筑方方正正，传统器型和我们生活的世界形成怪异的反差，就像一个人穿着中世纪的泡泡裙，很好看，但与当下格格不入。当然，这也可以被视为一种混搭，但是，除了混搭，我们还能做些什么？

紫砂是江南比较成熟的工艺和器物，我们要沿着它的精神内涵继续往前走。因为工艺相对成熟，也希望它能达到一定的量产和普及度。黑陶茶盘工艺珍稀，就把珍稀做到极致，每年限量生产。紫砂和黑陶在"看见造物"的家族树中扮演着不同的角色。

传统的伟大在于它应该引领时代

问：这几年能明显感觉到民艺复兴的加速，很多人在觉醒、在探索，但是泥沙俱下。

朱哲琴：前些年没人关注，现在是过热了。我很担心，特别是偏远地区的民艺，如果不开发，它还在那里，如果蜂拥而至，无节制地开发，这种结果有考虑过吗？大家真的准备好了吗？

做传统文化与中国原创，不能停留在一种感性的热情状态中。这种热情往往有很大的盲目性，无法在真正健康完善的维度里完成创作，容易在实践中束手无策。

中国的民艺和原创非常需要鼓励，需要成功的案例。前期的评估、思考、准备要很充分，需要对产业定位、技术和人员配备、现代延展、创作实践、市场开发等方面做多维度的评估，才有可能成活。这需要时间，需要整个产业链的配合。

西方用了一两百年走出这条路，当代也许不需要这么久，但起码也要十年二十年，才能完成丰厚的积累。不幸的是，很多人充满热情，却很快败下阵来，是因为不得法。

很多年前，我也对民艺抱着很深的感情，但是多走了几步就会发现，这必须从长计议，不但需要自己的信心和耐力，更需要把周边相关的人和资源都调动起来，一起前行，才有可能接近。这几年，"看见造物"聚焦于寻找路径和方法。

问：你曾说过："如果倒回去十年，我是不能想象我能够做这个事情的，因为我一直是非常个人化的一个人。"

朱哲琴："看见造物"确实对我有非常大的影响。一个人年轻的时候，是从无知到有觉，有觉之后开始建造自己的世界。当你感觉到自己的王国成长丰满起来，墙就拆掉了，界限就消失了。用东方的理论来说，就是融入，就是无我。所谓的无我，是"我"存在于一个更大的愿力里面，"我"也因此获得更多的觉知和力量。

作为东方人，我们最终还是会回到度己度人这个命题。"看见造物"真的是一场修行。年轻的时候更多考虑的是解决自我的问题，到了一定的时候，"我"就是世界，世界也是"我"。

必须承认，我们这一代人在创作中先天不足，努力学习周边先进的理论，却很少真正清楚自己的基础是什么。"看见造物"对我来讲是一种扫盲，以前我主要通过音乐来寻找，后来我意识到，对一种文化、一个地域的理解，落实到民间才是最见底的，如果你能认真地沉下心来，就能看到许多事物的生成和它的意义。

问：设计师往往天马行空，但在介入民艺的过程中，需要有所节制。"看见

朱哲琴与民族手工艺采集团队寻访贵州蜡染。(摄影：夹子)

造物"的创作过程中，设计师的介入程度是怎样的？

朱哲琴：有一些对区域文化有介入经验的设计师，他们的准备比较充分，目标也比较清楚。但是，多数设计师在迎接这些让他们心跳的传承时，最大的冲动是想要表达，想要倾尽全力打造一个前所未有的东西。但我觉得，表达并不是创作的根本。这些让你心跳昏眩的器物，其实是每家每户的平常之物，是妇女们消磨时光、维持生计的寻常物件。很多设计师经常忘记这一点，恨不得做出皇家御制的器物来，将民艺抽离出它所存在的环境，下一步呢？怎样生长下去？我们也遇到很多这样的例子，有一些很优秀的设计师，在几个月里产生了很多想法，但是没有一个能回到工坊去制作。

也有一些记忆很动人。做一个巴掌大的双面绣，需要几个绣娘几个月的努力。人们为了创造美而付出的时间、心力与专注，真的让人震撼。有人研发产品时，可能想把双面绣做得很大，好像这样它才珍贵，这其实是把珍贵的东西世俗化了。我们请卢志荣设计的"看见·戏石屏风"，绣娘们用双面绣做出齐白石的两只蟹，就是小小的，以此体现它的珍贵。我们还让

民族手工艺采集团队寻访雷山银饰。（摄影：陈伟民）

现代丝印技术和宋代的手艺在这片屏风上对话，我相信这种创造对每个人都会有启发。我们真的不是去拯救什么，我们还是先启发一下自己吧。

问：如今存在一种认知的惰性，人们执迷于哀叹传统衰落，后继无人，却不愿探讨究竟应该做些什么。

朱哲琴：采集之旅让我茅塞顿开。我们不能僵化地看传统，而且，我觉得，面对传统，有时我们太保守了。

去年我们推出了"看见·青龙吉他"，它是全世界第一把漆艺的电吉他，把传统带到电子的世界里。传统的伟大在于它应该引领时代。真正好的传统是一个领导者，应该有巨大的能量。传统被困住，归根到底是认知和见地的问题，人的局限性让传统无法往前走。

问："看见造物"有不少作品是你深度参与创意、创作的，比如"看见·黑陶茶盘"和"看见·青龙吉他"。你怎样定义自己的角色？

朱哲琴：这是一件很奇妙的事情。当初做"世界看见"时，设计师和匠人们给了我很大的信任和帮助，好像在这个命题上他们知道我和他们是"同盟"，都关爱民艺文化，希望它在这个时代焕发活力。当然，我的音乐就是基于传统在走新路，这在某种程度上建立了一个基础。

我当时选择的都是拥有自己品牌的设计师，像石大宇、卢志荣、迈克尔·杨、胡如珊他们。我觉得自己是一个攒局的人，带着大家去看，设计师们回来创作，纳入各自的品牌系统里。2010年，我们在中央美院美术馆做了"'世界看见'民族手工艺设计"特展，他们都对我说，没办法在自己的品牌系统里做，你能不能组织一个平台？可是，我是一个艺术家，从没想过要做品牌。后来，"看见造物"的天使投资人洪星先生也觉得这件事很有意义，他说，你先把基因做出来，如果基因是好的，会有更多的力量推动它生长。

从某种角度来说，我是被大家选中的。它就像从水里漂过来一样，你只有接住。

问：这大概也是"看见造物"和很多设计师品牌的差异，它有很强的兼容性，但是这口气又是一脉相通的。

朱哲琴：这口气，就是品牌。从真正意义上来说，近现代中国手工业没有形成品牌，没有品牌就没有主张，没有主张也就不构成品牌。

"看见造物"成立之初，我考虑最多的就是"看见造物"到底要做什么。我们

的核心价值是"上乘非奢侈"，这与西方崇尚物质的理论截然相反，与中国古人则一脉相承。在古代中国，一个人被认为奢侈，是没有颜面的事情。为什么现在人们却对奢侈如此向往？"看见造物"希望推行一种对这个时代有建设性意义的生活方式。

我想把中国的格局做出来

问：如今谈起东方美学，往往会想到日本。你怎么看日本的工艺美学？

朱哲琴：日本工艺归根到底是残缺的美。日本是岛国，物质匮乏，残次品也不能浪费。朱锷对日本的禅有一段解释特别好，他说，中国的禅是提升，日本的禅是文明，是平时的生活，是有土壤的东西。

我觉得它们也会在中国生长起来。

问：这需要时间。

朱哲琴：2014年米兰三年展，我带着"看见造物"的50多件限量版的作品去参展。虽然我们是一个年轻的品牌，但是很多人来我们的展厅参观，有几位日本设计师说，你们做得比我们好，因为你们丰富，文化的格局大。

这当然是他们谦虚，但他们也是真的懂。其实，这也是我思考的一个点。极简主义、禅只是中国文化中的一个支系，这个支系在日本得到空前的发展，因为它是岛国，区域、物种、物资的局限，使它更

民族手工艺采集团队寻访贵州破线绣。（摄影：陈伟民）

能垂直地把这种文化做到极致。

那么，中国是什么？20世纪90年代我读过季羡林先生的一段话，他说，近现代中国人讲的都是汉文化，但是中国的文化版图比汉文化大得多。我很受启发。我在西藏、新疆、云南等地的旅行，帮助我认识了更大的中国。后来去国外，从另一个维度来看，中国的确是一个伟大的国家，它的伟大不在于地大物博，而在于它的容纳性，在这个国度里，有那么多文化生成、繁荣、此起彼伏，这是大国气象。

"看见造物"创办早期，团队和我辩论，我们的茶具做得这么好，应该迅速推出各种茶具。我说，难道"看见造物"要做成一家茶具公司吗？我想把中国的格局做出来。

"看见造物"不是设计的超市，而是一个对民族工艺有着很强的研究路径、方向、心得和导向的平台。这个基础将这些设计力量整合进来，才会在不同的时机导出不同的产品。

很多人对器物的创造往往停留在点线面上。但是，很多器物从春秋战国、汉、唐、宋以来一直在变，每一代人贡献一点新的力量，推着它往前走一步。它的内涵非常丰富。一个地域的工艺，也是以当地的人文、历史、社会作为线索，如果现代人断章取义地做一件器物，没有基础，就没有生存的土壤。这是我最提防的事情。

很多人对东方美学存在一种错觉，这种错觉源于中国在原创上的惰性。我们习惯于跟随世界的流行趋势，拿回来学习，但这与原创无关。20 世纪 90 年代，得到先进的资讯，可以拿回来转化运用。现在，地球已经是平的，每个地区的创作者、设计师，都应该具有原创精神。

问：民国时期，在工艺、产品乃至报刊的美学上，都有很多探索，融汇中西，或许不成熟，但是有了独特的雏形，可惜这个传统中断了。现在有很多人在

看见·他山香具组合（摄影：吕祝君）

觉醒，想要去建构，但是感觉尚未建构起来。

朱哲琴：这是很现实的问题。日本人把中国文化的元素在他们的土壤里发展出来，是有功力的。造就日本现当代想象力的，是坂本龙一、是黑泽明、是安藤忠雄，他们有开阔的视野，既能掌握西方的方法论，更有东方的文化基础。

如果谈论西方的大师，我也能如数家珍，但是，如果没有经过采集之旅，我对中国的工艺文化不会有深入的理解，那么原创又从何谈起？

有人认为，不要总是民族主义。但我觉得，我们现在所谈的中国性，是已经遗失了的中国性，需要重新寻找。而所谓国际性，其实是一个伪命题，当一种文化发展到占主流的时候，就会变成国际性。国际性不是僵化的，古罗马曾是国际性的，中国唐朝也是国际性的，我们需要看上下文再做出判断。

采集之旅为什么那么触动设计师？因为它们才是你的看家本领。我们不能做狭隘的民族主义者，也不应该以某一个国际化的标准来框定自己的思想和身份。这些都是认知的局限。

中国设计的觉醒

【采访时间：2016 年】

设计师要像导演拍摄一部电影那样去做一部书。如今，这终于成为设计界的共识。

吕敬人（Lv Jingren）

书籍设计大师、视觉艺术家。1947 年生于上海，1978 年开始从事书籍设计及插图工作，师从日本神户工科艺术大学杉浦康平。1998 年成立独立书籍设计工作室，2002 年任清华大学美术学院教授，2013 年起主持"敬人书籍设计研究班"教学工作。编著出版《敬人书籍设计》《敬人书籍设计 2 号》《书艺问道》《书籍设计基础》等，翻译出版《旋：杉浦康平的设计世界》等。

吕敬人被《出版广角》评为"对中国书籍装帧 50 年产生影响的十位设计家"之一、被台湾《天下杂志》评为"亚洲十位设计师"之一，获首届华人艺术成就大奖、中国设计事业功勋奖。作品曾两次荣获德国莱比锡"世界最美的书"奖、全国书籍装帧艺术展金奖，三次获中国出版政府奖书籍设计奖，十三次获"中国最美的书"（今："最美的书"）奖。他策划过多场国际、国内设计展和学术论坛，担任多项国际、国内大赛的评委。2012 年，在德国柯林斯伯书籍艺术博物馆举办"吕敬人书籍设计艺术"个展，2014 年担任德国莱比锡"世界最美的书"评委。

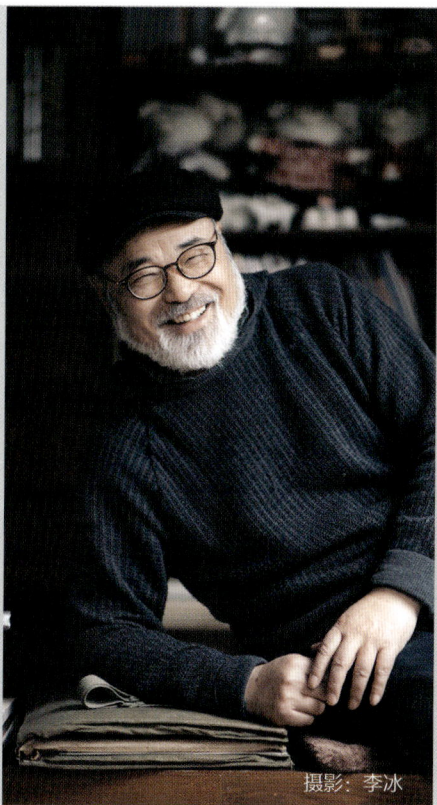

摄影：李冰

转折点

《千与千寻》里的"无脸人"站在茶盘边，嘴角露出莫可名状的微笑，一双忧郁的眼睛望向绵延的书架。书架上摆满吕敬人30多年来设计的书籍，精装平装皆有，厚薄大小不同，正中间一格是他的恩师、日本设计家杉浦康平的著作《亚洲的书籍、文字与设计——杉浦康平与亚洲同仁的对话》，在这本书中，杉浦康平与来自中国、韩国和印度的6位设计家探讨亚洲书籍设计的未来，其中与吕敬人谈论的话题是汉字的演变及其在设计中的意义。

吕敬人69岁了，然而，无论样貌还是思想，都无法用古稀之年来形容他。

工作室中童趣盎然，他也依然保持着惊人的创造力，思路活跃，灵感迭现，不断进行跨领域探索。他还在孜孜不倦地开办研讨班，试图搭建一个设计文化平台，让更多设计师、出版人、印刷者了解世界前沿的理念与方法。他是当代中国设计界的宗师之一，而他仍然将27年前与杉浦康平的相遇，视为设计生涯中最重要的转折点。

"导演"一本书

1989年，吕敬人在中国青年出版社做美术编辑，42年的人生似乎可以被简单地划分为三部分——富足愉悦的少年时光，在北大荒下放的曲折十年，以及在北京做美术编辑的11年。他从画插画开始进入设计领域，1986年，他设计的《生与死》获得第三届全国书籍装帧艺术展银奖，但是，奖牌无助于改变他的迷惘。

当时的中国出版界，设计师只是流水线上并不重要的一环，编辑占据绝对的主导地位，而设计界只关注封面与装帧。中国出版工作者协会与日本讲谈社的协议，给了吕敬人重新启程的机会。他到日本研修，师从杉浦康平。杉浦康平说，"书籍五感是设计思考的起始"，书籍设计不仅是封面与装帧，而是一个有机的整体。杉浦康平还告诉他，要尊重自身的传统，到东方文化与美学中寻找答案。

1996年，吕敬人与宁成春、朱虹、吴勇联合举办"书籍设计四人展"，并出版《书籍设计四人说》，针对中国设计界流传已久的"装帧设计"，他们倡导"书籍设计"，希望设计师拥有更广泛的知识，承担更多责任，从一开始就介入文本编辑，对整本书进行视觉化信息传达。这次展览掀起轩然大波，也影响了一代人，伴随着对他们"反对装帧，反对传统，数典忘祖"的指责，更多设计师开始反思，寻找新路。

两年后，为了更加心无旁骛地进行设计创作，吕敬人决定辞职，创办个人工作室。他的出走，成为中国设计界的一个新的转折点。工作室逐渐成为设计师新的安身立命之地，也让他们开始重新界定自身的身份，思考出版业的未来。

在反思与实践中，吕敬人的设计理念逐渐成形，从"装帧设计"（Bookbinding Design）、"编排设计"（Typographic Design）到"编辑设计"（Editorial Design），设计师要像导演拍摄一部电影那样去做一部书。如今，这终于成为设计界的共识。

自由与使命

2004 年，中国重返莱比锡，从"中国最美的书"到"世界最美的书"，迈出决定性的一步。12 年间，吕敬人 13 次荣获"中国最美的书"，2 次荣获"世界最美的书"。2014 年，他更应邀成为"世界最美的书"的国际评委，是近年来评委中唯一一位中国设计家。

吕敬人设计的《剪纸的故事》（摄影：李冰）

中国设计界巨变的历程，吕敬人是参与者和见证者，也是倡导者和传播者。1998年后，他在新闻出版署培训中心授课，将设计理念传播给更多出版人。2002年后，他任教于清华大学美术学院，近年来又发起"新造书运动"，开办研讨班，创办《书籍设计》丛刊，许多设计师和出版人因为他而获得启迪，薪火正是如此传承不息。

这一代设计师生逢不断变革的时代。铅字凸版印刷逐渐被平版印刷所取代，曾经需要用各种方法拼配的四色印刷，早已成为现实。当年在杉浦康平工作室学习时，吕敬人需要用镊子拼接各种字体和图案，如今他早已能从容地使用电脑排版。频繁涌现的新工艺和技术，让设计师拥有了前所未有的自由，也敦促他们不断反思自身的使命。

吕敬人很容易将他的开朗与热忱传递给周围的人，工作室中摆满朋友、学生给他画的各种漫画肖像，最多的则是风格、形态、质地迥异的小猪公仔，有陶瓷、木雕、布艺、皮质、橡胶、塑料、钢丝镂空……因为他属猪，大家看到与众不同的猪都会想着给他带去。一只猪千变万化，一本书亦是如此。回顾往事，即便是苦难的时光，他也只是淡然一笑，然而，谈及设计界的现状与未来，马上又变得兴奋而又严肃。

他一直记得，年少时，每年初夏，父亲都会把自己收藏的上百幅书画摊在阳台上晾晒，宽阔的阳台就会变成一座博物馆。它们大多在"文革"中散佚，只有少量书画"幸存"。如今，一幅张大千的山水，就挂在床边，与他朝夕相对。画面中，一人坐在萧索的树边，独对寒江远山，大约在回忆从前，又似乎在想象未来。

吕敬人选编出版的《书戏——当代中国书籍设计家40人》（摄影：李冰）

背负十字架的青春

问：你小时候，父亲给你们兄弟做了五人图书室。当时读的书，主要是中国古典名著吗？

吕敬人：很小的时候就在看名著，也看大量艺术类图书和摄影画册。我父亲做丝绸生意，各种加工、染织样品设计，请的是意大利的设计师。他也喜欢摄影、收藏。他"文革"前收藏了大量的书画，为了防止潮湿、虫蛀，每年夏天都要晒画，铺满整个阳台。

问：你是上海人，怎么会来到北京？

吕敬人：我从小学国画，1966 年高三毕业，报考了浙江美院，初试结束后，等待全国统考，国家突然宣布取消高考。

"文革"来临，我们家出身不好，是资本家，父母一直挨斗，父亲从老板变成推车的。当时我在学校，也有人提出要给我挂"黑七类"子女的牌子，我十分郁闷，想要远远地离开家，当时还没提出上山下乡，但是我看到一个消息，黑龙江兵团招人。我想，穿上军装，戴上肩章，别人就不会用敌视的眼光来看你了，最起码能得到应有的尊重。但是，我出身不好，需要一个我和家庭划清界限的证书，我就写了一个，到父亲单位的工宣队盖了章。其实兵团农场根本不是部队，参军只是一场梦。

到了黑龙江，一待就是十年。先分在种子连，后来因为我会画画，在宣传科做宣传，参加各种创作，除了秋收、夏耕、伐木、修路时参加劳动，平时还负责画幻灯，放电影下连队。

1973 年，贺友直先生被派到我们农场做创作，我以农工的身份参与，和他朝夕相处了一年。那个连环画是关于小镰刀战胜拖拉机，贬低知识分子的荒谬题材。贺先生是我的恩师，对我影响很大。

1974 年，西沙群岛自卫反击战，中国收回西沙群岛，浩然写了《西沙儿女》，黑龙江人民出版社把我和另外两个人借调过去，把它画成连环画。我们去西沙群岛体验生活，第一次坐飞机，第一次乘兵舰，也是第一次到南海，从黑龙江零下 30 多度，一下子到了零上 30 多度，特别有意思。

1978 年恢复高考，哈尔滨师范学院来招我，与此同时，黑龙江的一

吕敬人设计的《华韵经典——已故 60 位词曲作家纪念邮册》（摄影：李冰）

个出版社也发来调令。我决定当专业画家，放弃上大学，可是，等了很久，出版社突然没了消息，后来听说我的名额被一个关系户顶替了。**大学没去成，出版社也没去成，当时一个人孤零零地坐在晚上的雪地里，月亮照着雪中我凄凉的身影，那种心情真的难以忘怀。**

当时，团中央恢复了正常工作，《中国青年报》、《中国青年》杂志、中国青年出版社、《少年报》、少年儿童出版社等等也随之恢复，需要补充新人。原本要招我的出版社那里有一位副总编去开全国恢复出版工作的会议，他一直很为我打抱不平，就把我推荐给中国青年出版社。出版社派人到黑龙江调查，发现我表现比较好，就是出身不好，美中不足，但大家都很帮忙，所以调动的事情很顺利。

问：你以前说，在农场时，为了找书看，还打通了新华书店的关系。

吕敬人：当时很封闭，没有什么可看的书。我们是师级单位，有一些干部有资格看"白皮书"，一些西方名著。

我在俱乐部放电影，很多人会来求票，比如医生、书店的员工，所以交了很多朋友。我就问，能不能把这些"白皮书"卖给我们，反正很多书领导也不看。我们就各买几本，互相交换着看，就这样看了《大卫·科波菲尔》《悲惨世界》《战争与和平》《红与黑》《飘》《莫泊桑小说集》《契诃夫小说集》等等。

有一次，新华书店着火了，救完火以后，我们去捡书，虽然烧掉了一些页面，还是可以看的。

问：当时你负责放电影，还是手摇的机器吗？

吕敬人：机器有很多种，一般是 35 毫米、16 毫米和 7.8 毫米，3 种我都放过，16 毫米用得最多。

曾经有一次在林场放电影，野外，大概零下二三十度，收片盘弹簧带突然断了，片子流了出来，我马上用手摇转盘，结果手指全部冻伤。冻伤居然跟烫伤一样，起了大泡，刺骨地疼。

问：真的是很独特的经历。

吕敬人：经历很多。每次下连队放样板戏电影，连队都会打鼓欢迎，借机能吃一点好的，炒一点韭菜鸡蛋。但是，睡在公家坑上，回来身上都是虱子、跳蚤。

朱赢椿编辑设计了一本《肥肉》，我也写了一篇文章。当时开毛泽东思想积极分子代表大会，或者组织学习毛主席最新指示等等，各连队、生产队派代表参会庆祝，就有会餐，杀一头猪。我们就去蹭饭，抢着吃肥肉，纯肥肉，一吃满嘴流油，一不小心就会烫出泡来。

问：很多经历也会潜移默化地影响后来的书籍设计吧。

吕敬人：是的。我并不赞同上山下乡运动。但我们有亲情、友情、爱情等等，大家相互关照、相互体谅，真是宝贵的精神财富。这是一段刻骨铭心的经历。

问：你现在也经常和学生一起讨论电影？

吕敬人：我现在的教学当中，经常看电影，我们会讨论电影的政治观点、价值观、导演手法、表演技巧、故事结构等等。这对书籍设计很重要，翻页的过程其实就是一个空间和时间的结构问题。比如看《罗拉快跑》，要看三个层次、三个结果、三种手段，分析其间遇到的人之间的关系，来做图表，讲信息结构。

我有一个学生是从伦敦中央圣马丁学院毕业的，他就是听了我上课讲的信息设计，还有对《罗拉快跑》的分析，决定出国学信息设计。我现在还有两个学生在德国留学，也是学信息设计。在中国这个科目观念还较滞后，希望他们能回来带动起来。

书艺美学之路

问：你的设计生涯中最重要的转折点，应该是 1989 年到日本研修时，跟随杉浦康平先生学习吧？当时怎么想到去日本的？

吕敬人：我的哥哥都在国外，大哥在日本，二哥在美国，三哥在意大利，我也不想待在国内。正好中国出版工作者协会和讲谈社有一个培训协议，我很想去看看，马上学日语，每天拿着字典，走在路上都在背。后来到北京第二外国语学院大二插班学习，都是十八九岁的小孩，只有我秃顶，大胡子。但是我考试不比他们差，因为我算是用功的。

但是，到了日本其实还是听不懂，杉浦康平先生特别善解人意，他和我们说话时，一个字一个字地讲，不行就用汉字写。我在那里接触日本文化，慢慢可以交流。一年后，杉浦先生很看重我，给我提供奖学金，又学了一年。我后来想留下来继续学，他说，你应该回中国。我理解他的心意，也感恩他给我做了一个正确的决定。

问：杉浦康平先生的设计理念，和当时中国设计界有什么不同？

吕敬人：杉浦康平先生提出，书不是静止的物体，它是影响周边环境的生命体，它不是装饰，不是美化，它会吸引你阅读，感动你，影响你的心灵。这让我深受震撼。

我们在中国做书时，编辑给美编室一个发稿单，写一本书的内容梗概，让我们设计封面，提出的要求很笼统，比如要大方、要雅致一类的套语。而我在杉浦先生那里工作时，发现他不是直接进入创作阶段，而是进行大量的前期准备，反复讨论、研读书稿、编辑结构、搜集资料。他的工作室就是一个图书馆，他和作者、画家、摄影家、设计家一起讨论，大家是平等的。从他那里，我知道，设计师应该站在著作者的角度介入书籍的整体设计。

回国以后，我特别希望改变中国设计界的状态，正好宁成春也在日本学习，深有体会，我们又找到优秀的女设计师朱虹和初露头角的年轻设计师吴勇，经常在一起讨论。1996 年结集出版的《书籍设计四人说》用了20 多种纸、各种编辑方式，其实现在看起来也比较落后，但在当时已经很前卫，很多人觉得，怎么有这样做书的呢。

当时三联书店的总经理董秀玉老师非常支持，我们在三联书店二楼举办了展览。后来很多人对我说，从 1996 年开始，他们的观点发生了变化，原来书可以这样做。我们的努力也许起到了一定的作用。

问：在你的设计中，中国传统元素很多。

吕敬人：我很敬畏传统，从心底里敬畏。在这方面警醒我的，也是杉浦康平先生。我在日本时经常说别的国家的设计好，他听了不太高兴。他告诉我，一个看不起自己文化的人，别人是看不起你的。他说，日本的汉字、茶文化、服饰文化等都是从中国传入的，中国的《易经》、孔子和老子的观点，日本还在继续学习，你怎么能看不起自己的文化呢？我觉得特别难为情。后来，为了给他翻译中国传统文化的内容，我也有机会大量接触，受到很大的熏陶和启发。我也将这些感悟运用在书籍设计中。

问：你把书籍设计分为"装帧设计""编排设计"和"编辑设计"，现在还在倡导"信息设计"。

吕敬人：今天设计一本书，需要梳理所有的信息，进行矢量化设计，要对比、分析各种大数据的层次，通过横向轴和纵向轴的比对，让读者对所有的信息一目了然。

其实，以前长城的烽火台就是最好的信息设计。对一本书来说，目录就是它的矢量化设计，版权页也是信息设计的一部分。拿到一本书我一般先看目录和版权页，就会知道这本书的设计师有没有整体性的概念。

在这个时代，从厚厚的一本书中，读者需要用最快的速度获得最饱满的信息，这是设计师应该做的。我们会做图表。比如我做《中华舆图志》，为不同的朝代、不同的地图，做了一个非常详细的图表。这个图表不但让编辑感到惊艳，也感动了读者，很多学者说我们是在用科学的态度、逻辑化的思维来设计书，以审美诉求把信息传递出来。

问：为什么近年会发起"新造书运动"？

吕敬人：2002 年，我开始在清华大学美术学院上课，但是我觉得，大学教育只是启蒙阶段，是跨入行业的第一步，而真正的学习是在实践工作当中。我希望办一个面向社会的研究班，开辟一个平台，让更多的设计师、编辑、大学教师、出版社社长、印刷厂厂长等都到这里开启新的求知之道。

每期我都会请到最优秀的国内外设计师和业内专家，把研究班的收入全部花在学生身上，让他们得到真正需要的东西。

我的教学方式与实际结合得很紧，比如我们会专门讲编辑设计、网格设计、信息设计，它们太重要了。我也建起做书工房，让学生真正实现工匠精神，回归手工，让大家回归纸面阅读。

研究班已经办了 6 期，学员来自中国内地和港澳地区，也有来自新加坡的，反馈比较好。今年获得"世界最美的书"大奖的，是我们的学员。

问：2014 年，你应邀在"世界最美的书"评选中担任国际评委，是近年来唯一一位来自中国的设计家。这个奖项的评选过程是怎样的？

吕敬人：评奖过程非常严格。评委们投票时都要说明为什么要投这本书，要详细地陈述、辩论，努力说服其他评委。比如我推荐小马哥和橙子设计的《刘小东在和田 & 新疆新观察》时，就要解读为什么这本书会用笔记本的形式，因为它是游走式的随行记录；为什么纸张中运用了帆布，因为画家是画油画的；为什么使用黄色牛皮纸，因为要表现沙漠的感觉，土壤的气质，呈现出温度感……其他评委听了，觉得有道理，才会投票。

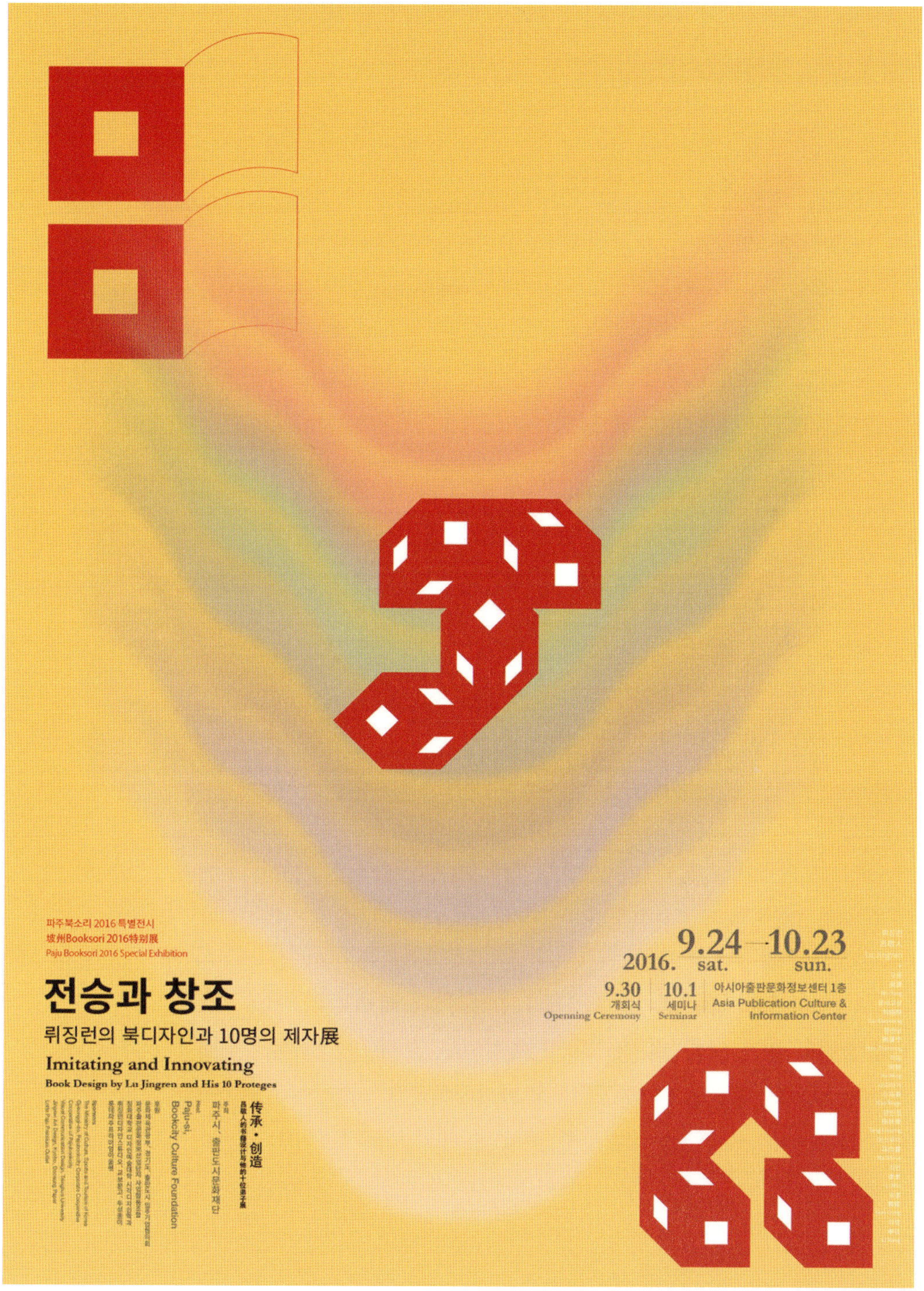

파주북소리 2016 특별전시
坡州Booksori 2016特别展
Paju Booksori 2016 Special Exhibition

전승과 창조
뤼징런의 북디자인과 10명의 제자展

Imitating and Innovating
Book Design by Lu Jingren and His 10 Proteges

传承·创造
吕敬人的书籍设计与他的十位弟子展

2016. **9.24** sat. — **10.23** sun.

9.30
개회식
Openning Ceremony

10.1
세미나
Seminar

아시아출판문화정보센터 1층
Asia Publication Culture &
Information Center

在韩国坡州出版城市亚洲出版文化信息中心举办的吕敬人的书籍设计与他的十位弟子展。

评委们就这样不断交流、辩论，最终从五六百本书中选出 14 本，再分别授予金、银、铜奖和荣誉奖。

问：评选的标准是什么？

吕敬人：首先需要说明一点，我认为，一本书能评上"世界最美的书"，它当然很美，但不一定是最美的；没有评上的也未必不是最美的。因为每届都会换评委，从来不重复，比如有时评委整体比较老成，有时比较年轻先锋一些，评判标准肯定会有变化。当然，这是很好的模式，书籍设计本身就应该百花齐放。

如果归纳一下，基本的评判标准有四点：其一是艺术与形式的统一，其二是要有创造性，其三是要和本国文化结合起来，其四是装订和印制一定要高水平。其实，我们在评选"中国最美的书"时也会考虑这几点，从方方面面综合评判。

从编辑设计到印刷装订，是一个完整的过程。可惜，中国的印刷和一些国家相比，真的相差很远。每年德国、澳大利亚的"最美的书"拿来一比较，就会发现差距有多大。尽管我们用的同样是海德堡印刷机、进口纸和好的油墨，但是，印刷、装订时还是存在很多疏漏。真的是细节决定成败。

问：2003 年中国第一次评选"中国最美的书"，2004 年开始参加"世界最美的书"角逐。十几年间，中国设计界发生了什么变化？

吕敬人：通过"中国最美的书"和"世界最美的书"，中国设计师和出版人逐渐意识到，做一本书已经不是只设计封面，而是要设计整体，从主题的选择、语言结构，到故事架构、叙述方法、呈现手段等出发，全面地完成一本书。设计不是简单罗列和排版，而是要很好地运用文字、图像、空间、色彩，呈现出翻阅的节奏、层次与美感。让读者爱不释手，让书可以放在书架上然后传给后代，这本书才有了生命力。

「上下」求索

【采访时间：2017年】

（本文图片由受访者提供）

她一直深信，世上最珍贵的事物只有两个——时间与情感。这是所有创作的基点，也是反思与创新的分寸所在。当传统手艺获得了新的载体和创作空间，那些曾经存活于文字和色彩深处的古老记忆，同样可以重新变得生动起来。

蒋琼耳（Jiang Qiong Er）

成长于艺术世家，从同济大学毕业后，前往法国留学，就读于尼斯 - 索菲亚·昂蒂波利斯大学文学系和法国国家装饰艺术学院室内空间和家具设计专业。她是第一位参加法国巴黎家具沙龙的中国设计师，在海内外多次举办展览，创作涵盖现代绘画与平面、室内、首饰、家具设计等领域。2009 年，她与法国爱马仕集团联合创立品牌"上下"（SHANG XIA），担任首席执行官和艺术总监，希望能"承上而启下"，以当代设计结合精湛手工艺、中国文化以及最上乘的品质，演绎现代雅致生活。她在 2013 年获得法国文化部颁发的"法兰西共和国艺术与文学骑士勋章"，2016 年获得"法兰西共和国国家功勋骑士勋章"，2017年，"上下"的作品被大英博物馆永久收藏。

摄影：贾睿

巴黎，一场意外

站在分岔路口，总有人想要去走那条看起来崎岖难测的路。那里潜藏着未知的风险，也可能邂逅独特的风景。

蒋琼耳就是如此。20岁出头，从同济大学艺术设计专业毕业，却放弃了美国顶级的艺术设计学院，执意前往法国留学。尽管此时，她甚至连一句法语都不会讲。

她生长在艺术世家。外祖父蒋玄佁是画家、雕塑家和考古学家，父亲邢同和则是建筑师，上海博物馆、外滩风景带都出自他的手笔。因这一层家学渊源，蒋琼耳的人生也几乎早被写定。她自幼随程十发学国画，又师从韩天衡学习书法，家中不少亲友都在美国，到太平洋彼岸留学，是一条无比清晰的路，不料，她却突然决定背道而驰。因为大学毕业时那次法兰西之旅，还是一个在心底潜伏已久的预谋？连她自己也说不清。

法国改变了她。她先到尼斯大学落脚，学习法国语言和文学。口中单调、蹩脚的法语单词，逐渐连贯成流畅的句子，直到她终于能够自如地融入法国的生活，甚至用法语从容地表达自己的见解和理念。不久，她考入法国国家装饰艺术学院，从1200人的残酷竞争中脱颖而出，成为12个幸运儿中的一个。她选择的是室内空间和家具设计专业，成为这个专业有史以来录取的第一个中国学生。法国国家装饰艺术学院带给她的，不仅是学院派的教育，更是对自由与创作的重新审视。

精神飞地

新的冒险，在橱窗中展开。

2005年，蒋琼耳应邀为爱马仕的橱窗进行艺术创作。此时，她已经在欧洲设计界声名鹊起。她在瑞士日内瓦联合国总部举办了"光之性·灵"个人油画及摄影展，还是第一位参加法国巴黎家具沙龙的中国设计师，此后，她还将作为中国展区的策展人和特邀设计师参加法国圣艾蒂安市国际设计双年展。

她的创作给西方世界带来了一种奇特的文化陌生感，而在此之前，一直是西方的设计师在将这种感受源源不断地施加给中国设计界。

在爱马仕的橱窗里，她选择了中国水墨画元素，以舞者为载体，呈现出迷离变幻的风格。对玻璃纤维的巧妙运用，则营造出立体的"三维水墨"效果。当人们从橱窗外走过，会惊讶地发现，橱窗里的水墨竟在翩然起舞。还有一次，她用铝制马赛克展示着她在印度拍摄的照片，为它取名"印度印象派"。作为设计师，她不仅对色彩和造型保持着敏感，更对新的材料与技术满怀好奇。这几乎也为后来"上下"的诞生奠定了基调。

橱窗如同一条隐秘的心灵通道，将人们导向另一个世界，介于东方与西方、传统与现代之间的精神飞地。只是此时，还没有人能料到，她突然又给自己的人生之路画出了一个180度的转折。

时间与情感

在国际设计界如鱼得水，蒋琼耳却突然开始反顾中国的古老技艺，试图让那些日渐凋零的传统起死回生。

前往苏州寻访刺绣与缂丝匠人，才知道中国传统手艺的博大精深，而真正传承下来的其实又寥寥可数。这激起了她对传统的反思。于是，她一次次造访古村落，探寻手艺人，中国古典美学与生活方式的流失，让她倍感惋惜。

长期的考察也让她意识到，唯有创新才是真正的传承。对传统手艺最好的保护方式，不是让它们留在博物馆里，被缅怀、被淡忘，而是应当以传统为根基，结合当代生活、审美与设计理念，进行新的演绎。她深信，古老的传统终将以新的形态赢得世人瞩目，并且同样能够成为博物馆的典藏，只不过，不是用来纪念过往，而是引领新的风尚。而她更大的夙愿，是为这一代中国人重启雅致的生活向往。2009年，她与爱马仕一拍即合，创办"上下"。

法国《世界报》将她誉为"简单又出彩生命的宣扬者"。她和同事们诚恳地向匠人学习手艺的来龙去脉，一起探讨创新的可能，摸索传统手工艺的现代运营模式，希望它们能以更健康的形态存续发扬。经过漫长的切磋与磨合，一场又一场跨越时空的旅程就此开启。紫檀、羊绒毡、竹编、薄胎瓷、玉、玛瑙……传统手工被演绎成极具现代风貌的茶器、家具、服饰，在新的时空获得新生。

"上下"同样秉承着她对新材料与新技艺的好奇心。碳纤维重塑了明代家具，立体雕塑的皮具重构了中国的竹篮，"竹丝扣瓷"的新技法则将瓷与竹编浑然一体，造出精美的茶器……即便是器物的色彩同样饱藏苦心，除了色彩鲜明的红与黑，还有菊黄、藏青、桃红、湖绿、淡驼……它们都是来自自然界的色彩，也是对敦煌壁画的还原与致敬。

8年过去了，当初的愿望正一寸一寸被勾画为现实。2014年，"上下"的作品在巴黎、纽约、香港、北京展出后，应佳士得之邀参加上海"中国当代设计"专场专拍。3年后，犀皮漆天地盖盒被大英博物馆永久收藏。匠心独运的传统技艺，被设计之光点亮，终于重新照耀当下的生活。

时至今日，她一直深信，世上最珍贵的事物只有两个——时间与情感。这是所有创作的基点，也是反思与创新的分寸所

"上下·犀皮漆天地盖盒"在大英博物馆展出。（摄影：本·史密斯）

在。当传统手艺获得了新的载体和创作空间，那些曾经存活于文字和色彩深处的古老记忆，同样可以重新变得生动起来。

在巴黎，我发现了一生追求的美

问：你是因为大学时代的一次旅行，决定前往法国留学，而不是家人预期的美国。如今你怎么看当初的选择？

蒋琼耳：我能去法国留学，与父母给我的支持密不可分。我一直说我出生在一个最富有的家庭，不是金钱，而是精神文化。家人也是我人生路上的良师益友。放弃美国最好的设计学院的入学机会，去一个完全陌生的国度求学，他们完全尊重我的想法。我记得那时我妈妈跟我说，我们不理解你的想法，但是我们相信我们的女儿，我们对你唯一的要求就是你要想清楚你能坚持到底吗？我们只给你一次机会，你自己选择，你想清楚了我们就支持你。如果没有当时所谓"盲目"的支持，我就走不到今天，我的生命将完全是另外一种活法。

问：与美国相比，法国的教育带给你哪些独特的成长经验？

蒋琼耳：在法国留学期间，我认识到，真正的创作是生活和生命的表达。在法国，各种形式的原创、尝试甚至冒险都会受到鼓励，多种思维都能被允许存在。艺术家必须学会尊重人的感受，知道创作是自由的，不需要条条框框的限制；同时还必须真诚，懂得人类真挚的感情。艺术设计的技巧当然也非常重要，但更重要的是人的内在认识的提升。而这些恰恰是法国国家装饰艺术学院带给我最重要的财富。

问：当年留学法国时，你的理想是什么？

蒋琼耳：刚到法国，我没有立即前往巴黎，而是先去了尼斯大学的文学系就读，学习法国的语言和文化。因为我明白，想做一条融入大海的鱼，想要彻底畅游艺术的怀抱，还需要从零开始做更多的努力。

问：你适应了多久？

蒋琼耳：那段学习经历并不轻松，我从小是成绩优秀的好学生，却面对了全班最差的成绩，以及完全听不懂的课程，真的很受打击。不过越是不足，就越要努力。短短一年间，在从 1200 人中选取 12 人的竞争中，我通过了法国艺术高校的两大高峰之一——国家装饰艺术学院的考试，进入这所大学，学习室内空间和家具设计专业，成为这个专业的第一个中国学生。

进入国家装饰艺术学院后，我越来越庆幸自己选择了法国。这里是艺术家和设计师的麦加。在巴黎，我习惯了出门时带上照相机和素描簿，走到哪里就拍到哪里，画到哪里。我用画笔捕捉巴黎的风韵，也捕捉一闪即逝的灵感。巴黎是属于整个欧洲的，而在巴黎，整个欧洲都属于我自己。从电视或照片上认识巴黎的人远没有触及真正的巴黎，因为真正的美只属于善于发现她的眼睛。正是在巴黎，我发现了一生追求的美，这奠定了我一生的理想：寻找爱，创造美。

最好的传承就是创新

问：在设计师和品牌造就者这两种身份之间，你怎样找到平衡？

蒋琼耳：创建"上下"这个品牌，我的初衷，就有如其名，希望能"承上而启下"，搭建一座桥梁，与当今世界生活接轨，以当代设计结合精湛手工艺、中国文化以及最上乘的品质，来演绎绚烂而平淡的现代雅致生活。

对我来说，设计就是用创意的方式与身边的人分享爱与美。从某种意义上讲，设计和艺术是相通的，好的设计一定有艺术的概念在里面。我们希望艺术品不仅仅是艺术品的状态，更重要的是可以和生活产生联系，有美学的传承，有情感的连接。这些都是当代设计需要去做的事，

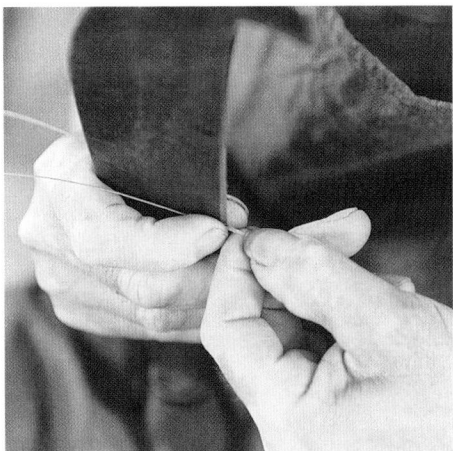

"上下"竹丝镶嵌工艺

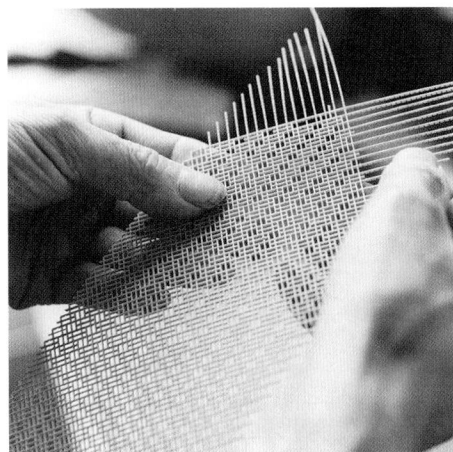

将传统美学与生活艺术带回到现代的生活中来，艺术就是文化、时间和情感的结晶。

问：你有深厚的家学渊源，到法国留学后，你对中国传统文化是否有过重新认识甚至反思？

蒋琼耳：中式生活美学正是源于中国的传统，经历时代变迁保留下来的，隽永的美学，不仅根植在中国人的血液中，更融入了生活中。我们只有放下所有历史条框，站在历史的肩膀上吸取其精神气质上的精华，才能更好地将中国的传统美学与现代的生活方式结合，从悠久的中国历史与文化中汲取灵感，围绕当代生活艺术来进行设计与创作。

"上下"作为一个当代的中国品牌，它既属于中国传统文化，也属于全世界。而传统文化则是一种看不见摸不着的东西，必须通过多种方式的体验，打开你的感官世界。所以我们通过器物传达情感，"寄情于物"，通过不同类型的体验活动让大家体验。你看见使用中国传统手工艺的器物，听见我们用薄胎瓷创作的当代音乐，闻到普洱砖茶的香气，舌尖品着新茶。茶在我们创作的户外茶空间里"绽放"，你的心灵打开，这也就是我们要分享的"东方雅致生活"。我们希望站在中国深厚文化的基础上，将中国的当代设计与"中国制造"同世界分享。

问：最近有一个备受公众关注却并未被充分讨论的问题：中国人的生活精致过吗？你觉得呢？

蒋琼耳：最早的"奢侈品"其实出现在东方。一千多年前，我们的祖辈就在使用精美的丝绸与陶瓷，精美的木作家具和漆器。相对于精致的生活状态，我更倾向

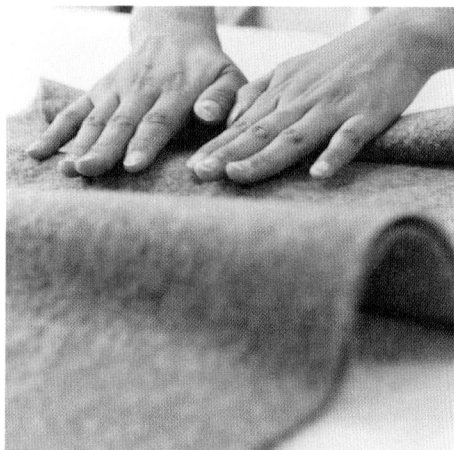

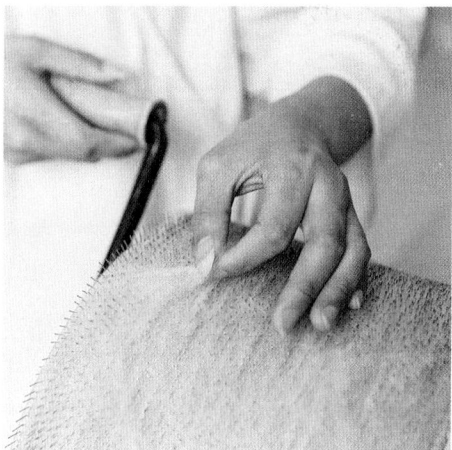

"上下"羊绒毡工艺

"揽月"系列皮质包袋

于用"雅致"来形容我们中国人的生活。"雅"是一种对生活细节之美的要求，以及因此而形成的那种独特气质。中国过去的文人都是触类旁通的，琴棋书画，品茶、闻香、挂画、插花，甚至打家具、造园子，样样都要自己参与，处处都要融入自己的生活和美学理念。中国人的生活是非常"诗情画意"的，简简单单的这四个字，却是表达了"诗""情""画""意"四层生活艺术与哲学。

问：古老的传统应当怎样才能更好地融入当代生活？

蒋琼耳：其实，最好的传承就是创新。"上下"就是不断对中国传统的文化与手工艺进行创新，来营造一种全新的生活方式。**我们做的是一项持续持久的事业：通过创新与设计，把中国传统的手工艺，中国的文化，中国的雅致生活，和现代人的生活连接起来。结合当代设计，实现情感上、美学上、功能上的连接，让它们在现代重新"绽放"。**

比如我们在 2015 年推出的"大天地"系列碳纤维椅，一经推出就获得很大关注，得到了国内外很多设计大奖。我们大胆地将传统明式家具的细节特征层层简化，发挥碳纤维这种 21 世纪的高科技材质的优势，将它最大限度地变薄、变轻、变细，创作了超出日常经验的概念家具。将传统家具中的罗锅枨演变为椅面与四足连接处的镂空结构，优化力学结构的同时，也增添灵动趣味。椅面覆有荔枝纹牛皮，后来又有了可以拆卸的坐垫，增加舒适度和实用性。极致纤细的结构，却有异常坚固的特性，碳纤维椅子可承受130千克的压力，自身重量却只有同等规格木质家具的五分之一。这款"大天地"碳纤维椅，将明式风骨融于现代感的简约线条之中，巧妙地演绎了传统与现代，轻盈与坚固。我们希望能为现代生活的都市人群带去传统而又充满科技创新的家具体验。

问：你曾说过，"上下"并不是商业投资项目，目标是文化的传承。在商业与文化之间，你是否困惑过？

蒋琼耳：商业和文化，就像所有的"上"和"下"一样，看似是对立和矛盾的两极，但又是一种动态的平衡。就像"上下"从还未诞生之时就一直在做的，我们一直在努力完善手工艺产业链。这不仅是商业的举措，也是为了我们更好地保护传统手工业，传承我们的传统文化。我们花了几年的时间，去发现手工艺作坊，学习手工艺，一起研发，改善手工艺作坊工作条件，植入质量控制流程，帮助他们控制每一个生产的过程，提高成品率等等。这个过程已经花了很多年，但还未完成，它是一个持续性的、一直进行下去的过程。

品牌的成功与否，与财富无关，而是

"山水"系列项链

看你愿意投入多少时间。对产品品质、产品风格、服务质量有严格的把控，商业的反馈和奖励自然会来。它不会告诉你什么时候会来，也没人能告诉你，但只要一直能够坚持，执着地去做，它终究会来，这一点我们很相信。

正如"上下"的名字那样，"如其在上，如其在下"。**我们不仅将传统文化与工艺从博物馆里请出来带入日常生活，也创作属于这个时代的精品，让它又回到博物馆，成为这个时代的永恒。**大英博物馆不久前永久收藏了一件"上下"的作品犀皮漆天地盖盒，它由中国传统漆器工艺犀皮漆打造而成，以红斑犀皮漆为表，以精细黑推光漆为里，历经十八个月的复杂工序和打磨推光才得以呈现，代表了"上下"在当代设计和顶级手工技艺领域的非凡实力与卓越成就。它打开了一扇窗，让更多人能够赏鉴到中国当代手工艺的隽美流长。从某种程度而言，我们的传统文化也得到了认可和传承。这就是你中有我，我中有你，"上"与"下"之间是一种源源不断循环轮回的过程。

保持流水的精神

问：你怎么看日本艺术与设计对世界的影响？

蒋琼耳：日本的设计取得艺术与商业上的成功，一方面缘于坚持，对自身文化与传统的坚持，对匠心的坚持，对细节的坚持；另一方面，也缘于大胆的创新。

"上下"之前的空间都是和日本建筑师隈研吾先生一起打造的。"上下"诞生之初，还没有具体的产品，甚至品牌还只是一个概念的时候我们就开始交流，隈研吾先生不仅仅是一位建筑师、设计师，他还是一位哲学家，他用建筑的语言来表达"上下"的哲学概念。上海的空间延续如云一般轻盈空灵的当代风格，营造让人放松和愉悦的家的氛围；北京的空间以积淀了老北京的历史与文化的绵延城墙为灵感，将错缝砖墙的几何机构，以铝、茶、木三种不同的材质，演绎独特的节奏与美感；巴黎的空间结合法兰西的浪漫与东方的文明，由纤薄精巧的6000余片白瓷片承托起一个全新的梦想。设计各不相同，但都从"家"的角度出发，融合当地的地域文化特色，把设计语言与实际结合去创新，这也是我从隈研吾先生这里学习到的。

问：你是怎样为一个新生品牌找到自身风格的？

蒋琼耳：如何形成自己的设计风格，这个问题也是我和团队一直在思考和探索的。记得我在做"上下"以前，爱马仕的艺术总监跟我说，琼耳你知道吗？你做"上下"的艺术总监可比我难多了。我问，为什么？他说，爱马仕的风格，前辈已经创造出来了，我作为第六代传人，只是把已有的风格在这个时代通过新的设计绽放。而你得去创造一个风格，这很难，需要很长的时间。

现在回头来看，在这8年里，一点一点确实已经形成一个"上下"风格的雏形，简单点说就是"简，轻，用"——简约、轻盈又好用，取之神去之形的东方气质。我们吸收中国传统的美学，但更重要的是要与当代的生活、当代的设计结合。我们通常说，中国人讲究上下间的平衡，天人合一、古今合一、工艺和科技合一。所以要放下所有历史条框，同时站在历史的肩膀上吸取其精神气质上的精华。

问：在你的创作和创业历程中，遇到过瓶颈期吗？你是怎样突破的？

蒋琼耳：最大的挑战其实是对工艺的理解、学习，与手工艺老师的沟通。"上下"从2006年就开始寻找各种手工艺人，挽救濒临失传的手工艺，让它们得以传承和发扬。为使传统手工艺作品活在当下，我们与手工艺人们必有一个新与旧的对话。千百年传承而下的技法需要运用在具有当代美学精神的设计中，这对手工艺人而言，几乎是种全新演绎，有时甚至是颠覆。这是时间与情感的磨炼，而结果，不但是情谊的增进，更产生出优秀的作品。虽然有困难，但我更愿意把它看作是一种挑战。有这份心，有这个愿望、使命，才

可以一起做事。就像我们一直在尝试和努力探索的，将当代设计与中国传统美学做结合。我们的团队到中国的各个角落去寻找手工艺人，我们与手工艺人就像朋友、家人一样相处，因为只有他们爱"上下"，分享我们的理想，认同我们的理念，我们的合作才能走得远。

问：设计师与匠人的界限在哪里？

蒋琼耳：以前是没有设计师这样的角色的。设计、制作都是一个人，而现在，由设计师提设计和建议，手工艺老师来动手，设计师是"脑"，匠人是"手"。没有创新的设计，可能无法唤醒工艺的生命力，无法让工艺找到在日常生活中存在的理由、角色和实际功能。而作为设计师，有想法，但手做不出来，也无法去呈现理想中的作品。在这样的情况下，设计师与手工艺人，脑和手要结合起来，需要靠

"大天地"系列围棋

"心"来连接。做到承上启下，更好地对传统手工艺进行再创造。

比如竹编，我们考察的时候看到竹编匠人这几十年都在用 0.15 到 0.5 毫米的细竹丝编一个比我还大的大象、熊猫，还有小虾、小虫，这对他们来说是工艺的体现。但是今天的生活里，没有人需要一个竹编的大象。于是，我们的设计师就和工艺师一起研究，经过两年多的磨合，最后决定把竹编和白瓷这两种工艺结合在一起做成茶具，这套茶具的名字叫作"桥"，意指喝茶是联系人和人之间感情的纽带。每件作品需要我们一起用心制作，花费至少几个月的时间，这就是人、时间与情感的结晶。

问：你对年轻的匠人和设计师有什么建议？

蒋琼耳：爱马仕的前任艺术总监兼 CEO 去世前，我与他有过几次交流，他说，琼耳你知道吗？"上下"与爱马仕一样，我们都是农民，在耕种，我们要留下肥沃的土壤，让我们的后代来享受这片肥沃的土壤带来的丰硕成果，让他们每年都可以丰收，所以，要坚持。现在年轻一代，很多已经是站在前辈的肩膀上了，有了一定的积累，他们非常敢想，也更愿意创新和突破，一代比一代更愿意尝试。

作为匠人，或是以"匠心"为出发点的企业，必须做好足够的思想准备，因为是快不起来的，你要享受慢的过程。工艺的研发周期可能比较长，涉及的技术难点比较多，快不起来。但快不起来不代表没有进步，按照自己的节奏前进，不被周围的快速发展弄晕头脑。坚持自己的目标，做好自己的选择，一直往前走。

此外，不要追求企业有多大，跨一步就算一步。就像小溪一样，不要因为小就忽视，也许某天就汇入大一些的支流，汇入大江，汇入大海。要保持流水的精神，在这条路上探索、坚持，用这样的方式前进。

"大天地"系列碳纤维椅

时代的敲门人

【采访时间：2017 年】

（本文图片由受访者提供）

几个世纪以来，德化人只用一种色彩，却穷尽万般变化。丁念祖惊呼：『他们的语言就是白色的。』

丁念祖（Peter Ting）

生于香港，16 岁前往伦敦，多年来为 HM The Queen，HRH The Prince of Wales，Asprey，Thomas Goode 等品牌担任设计顾问。作品被英国国立维多利亚与艾尔伯特博物馆、纽约艺术与设计博物馆等艺术机构收藏，2000 年被英国国立维多利亚与艾尔伯特博物馆评为"年度古典组设计师"。

人间佛国

沿着山麓依然能看见古老龙窑的轮廓，纵横十余条，伏在山坡上，像巨龙的骸骨，终究化为尘土。红砖与坑洞裸露在隆冬的烈日里，白瓷碎片星星点点嵌在荒草丛中，是时光之手遗落在大地上的神迹。

几个世纪以来，一代又一代德化人，就在这些窑炉边，用双手造就了人间佛国。他们那些最负盛名的创造，几乎都与佛有关，他们用白瓷塑造佛菩萨的微笑、手势、发丝、衣纹，以及脚下的山石、流水与浮云……

14 年过去了，丁念祖仍然清晰地记得德化带给自己的第一次震撼——"在德化，人人都很安静，一代一代做着佛像，追求的是向善的美，是充满爱的微笑。"

对这个生在香港、长在伦敦的设计师来说，德化是一个过于陌生的世界。这里的瓷土拥有奇特的魔力，它的知名度或许比不上景德镇的高岭土，但通透度与塑形能力，却让最见多识广的艺术家都欣喜若狂。几个世纪以来，德化人只用一种色彩，却穷尽万般变化。丁念祖惊呼："他们的语言就是白色的。"

"双头鹰"的视界

丁念祖对陶瓷最初的记忆，其实是从祭红开始的。

6 岁时，在亲戚家，祭红花瓶的色彩让他念念不忘。那时，他并不知道祭红背后那个凄美传说——据说明朝宣德年间，为了烧出皇帝期望的红釉，老窑工的女儿奋身跳进窑炉，以生命成全了这抹红色。让丁念祖感到好奇的，却是瓷器的陈设方式，春夏摆放青花，秋冬安置祭红，瓷器的品类、方位都随着节令变化而改变。这是传统中国人的美学世界，只是在现代化冲击下日渐萎缩。

"亚洲四小龙"并驾齐驱的年代，香港人对下一代的期望，几乎都是医生、律师或者会计师。丁念祖 16 岁跟随父母移民英国，与中华文化渐行渐远，不料，冥冥之中，却仿佛有一根无形的线，将他遥遥拴住，倘若用余光中诗中的"风筝"来形容，似乎也颇为恰当。

到英国的第一个暑假，丁念祖选修了陶艺课，从拉胚，上釉，煅烧，逐一学起，他形容自己"一摸到泥土就觉得，会一直做下去，就这样开始了"。他和许多陶艺家成为好朋友，自己却没有去做传统意义上的陶艺家，而是选择了设计。

在东西方文化之间，他总是善于锁定一个奇妙的契合点。

他设计的"Flutter"系列餐具，严格遵循西方人的饮食习惯，不过，一旦将这些餐盘、沙拉盘、边盘、汤碗、饭碗、马克杯、糖缸、奶缸、调味碟和调羹摆在一

丁念祖为 Thomas Goode 设计的餐具。

起，人们就会恍然大悟——他竟然用一幅中国古典花鸟画的意象，重构了整套西式餐具。

他钟爱美食，也会竭尽所能去探究饮食的渊源，为器物创作寻找最合适的载体。给伦敦茶店 Postcard Teas 设计茶具时，他向在云南种茶的朋友请教了三年多，努力辨别每一种茶的特性与来龙去脉，反复推演不同的茶与茶具的关系，"1660 伦敦"系列问世伊始，就引发了极大的反响。

有时，他也会有一些仿佛信手写意之笔。在 "City of Dreams" 系列中，他只以粗细相间的金色与黑色的抽象线条，就勾勒出建筑的交错与城市的轮廓，在餐桌上徐徐展开一幅抽象的都市画卷。这很容易让人联想到中国书画的意蕴，但他通过器物呈现出的，却是完全现代的风格。

在英国国立维多利亚与艾尔伯特博物馆、纽约艺术与设计博物馆等诸多著名艺术机构里，陈列着他不同时期的作品。2000 年，他被英国国立维多利亚与艾尔伯特博物馆评为"年度古典组设计师"。英国资深艺评家布莱恩·肯尼迪将他比作"双头鹰"——"像双头鹰一样，把两种文化同时装入一个身体，两双眼睛和两个大脑又在彼此审视，相互观照。"

这只双头鹰，在与德化相遇之后，发生了新的变化。

白色戏剧

900 多年前，在给侄子的书信中，苏东坡写道："凡文字，少时须令气象峥嵘，采色绚烂，渐老渐熟，乃造平淡，其实不是平淡，绚烂之极也。"

丁念祖早年的设计，大约也颇符合苏东坡的形容——"高下抑扬，如龙蛇捉不住"。他对色彩的大胆运用，对线条的从容演绎，往往都能带出神来之笔。这些年，他却渐趋"平淡"。很难说，这究竟和年纪、阅历有关，还是和德化有关，又或者兼而有之。

自从 2004 年第一次来到德化，他就一次次重返这座中国东南方的小城。在德化，他放弃了一切色彩，尝试着像几百年来的匠人一样，将自己的语言也变成白色。

他找到技艺娴熟的捏花匠人查彩端，创作出佛手杯和"花箱"系列。前者佛手环绕，托起一只西式风格的咖啡杯，像为众生祈福，又如惊浪飞溅；后者则是一只筒状的花箱，箱中鲜花次第绽放。前者偾张，后者沉静，而它们无一例外地都会让人在瞬间屏住呼吸。只有白色，却蕴含着戏剧性的张力。人们甚至无法用东方或西方这种笼统的词汇来描述它们。佛手与花瓣，是德化最惯常的元素，而他却从司空见惯之中，洞悉了灵感的微光。

在伦敦，丁念祖认识了陶瓷研究者、策展人应健。应健长年往返于英国与中国

花箱

之间，推动陶艺创作与交流。他们一拍即合，创办了艺术机构 Ting-Ying。当新一代德化人投入互联网时代的狂欢，大批量生产价格低廉的日常用品，丁念祖与应健却将目光投向那些专注于创作的艺术家，希望为他们创造更多海外交流、展览与合作的机会，架构一座通往世界的桥梁。

"每一个时代都需要敲门、开门的人，设计师最重要的使命就是去推开一扇门。"丁念祖这样自我期许。如今，他也希望帮助更多人推开那扇门。

这是新的使命，也是一场新的旅程。

陶瓷背后的玄机

问：据说你对陶瓷最早最深刻的记忆，是 6 岁时在亲戚家看到的祭红和青花？

丁念祖：现在回想起来，其实我真正感兴趣的，并不是瓷器本身，而是他家中的陈列方式与理念。他会随着季节的变化，改换摆放的形式，春夏摆青花，秋冬放祭红，位置也有讲究。这激发了我对陶瓷的爱好。当然，长大了才慢慢明白，陶瓷是某些理念最直接的表现形式，而小时候只知陶瓷，不知道这背后的玄机。

问：小时候的理想是什么？

丁念祖：香港小朋友的理想无外乎都是医生、律师、会计师之类的和赚钱有关的职业。在这个方面，我父母的意愿不是

"Lotus"系列（摄影：简·鲍德温）

很强烈，当然可能也因为我从小不是那种特别专心读书的小孩。到英国后，学校开设了很多课程，其中有陶瓷课，我就是从那时开始跟陶瓷建立了一辈子的关联。

问：有没有对你影响特别大的老师？

丁念祖：当时读的是国际学校，白人学生很多，有不少孩子的父母是外交官，通常都有多国多地生活的经验。学校的生活节奏很慢，比较自由，每个月都可以申请一个周末外出。我有次申请外出，跟陶瓷老师回了她的家，她叫崔西·菲利普斯（Trish Phillips），住在乡下，那里生活成

本很低，悠闲舒适。她和丈夫还买了个小教堂，是他们威尔士人信仰的宗教。他们在小教堂附近烧柴窑，那时安田猛也住在附近。我记得那是个夏天，安田猛穿着白色麻布的衣服，拿着刚做好的新鲜的羊奶酪，用麻布吊在门口滤干水分。当时我觉得这种生活真是太浪漫了。

问：安田猛的咖啡也烧得特别好。听说你的爱尔兰苏打面包做得很棒。

丁念祖：我会做面包和蛋糕，但我不是严格意义上的美食家，我只是喜欢动手去做的过程。比如煮咖啡，我就喜欢用爱乐压，我很喜欢它背后的故事，但我不是那种口感很挑剔的人，各种咖啡我都喝，对我来说，谁来冲咖啡更重要，喝咖啡时的环境和对话也很重要。

问：你的创作是从什么时候开始产生自我意识的？

丁念祖：离开美院以后，我就意识到，自己的长处在于设计形状和图案。我很少只设计形状而不考虑图案，这两者对我来说是整体的，这也是我的一种生活态度。

他们的语言是白色的

问：你的作品对线条、图案、色彩的运用，让人印象深刻。但是最近这些

年与德化的匠人合作以后，好像发生了一些变化。

丁念祖：我第一次到德化是在 2004 年，14 年前的事情了。我突然很想比较两座城市——景德镇和德化，关于它们之间的差异，我没有跟别人提起过，也没有参考过谁的解读。

景德镇是世界著名的瓷都，有官窑的传统，而德化做佛像的历史则非常悠久。这两个地方最初都是做单色釉的，但景德镇的工匠面对皇帝的要求，有创作的压力，有时要鲜红的釉，有时又要紫色的釉，总是围绕着创新、牺牲这样的主题展开，就像明朝宣德年间烧制的祭红，背后是一位少女为了拯救父亲而牺牲生命的传说。他们做出来的瓷器确实很美，可是总给人一种浪漫又凄美的感觉。

而在德化，人人都很安静，一代一代做着佛像，追求的是向善的美，是充满爱的微笑。也许因为做陶瓷的历史渊源不同，潜移默化之间，让这两个地方的人的特性也渐渐发生了变化。

问：2004 年到德化是什么机缘？

丁念祖：当时一个朋友邀请了很多法国和中国的艺术家，在上海城市规划展示馆举办了一个名为 "Le France Mandarin" 的展览，那时我就和她一起去了德化，坐车坐得屁股都麻了。佛手杯第一次登场就是 2004 年，我因此跟德化

建立了关联，也产生了感情，之后便经常到德化。认识了应健以后，我们就把很多国外的艺术家带到德化，再把德化的艺术家带到国外，让世界了解德化的美。

问：佛手杯的灵感从何而来？

丁念祖：我把德化的 DNA 分解成一些重要的元素——比如佛手、衣纹、观音的面容和头发，还有佛陀站在水上、云上、岩石上的姿态等等，再进行研究和设计。中国人很喜欢千手观音，我把这个概念用在杯垫上。这组作品被英国 V&A（维多利亚与艾尔伯特博物馆）永久收藏，最近正在深圳设计互联的 V&A 展厅展出。

问：以前你很擅长运用色彩，但是与德化的匠人合作后，用白色和雕塑手法结合，产生了另一种效果。

丁念祖：德化的匠人用白瓷用了这么多年，他们非常清楚，什么可以代替色彩，那就是手工的技艺。所以他们会做花，做发丝，做手，做衣纹……他们的语言就是白色的。色彩和图案都是陶瓷的语言，用怎样的词汇去表达，用怎样的眼光来看待，非常重要。在创作时，需要理解历史的演变。

问：我想到了苏东坡，他说年轻时遣词造句要华丽峥嵘，年纪越大越趋于平淡，但不是平淡，而是绚烂之极。

丁念祖：我想这是因为所谓简单的东西，永远是在最复杂的东西浓缩萃取之后获得的精华。当然，这种认识和年纪也有很大关系。

我喜欢中国书法，最喜欢宋徽宗的瘦金体。我觉得，书法也是一种抽象与简化，几笔就能写出人的姿态，这也是不断锤炼而来的。

佛手杯

不过，我也很喜欢金色，我认为，纯金不是华丽也不是奢侈，而是很平淡地解释物体的美，并不是一种夸张的表现。

问：你遇到过瓶颈期吗？

丁念祖：我开始做设计时，创办了一家公司，创作的时间被迫缩短，但是创作的量又很大，创作完要马上投入生产，然后再创作……要掌握好节奏真的很难。

问：你是怎样找到平衡的？

丁念祖：没有平衡，永远都是一会儿高一会儿低，一直处于追求平衡的状态。我是天秤座，很多人说天秤座的人很平衡，我说不是啊，你什么时候见过一个天秤是平衡的？东西一放上去，就失衡了。

中国人喜欢说，人年纪大了，会看得更通透。比如年轻时觉得名气很重要，年纪大了会觉得，自己做的事是不是符合本心其实更加重要。有很多事会随着时间的变化而改变。很多以前觉得重要的事情，现在觉得不再重要；以前不能接受的事，现在觉得完全可以接受。这是很自然的变化。

设计师的使命是去推开一扇门

问：现在很多设计师会和时尚品牌合作，他们既要保持鲜明的个性，也要兼顾品牌延续已久的风格，怎么找到这个契合点？

丁念祖：一般来说，往往是经典品牌希望走年轻化路线，双方借助彼此的品牌、资源、能力，相互推进。我对于哪位设计师和哪些品牌合作，并没有特别留心，但我对时装很有兴趣。比如意大利品牌华伦天奴，在瓦伦蒂诺本人退休后，有一男一女两位设计师作为联合创意总监，后来女设计师玛丽亚·格拉齐亚·奇里被迪奥挖走了，男设计师皮埃尔·保罗·皮乔利成为唯一的创意总监，华伦天奴的概念发生了很多改变。古驰的设计总监现在走很酷的路线，但像烟花一样，带给人的美感转瞬即逝，而华伦天奴在皮乔利的指导下，真的让意大利式的美感完全呈现出来。

问：品牌的转折很有趣，卡尔·拉格菲尔德加入香奈儿之后，也带来了很多新的尝试。

丁念祖：但是香奈儿现在的设计遵循的还是加布里埃·香奈儿本人当年定下的一些规矩，不管是珠宝、衣服、皮鞋、帽子甚至是香水瓶，拉格菲尔德完全明白Coco（加布里埃·香奈儿）是怎么想的。我觉得下一步的突破可能是没有性别的限制，按照现在的说法就是"中性"。这种变革突破了以前"女人穿裙子，男人穿裤子""女人长发，男人短发"的观念，这种性别意识的改变，是划时代的。

问：你也和时装有过跨界合作，有

丁念祖为坎布里亚郡水晶玻璃器皿厂（Cumbria Crystal）主持设计的格拉斯米尔水晶系列（Grasmere Crystal Collection）。

没有考虑过自己设计时装？

丁念祖：我在读美术学校的时候，本来想学时装设计，但是当时觉得，时装的世界需要自己充满信心才能进去，光有兴趣是不够的，这个世界竞争太激烈了。

问：从事设计这么多年，你觉得设计师的使命是什么？

丁念祖：**作为设计师，要把所有人的眼睛都打开。**很多人是围绕自己的概念在做设计，如果找对方向坚持下去，在十年、二十年之后，就会别有洞天，好像自己敲开了一扇门，走进了另一个世界。**每一个时代都需要敲门、开门的人，设计师最重要的使命就是去推开一扇门。**此外，永远要做追求美的设计，永远不要忘记这个世界上还有很多很丑的东西，它们也都是由人设计出来的。当然，美与丑有时也只在一线之间。

问：你觉得，中国的设计师需要往哪些方面努力？

丁念祖：很多设计师已经做得很好，当然还有很多可以探索的空间。比如，有些偏向简单的线条、素雅的颜色，有些崇尚华丽、繁复的花纹，不过，这二者其实还可以结合得更好一些。

我觉得，太湖石是中国文化很好的代表，它在某一时刻是奢华的存在，但它本身又是清淡朴素的。它的形象很简单，可是整体充满了图案和线条，充满了冲突，精华就在其中。它在世界文化中也非常特别。

中国书画也是一样，作为一种留白的艺术，它的重心是在留白处，还是在有笔画的地方，还是在盖章之处呢？中国文化很复杂，永远能带给人很多思考，或许这也可以给未来的设计一些启发。

重塑公共生活

下篇

味道 ING

【采访时间：2018 年】

一百多年前，这里是孙中山密谋革命的地方，如今这里藏匿着另一个『革命者』。他也对中环这些曲折的小街了如指掌，哪怕最沮丧的时候，一碗『九记』牛腩面或者『蛇王芬』的蛇羹，就能让他迅速振奋起来。

欧阳应霁曾经宣称：『我不是要进行一场革命，我更擅长温和地颠覆城市。』当然，他也完全不符合我们对『革命者』的想象。不过，他确乎通过频繁的跨界创作，让人们重新打量自己生活的城市、社会与时代，许多细微的想象与反思，由此生发。

摄影：钱东升

欧阳应霁
（ Craig Au-Yeung Ying Chai ）

跨媒体创作人，饮食文化策展人。早年就读于香港理工大学设计系，以荣誉学士及哲学硕士毕业。长期从事中国当代社会生活方式的观察和研究，活跃于平面及电子媒体，撰写出版专著 20 多本，并主持各种生活文化艺术广播及电视节目。近十多年把工作范围聚焦在本土及全球饮食和旅游文化内容的整理与探索上，出版有私家食谱、城市饮食文化指南，并为画廊、美术馆、文化机构及商业单位设计执行艺术餐饮体验。他还策划了香港 PMQ 元创方味道图书馆、北京应霁半饱厨房等饮食文化体验活动空间，积极促成新一代对本地和国际的当代生活方式、态度的觉悟与追求。

"出海的人"

31 年前的北京街头，年轻人动不动就会用蹩脚的粤语吼两声"万里长城永不倒"或者"浪奔浪流"。中央美术学院图书馆里，一个从香港理工大学来的年轻人，却一直试图用蹩脚的普通话和馆员沟通，借一些无人问津的连环画。为了准备毕业论文，他特地千里迢迢赶到北京，搜集 1949 年到 1969 年出版的连环画，带着介绍信寻访老画家——华君武、杨先让、贺友直……追问逝去年代的往事。

有一天，贺友直终于忍不住，好奇地问，你们出海的人，为什么要写关于连环画的论文？跨度这么大？

这个名叫欧阳应霁的年轻人，一时哭笑不得。其实，他读的是传播设计系，只不过，用粤语味儿浓重的普通话讲出来，让贺友直一直以为，他的专业是船舶系。

当然，谁都没能料到，多年后，欧阳应霁真的变成了一个"出海的人"。他在世界各地周游的频率，甚至比最勤奋的水手还要高。从电台 DJ 到设计师，从舞台

味道图书馆收藏了五六千本与饮食文化有关的书籍供会员借阅。（摄影：钱东升）

剧演员到漫画家，从作家到美食家，从创作者到策展人……每一次跨界都出人意料，又仿佛理所当然。

温和的颠覆者

灯火正点亮香港的夜色。车流沿着起伏高达三四十度的坡道爬升、坠落，喇叭声响作一团。蜿蜒的小街上散落着创意小店和人气餐厅，营业时间每每排起长队。一百多年前，这里是孙中山密谋革命的地方。如今，在PMQ元创方5楼，藏匿着另一个"革命者"。他也对中环这些曲折的小街了如指掌，哪怕最沮丧的时候，一碗"九记"牛腩面或者"蛇王芬"的蛇羹，就能让他迅速振奋起来。

欧阳应霁曾经宣称："我不是要进行一场革命，我更擅长温和地颠覆城市。"当然，他也完全不符合我们对"革命者"的想象——几乎所有场合，他都温文尔雅，含蓄而谦让，观点时常让人耳目一新，但从不会咄咄逼人。不过，他确乎通过频繁的跨界创作，让人们重新打量自己生活的城市、社会与时代，许多细微的想象与反思，由此生发。

味道图书馆是他"颠覆城市"的又一件作品。4年前，"已婚警察宿舍"（Police Married Quarters）被改造成文创区PMQ元创方，欧阳应霁应邀创办味道图书馆，占据了5楼的5个房间。除了分门别类的

五六千本美食书，还有一间厨房。傍晚时分，阅览室里坐着预约前来的会员，各自阅读，或者轻声交谈。每到周末，厨房则会举办各种互动活动，往往人头攒动。4月漫长的旅途刚刚告一段落，欧阳应霁习惯性地回到这里，把自己交付给汉斯·瓦格纳、阿诺·雅各布森或者芬·尤尔设计的椅子。

时至今日，我们越来越难以描述欧阳应霁。许多媒体将他简化为"生活家"，而他一直对这个称呼深恶痛绝。事实上，他一直在"边缘"行走，以"业余"身份为乐。这座多元文化交汇的城市，以及不断变化的世界，巧合而又必然地塑造了他。

ANYTHING GOES！

尽管身在香港，欧阳应霁的童年却是在样板戏的歌声中度过的。

他生在左翼家庭，父亲是画家，母亲是编辑。大多数香港少年上的是英式小学，他却一直在左翼学校读到中学二年级，才终于转学。从前样板戏舞台上的小主角，骤然被抛入另一个陌生的世界，每天依靠誊抄样板戏的歌词和曲谱，才终于熬过艰难的过渡期。

20世纪80年代的香港，设计系的学生是大学校园里最特立独行的一群人。有时奇装异服招摇过市，有时又穿上最正

经的英式礼服，举办晚会。他们在草地上铺开桌布，或者用尼龙胶带纵横拉扯，布置房间。来自英国的教授们大声疾呼："Anything goes（一切皆被允许）"，用培养艺术家的方法教导这些懵懂而叛逆的学生，让他们不要被现实束缚，勇敢地定义问题，想方设法去解决问题，无论是动手还是动口。几十年过去了，当年的教授们早已成为艺术史和设计史上的传奇，而当年的学生则走上了迥异的路。

大学毕业后，欧阳应霁加入艺术剧团"进念·二十面体"。有一天，荣念曾突然问他，你有没有想过，如果你站在舞台最边缘，会怎样？站在舞台中央，看似风光，收获的反而最少；站在边缘，你会更敏感，会更准确地看清自己的位置。

这些经验都促使他不断反思。后来，无论是做电台 DJ，还是创作漫画与写作，他一直与所谓的主流保持着审慎的距离，却从"边缘"稳步疾行，走出一条与众不同的路。

"不甘心"

2003 年，SARS 横扫香港。因为想念"麦奀记"的味道，欧阳应霁决定戴上口罩出门，去寻找那碗久违的云吞面。

环视熟悉的餐厅四壁，以及几个像他一样执着的食客，他忽然发现自己泪流满面。那一刻他想，如果有一天，这些餐厅

不存在了，这些味道都被遗忘了，又凭什么证明自己是香港人？他决定记录下香港味道，寻找餐厅，采访食客，讲述美食的来龙去脉。这个计划持续了接近两年。书出版的那一天，他如释重负，"就像还了一个债"。他也从此闯入美食的世界，一发不可收，从《香港味道》到《味道台北》《味道上海》，再到诸多围绕美食展开的创作与活动，他的身上又多了一重标签。

渐渐地，创作工具从手中的笔，变成天地万物。有一次，他规划了一场晚宴，食物是南京的 18 种寻常小吃，他却为此赶赴景德镇、德化等地，精心挑选了 18 套杯盘碗。餐桌中央，白瓷堆积如山，人们每吃完一道小吃，就会撤掉一套餐具。甜汤喝完，最后一只小碗和小碟也被端走，面前空空如也。那一刻，万物寂静无声。人们由此生发出诸多感叹与联想，他却只是微笑不语。

几十年来，时代跌宕。1997 年前后香港人经历的内心动荡，加上美国"9·11 恐怖袭击事件"发生时人们对未来的幻灭感，都让他觉得，"世界应该不再一样，我们应该不再一样"。然而如今，他更愿意相信，真正改变自己的，或许并不是那些大时代的转捩，而是生活中偶然的相遇与细微的感触，它们无时无刻不在重塑着每一个人。

对于变化，他坦然处之，但终有些事

情让他不肯甘心，希望尽绵薄之力，努力改变些什么，也是因此，各种新奇的想法还在不断冒出来——重启漫画创作、推动筹划多年的"蓝色"项目、用"误读"来做新的艺术探索、为小朋友做开发味蕾的教育规划……这些或庞大或细微的计划如同海底热泉，他用"玩"的心态去推进，心底却藏着严肃的思考。

窗外，黑夜正吞噬天空中残存的幽蓝，却又因都市的灯火反射出奇妙的光泽。一向温和克制的欧阳应霁，突然决定说一些刺耳的话。他从来不以专家、权威自居，更不愿做所谓的"青年导师"，但是，现实让他忧心忡忡。那种久违的"不甘心"再度涌上心头，他觉得，是该说说这些话的时候了。我们的许多话题，进展到后来，总会让他想到对年轻人的期许与敦告。他相信，这些刺耳的话，也许能让大家一起冷静地看看未来的路，"继续走下去"。

享受在边缘的状态

问：你写《味道台北》和《味道上海》，邀请的合作伙伴都很有趣。韩良忆是在荷兰的台湾人，殳俏是在北京的上海人。这种双重视角，在你身上也体现得很明显。除了你少年时代的经历，背后还有什么渊源？

欧阳应霁：我觉得还有一个背景，

是我参加剧团的日子。二三十年前，作为一个年轻人，白纸一张，加入了"进念·二十面体"这样一个前卫的实验剧团。荣念曾曾经对我说，你有没有想过，如果你走到舞台的最前面，或者最后面，或者最左边，或者最右边，反正是最边缘的位置，你会怎样？舞台中央好像是最风光的位置，至少你自己以为，所有的注意力都会放在你身上，但是，在舞台中央，你能得到的却是最少的。而当你在最前面，可能会掉下去，所以你会更小心。当你在最后面，可能你觉得永远不会有人看见你，你会有特别的生理和心理感受。站在边缘，你会更敏感，可以更准确地看清自己的位置。

关于定位的问题，让我想了好多。我一直很愿意、很享受在边缘的状态，也觉得很值得。

另外是速度的问题。剧团演出，有时要很快地从一头跑到另外一头，有时则要用最慢的速度。那么，在生活中、创作中，我们应该怎样走完一段路？节奏的调动，可以凭自己的感觉，也可以凭当时的需要，可以跟着大家的节拍，也可以和大家完全不一样，主动权和可能性都是自己掌控的。

这段剧场的经验和训练，是很宝贵的经历。那时刚好也是我漫画创作最频繁的时期，我几乎用同样的想法，经历了我的漫画岁月。漫画可以碰什么内容，怎样做出宽度、广度和深度，进去后再怎样出来，我一直在想在做。

可惜我没有好好地对自己的漫画创作做一个总结。现在通过出版了解我的漫画的朋友，可能只看过《我的我的天》，其实之前和之后我还创作过不少漫画。后来又出版的《吃到底》，我自己觉得并没有多成熟，它们只是我漫画的两个阶段而已。我已经做好准备，要重新启动漫画创作，哪怕是把过去做的从头到尾重新做一遍也好，当然，如果重来一趟，会引到别的空间里，不管是创作还是展览，如果重画一个旧的作品，一定会延展出一个新的作品。

问：你在文章中提过林语堂的"我欣赏一切的业余主义"，让我想到萨义德在《知识分子论》里关于"业余"的表述。你一直坚持"业余"身份的创作，你是从什么时候开始意识到"业余者"的意义的？

欧阳应霁：不晓得为什么，我年轻时就对自称专家的人有些天生的厌恶，尤其是所谓的青年导师。可能我一直对权威保持着敏感的观望的态度，当然我很尊重一些真正的专家，他们不是在装专家。我很害怕甚至很讨厌"生活家"这个称呼，但我反复讲了很多次都没有用，媒体喜欢简单地叫你"生活家"，那好吧，好在我自己不会掉进这个坑里。其实，业余也可以

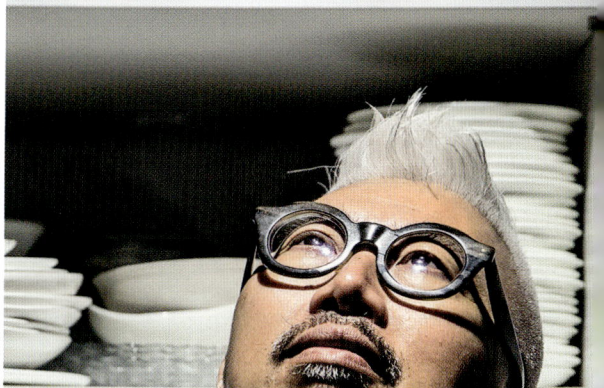

从《香港味道》到《味道台北》《味道上海》，再到诸多围绕美食展开的创作与活动，欧阳应霁的身上又多了一重标签。（摄影：钱东升）

业余得很开心，因为业余，你有更多的弹性接触更多的东西，如果你被搬到神坛上，反而下不来了，其实上面也没能看到更多的风景。

问：所以你年轻时就有这种意识？

欧阳应霁：真的是很年轻的时候。我从十四五岁开始创作漫画，投稿，真正要创作不一样的漫画，大概是 20 岁出头吧。那时看书很多，很活跃，在剧团、电台的工作也刚开始，接触的人越来越多，各种阶层、领域的都有。我在 1997 年离开电台，之前都算是年轻的时代。

当然，林语堂的书，真的看进去以后，会觉得，先生厉害啊。萨义德也是，有段时间他突然很火，大家都在看他的书，我还硬去看了他没有被翻译的版本。他有些书薄薄的，还蛮能看进去的。他也没有用太学术的语言。

问：会不会看得越多就越觉得自己无知？

欧阳应霁：肯定的，所以更不敢乱表达。现在不像过去那么大胆地写，会反复地问，该是这个判断吗？最怕的是，好像什么都经历过了，每一句都变成总结。很害怕有一天自己也变成这样。

我也一路在找有没有更适合表达自己的方法，也许不是文字。也许是一些空间，让大家在交流中自己体验。如果经过

体验以后，还可以用语言交流一下心得，那很好。但是，一到那个状态可能又不准确了。因为语言一旦出现，就会有很多框架，很多啰嗦，反而没办法真正表达自己的想法。

问：你的这些困惑与反思里，有没有能和年轻设计师、创作者分享的经验？

欧阳应霁：做自己想做、自己喜欢的事情吧。

要争取多看，体验更多不同的文化，体验那个文化里最高的和最低的，最平常和最不平常的，要把跨度拉得更宽，才能看看有没有一个机会纵深下去。

尽量保持自己的自由意念，就算不能说走就走，起码意志上也要有所保留，然后才会有所为有所不为。其实，做什么，没什么了不起；不做什么，拒绝什么，才更重要。我也努力这样要求自己。

我们每天都在面对各种决定，几乎每个决定都是关键的。不要管人家怎么看你，关键是你怎么看自己。

守护自己的根

问：你以前说过，你的文字发源地是宋词？

欧阳应霁：小时候妈妈让我背唐诗，那是作为小孩的规矩，每天晚上都要背，现在实在太感谢她了，让我一生受益无穷。

中国语言有一种独特的结构，和节奏、音律有关，我甚至发觉，语言内在的旋律和音频，有时和心跳也是相关的，真正读进去，会带来生理反应，低潮和高潮。后来慢慢从诗读到词，长短句嘛，知道人生有长有短，有高有低，有强有弱。读宋词会刺激我产生很多想法，人生、社会、宇宙都能从中看到。

我还有自己的阅读方法，比如一些句读，有时故意视而不见，把前后句进行误读，会产生很奇特的用词和造型。有时，在一句话里抽两个字出来误读，故意放大，又会出现有趣的情况。我一直在想，怎样去玩中国文字这么博大精深的系统。

现在还有一个小计划，我在笔记本里做了很多，也许以后有机会用一个装置来呈现，就是文字的误读方法。20年前有段时间我一直这样玩，突然就停了，两三年前想要继续下去。我也把它引到英文里，比如 chicken，拆成 chic 和 ken，就完全不一样了。我做了很多这样的拼凑、混搭和配比。我经常有一些奇奇怪怪的想法。

如果继续刚才的话题，对年轻设计师有什么建议，我觉得不要那么规矩吧，不要都去念圣马丁吧。现在走进去可能也没那么困难，但是，有多少人能真正走出来？当每个人都在做那件事情，你就得赶快跑开了。你跑开以后，也许会落寞、孤独一点，但这样才真正对你有好处。要找

到自己看东西的方法，哪怕是很奇怪的方法，甚至自己都搞不明白的方法，但是只要坚持下去，就会发觉，原来可以这样。

问：除了宋词，你的文章和漫画（有评论家说你的漫画是漫画诗），也有很典型的"香港味道"。海峡两岸和香港，不同的文化背景造成了很明显的语言风格差异。你的"香港味道"是怎样发展出来的？

欧阳应霁：我觉得很重要的一点是粤语，我也愿意是因为粤语。几个星期前，有一段很恐怖的经历。我面对一个视频拍摄，用粤语讲，竟然无法准确地表达，很糟糕。那天我受到很大打击，甚至有点伤心。可能这几年一直尽量用普通话接受采访，变成了习惯。

我没有很深入地认识粤语，但是起码知道它是一个很有传统、值得保留、绝对不应该被边缘化的方言，也很庆幸我是讲粤语长大的。有时听到粤曲，很容易进去，小时候听不觉得怎么样，但是等到三四十岁以后，很能勾动身体里某种感觉。一种地方语言已经进入血液。就像我看《叶问》，还会有很深的感触（当然，看完也会想，明天就去拜师吧！）我小时候住在深水埗。如果再早个二三十年，就是叶问生活过的桂林街。电影里那些地方，也是我们小时候跑来跑去的地方。希望这些千万别被忘掉，别被糟蹋掉。

欧阳应霁在谈论他的"蓝色"创作计划时，突然发现了窗外蓝色的天光，不禁大发感叹。（摄影：钱东升）

如果说粤语有韵味的话，可能是一种很刁钻的、尽在不言中的感觉，我觉得我的创作也有那种韵味。

我现在会在标题和文章的重点处，让粤语自己突然跳出来，无论能不能读，明不明白，我都不管。有段时间我会把大量普通话的语境和流行词用在文章里，可能文章没有以前那么好看、生动、有趣了。如果重新出书，真的要很有意识地把它改回来。毕竟，这是我对自己的身份认同，非常重要。

问：语言的形式也影响着思维的方式。

欧阳应霁：因为我们是"南蛮"嘛，有很多叛逆和桀骜不驯的地方，我就是这样的。但是我们也有足够的聪明和狡黠，粤语里真是表达得淋漓尽致。

每个年代有每个年代的粤语。我很佩服刘嘉玲，4月在飞机上看了两遍《阿飞正传》，她作为一个苏州姑娘，能用粤语表现出上世纪六七十年代的香港（当然，她也有她的误读），真的很厉害。当然，王家卫和剧本本身也很厉害。

这又说回去，关于年轻设计师，每个人都有自己的出身背景，怎样好好地认识、守护自己的背景、自己的根，太重要了，它比保存一种手艺、一种非遗，要重要得多。如果你没有真正认识到自己的根在哪里，你根本做不出好东西。

很多事情是注定的

问：据说你在大学时代拍摄过一个茶楼，当时具体是什么情形？

欧阳应霁：应该是我的第一个摄影的功课，就拿我爸的老相机，去拍黑白照，自己卷菲林，冲洗。我也不记得为什么挑了一个茶楼，它有个漂亮的名字叫"云来"，在油麻地，现在应该没有了吧。现在澳门有家茶楼，长得和它有点像。

"云来"的建筑是圆边的，所以家具也配合建筑，做成了圆桌。我拍摄了很多建筑的曲线、瓷砖的对称，有点像中国南方演绎的装饰艺术。

因为叫"云来"，楼梯也是兜兜转转的。我还不小心跟着一个伙计，上了顾客不该上的那一层。那个伙计是个小孩，如果别人上去，他会拿着报纸打。厨房里铜制的水壶，让我印象深刻。但那只是拍摄自己喜欢的画面，并没有做采访。

问：但你后来开始写《香港味道》，就像从前冥冥中播下的种子，很多年后开始发芽。

欧阳应霁：我觉得很多事情是注定的，就像为什么这么多年后，我突然要做"蓝色"的项目。因为我叫应霁嘛，霁是天青色，本来就应该要做，是安排好的，怎么现在才做呢？

问：这个名字是你爷爷起的吧？

欧阳应霁：对。他起了我爹的名字……天哪！我父亲，我爸。我父亲叫乃霑，是雨大到不行，所以我就是雨过天晴。我爷爷起名字就像在画四格漫画。

我爷爷很早就在新会和香港之间做生意，我父亲9岁的时候被他带来香港。当时他在湾仔开了一家酒庄，但是，不久就是大轰炸，"三年零八个月"开始的那一天。他就彻底离开新会，一直留在香港。

问：我对新会的记忆是陈皮的味道。去梁启超故居，沿路都是卖陈皮的摊子。

欧阳应霁：我小时候回去过，现在还想和我爸一起回去。我的堂哥管理橘和柑的果园有30多年了，退休后也在做和植物有关的事，他对陈皮很有研究。

问：有一次你和朋友们探讨过，究竟多少年才能叫陈皮，是从你堂哥那里知道的吗？

欧阳应霁：那倒没有，是我查的资料。社会上总是有种种的假和装，其实哪怕是一个非常简单的东西，经过时间的累积和沉淀后，自会有一个位置。叫陈皮的不一定是陈皮，但是真正的陈皮，就是有那个质地和功效。

问：你很注重档案分类，从A到Z排列，还专门单列了一些特别的条目，比如"白色T恤"。但这几年你开始关注"蓝色"，它是怎样细分的？

欧阳应霁：几年前去泰国参加一个排毒疗程，那几天不断拍摄身边出现的所有的蓝色，但也没有想得很清楚。我在普吉岛还买了三四十件蓝色的东西，唯一带不走的是一个塑料做的超级大的水缸，长得像一只手雷。后来，在浙江一个村子里，我也发现了一个超级大的蓝色水缸，虽然长得不太一样。原来蓝色水缸也是一种"硬通货"，从中国生产，运到世界各地。

3年前，我开始有计划地整理"蓝色"。我还是保持着撕杂志的习惯，把蓝色元素抽出来，有几万份吧。按照类别收集，像服装、鞋子、首饰、瓷器（瓷器下面当然有陶瓷和玻璃），还有一些关于蓝色的研究文章，比如潘通公司从商业理论上对蓝色的分析。还有一些蓝色目的地，和旅游有关。蓝色的食物不多，但蓝色的食器很多，这又是一个系统。

我马上有一个重点项目要落地西安，会在宋群的创意园区Localand西安大都荟项目里占两栋房子，有餐厅、杂货铺、画廊的空间，当然所有内容都是蓝色。以后也会有计划地在其他地区推广。

问："蓝色"的缘起和青花有关吗？

欧阳应霁：青花之前可能是蓝染。很多年前得到过几件蓝染的衣服，但我不喜欢，因为处理得不太好，每次穿完，全身都会变成蓝色。但我对蓝染，尤其是南通地区的蓝染很感兴趣，不晓得怎么还得到一本老书，是法文版的传统蓝染图案，在位于上海的中国蓝印花布馆的藏品里还看到过一些纹饰。在此之后，才是买到景德镇的仿古纹样的碗，然后是铜川的青花碗。

我对"蓝色"项目的兴趣一路没减，也觉得应该会玩得开心，但也不希望在商业、文化上给它太大压力。最近有很多装修、订货、安排厨师等等问题，我却在想别的事情。我很想建一个"蓝朋友"的群，几年来发觉身边有很多"蓝朋友"，各种交流碰撞应该很有趣，可能也会让我更清楚"蓝色"项目该怎样走下去。

就像现在，窗外这种蓝色每天都会出现，也很漂亮。大自然也好，都市也好，提供了很多这样的机会，让我们想象一下，认定一下，什么叫美，什么叫生活。

创作是一种叛逆

问：你会再做《香港味道》吗？

欧阳应霁：几年前认真考虑过。以前把范围主动限制在粤菜系统下真正属于香港的味道，西餐基本没有放进去（除了几种因为在西餐影响下发生变化的香港味道）。现在做肯定会加入这些内容。香港

在味道图书馆，欧阳应霁希望围绕美食文化打造一个开放的交流空间。（摄影：钱东升）

是一个国际化都会，也是因为有种种国际的味道在这里出现，最近几年更加蓬勃。

以前做《香港味道》，后来做《味道台北》和《味道上海》，把名词和动词做了转换。如果重新做香港，比较倾向于《味道香港》。其实"香港味道"有点言重了，但是当时在 SARS 之下产生的危机感实在太强烈了。而现在我越来越觉得，**味道进行中的状态，无论抓得住还是抓不住，其实最有趣。味道是一个动词，不是定论，你跟着它一起走，一起变化。**

不过，究竟是出版一本书，还是用其他的传播方法，还说不定。

问：《香港味道》已经出版十多年了，那些味道变化得多吗？

欧阳应霁：应该有 20% 多的香港味道没有了，或者完全改变了。当然和各种社会现实有关，因为租金、成本的压力，因为人，最重要的是心，是心态的改变。

原本我就觉得，不可能吃到过去的味道。食材在变，厨师的年纪和心情也在变。食物的味道不是一个固定的味道，一定会跟着环境、时代一路改变。但是，如果这种改变有点不自然，是在强压之下发生的，就不太好了。

现在香港餐饮业更蓬勃了，很多新花样，但是，也许是往更大的颓败方向走。表面上看，香港人还是爱吃，各地来的人还在找吃的，但是不是真正能吃到一种饱

满，一种信心，或者是一种骄傲？我觉得恐怕没有了。二三十年前是有的，我做这个菜，是骄傲的，现在没有了这种骄傲。

香港主动或被动地边缘化，对此隐隐约约有些影响。本来还比较强硬的城市性格，面对这些影响，好像有点受不住的感觉。这很可惜。不过，我的原则是，当我自己没有主动地去做些什么，我就没什么发言权。但是，如果时间到了，该我做的，我就来做。

问：你这种状态挺好的。

欧阳应霁：也必须这样。我也曾经觉得，为什么每趟出门回来，都很不开心。我哪有开心的机会啊？你看看新闻，种种的堕落。那些人不都是专家吗？不应该有自己的担当吗？如果都这样，你又怎么能去怪一个茶餐厅的伙计？他们已经很好了！

问：你更像一个乐观的悲观主义者，还是一个悲观的乐观主义者？

欧阳应霁：悲观的乐观主义者吧。其实我也不晓得这样的前置后置对不对，我是悲观到了极点，所以才反转一下。

问：就像鲁迅说的，绝望之为虚妄，正与希望相同。

欧阳应霁：只能这样。当然，现在比

较在意的还是身边的年轻人，毕竟未来要靠他们，希望他们能成长得好一点。

现在的教育就像倒模出来，每个人都长得差不多，不少人希望在最短的时间赚最多的钱，在社会上获得什么位置。我经常和年轻人在一起，最近很幸运找到很好的助手，真觉得像天上掉下来的。

这也是整个价值标准的问题。如果没有人愿意从最基础、最根本一步步走过来，如果赚快钱变成主流，整个社会都没有希望。当然，如果赚了快钱，用得很爽或者很到位，那我也服了。可是有人有了钱，买什么，穿什么，用什么，吃什么，都没有标准，或者很低俗……

在公开场合，这些话不好说。但我又觉得，一定要说。我这个人糟糕就糟糕在比较礼貌。也许现在我也够老了，可以说了吧。

问：过去 20 多年，时代剧变在香港人身上的烙印很明显。比如你讲过 1997 年前后香港人心态的变化，比如"9·11"发生时，你写道"世界应该不再一样，我们应该不再一样"，你做《香港味道》则是因为 2003 年 SARS 的到来……如今回望，世界真的不一样了吗？

欧阳应霁：我们喜欢说，某一个日子很重要，那一天世界就改变了，因为说出来很爽。但是其实，为什么我们不说，因为那天下了一场雨，或者那天碰到一个

人，是男的是女的，长什么样子，或者那天吃了一碗面，汤如何，面的硬软度如何……它们同样影响着人生的航道。所以，我现在不太喜欢说，我站在历史的某一刻，太壮烈了，也许更生活一点，更细微一点，会给你更多的力量继续走下去。

怎样才能驱动我们继续走下去？说不定是你的身体，你的直觉，或者是你的性格里某种强韧的力量。于我来说，可能是某种不甘心。这种不甘心，可能也不是因为对现实问题的反思，也许是身体里某种化学组成，让你就是不甘心，就是不愿意看着一些本来好好的人事物，突然变成这样。那就要去做些什么。

问：你曾在《叫我杂种》这篇文章里，写过全球化对个人的影响。如今，很多国家变得保守排外，在这个反全球化的时代，一个创作者应当如何自处？

欧阳应霁：创作本身就是一种叛逆。如果顺着风，大概只能去到某一些地方；如果偏要逆着风走，才有可能完成一些我们本来就有能力、应该做的事情。不然的话，要我们这群人来干吗？

我也不觉得我一定要反对别人做什么事情，但是既然有了我们，那就做我们该做的事情。固执也好，坚持也好，硬着头皮咬着牙，都是理所当然的，也应该很快乐。我不太愿意自己在一种闷闷不乐、壮志未酬的状态里，做就开开心心做，不骗

2014 年，"已婚警察宿舍"被改造成文创区 PMQ 元创方，欧阳应霁应邀创办味道图书馆，占据了 5 楼的 5 个房间。（摄影：钱东升）

自己。如果年轻的朋友能和你一起玩一把，那就更好了。虽然知道要做的事情还有很多很多，几辈子都做不完，但是心态还比较轻松。

味蕾教育的缺失

问：你曾写过："每年四月是我的高危放纵期……每年五月是我的地狱刻苦期"，现在刚好是五月，能否讲讲今年四月的见闻？

欧阳应霁：今年除了米兰，我还去了巴黎和葡萄牙。几年前去过里斯本，今年的目的地是波尔图。我本来就喜欢酒，而且那里的几个博物馆和音乐厅的建筑设计也很不错。当然，还有一个重点是青花。

葡萄牙是收外销瓷最厉害的国家，自己也发展出青花瓷砖的系统。这次只是探路，下次会好好做一下功课再去。

这次感触最深的事情，其实发生在巴黎。我去探望我的干女儿，她只有 8 岁，是个漂亮的中法混血儿。我在巴黎看了两个梅森·马丁·马吉拉的大展，其中一个是和她一起去的。从小朋友眼中，怎么看这位超前的时装设计师？虽然我没有正式和她谈，但是从她的反应能看出来。

那几天我一直在想，社会有贫富，有阶层，或许从来都是如此，但是，如果政府、机构和个人，能把更多的资源变成公共资源，让不同年龄、身份的人都可以直接进入，自己去感受、判断和表达，就能在短时间里打破隔阂，创造出交流和对话的机会。我觉得，这才是一个比较理想的社会。

在巴黎第二天，她妈妈请她做小记者来采访我，谈整理术。她不会认汉字，但还是在很短的时间里记住了所有问题，用她的方法来问我。小朋友在这个过程中体验到不同的身份，这也让我想到很多。就像我们的味道图书馆，除了给同辈人和年轻人，我其实更愿意开放给小朋友。这个社会太多禁忌，很多不该做不能做，其实，如果你没做过，又怎么知道自己爱不爱，能不能。

我一直和年轻朋友尤其是刚做父母的朋友强调，让小孩在更早的时候去品尝更多不同的味道。我相信，**味蕾的开发有助于创意的开发，它和一个人的眼光、视野都有关系**。我也问过很多教育界的朋友，为什么现在还没有味觉教育的课程和系统？

问：你是什么时候开始对这个问题感兴趣的？

欧阳应霁：我小时候就是这样过来的。

七八年前，我去都灵（今年还会去），看到一位意大利老师，带着一群小学低年级的小朋友，排队去吃风干火腿里最肥的猪膘。当时想，天哪，疯了！如果在中国或者别的地方，肯定觉得小朋友不该碰这些东西。但那薄薄的几片，他们简直是在用传承文化和品味国宝的心态去吃，让

小朋友从小就知道，自己的国家有这么好的东西，是这样的味道。那一次对我启发很大。

还有一次，我去一个贵族女校演讲，下半场是去烹饪教室。有一个举止很优雅、一看就知道很有家庭背景的女同学，拿着一颗鸡蛋要做菜，却不知道该怎么敲破它。她拿在手上一阵子，鸡蛋突然掉下来摔破了。她有点惊慌，又有些茫然。原来敲破鸡蛋要靠地心引力。那一刻，让我觉得自己该做的事情还有好多啊。

我们应该为小朋友做味蕾的教育，并不是不让他们去麦当劳这么表面的工作，而是要为他们开放地设计在味蕾上的各种接触机会，等到他们大一点，可以借助阶梯站在厨房里，就让他们自己动手。在厨房里能学到的东西太多了，比如，起码知道什么叫危险，是不是真正的危险，这些都可以从实践中学到。

问：味道图书馆有进行味觉教育的尝试吗？

欧阳应霁：有啊。味道图书馆在夏天会做很多亲子活动，十几个小朋友进厨房，家长不准进，虽然我们在里面忙疯了，但是，看到小朋友对食物的原始的反应，还是很开心。

1/125 秒以后

【采访时间：2018 年】

半个多世纪过去了，不断挣脱枷锁的过程，让阮义忠走得比自己预想得更远。如今年近古稀，在头城的潮涌潮落间，他终于和从前的光阴和解。或许故乡从来就不是一根无形的枷锁，它只是驱策着他不断逃离，不断远行，直至找到归来的路。

阮义忠（Juan I-Jong）

摄影家，摄影评论家，"阮义忠摄影人文奖"创始人，"阮义忠台湾故事馆"创始人。1950 年生于宜兰。22 岁起任职于《汉声》杂志英文版，开始摄影生涯。出版有《人与土地》《台北谣言》《失落的优雅》《正方形的乡愁》等十本摄影集，并于世界多地举办个展。他的著作丰富，对全球华人地区的摄影教育有着卓越贡献，他创办的《摄影家》杂志影响深远，他撰述的《二十位人性的见证者：当代摄影大师》《当代摄影新锐——17 位影像新生代》《摄影美学七问》等著作在摄影界引起巨大反响，被誉为"世界摄影之于中国的启蒙者与传道者"。

摄影：杨镇豪

66 岁那一年，阮义忠回到久违的故乡头城镇，买了一栋房子。窗外，龟山岛与他隔海相望。（摄影：杨镇豪）

遥远的乡愁

过去的几个月，阮义忠在阳台上目睹了一场沧海桑田。它来时悄无声息，回想却令人惊心动魄，如同时代转捩，让人措手不及。

故乡宜兰头城镇，那片陪伴他度过漫长童年的沙滩，几十年前就被大海蚕食殆尽。不料，港口重建，改变了潮汐流向，海浪日复一日竟又雕琢出一片沙滩。

龟山岛隔海相望，每天都有船满载游客环岛而行，寻找海豚的踪迹。阮义忠只是平静地坐在阳台上，看着小岛在云雾中浮沉，有时陷入空蒙，有时又披挂烟霞现身。倘若风向急转，岛上的硫黄味仍会随风溢满头城镇。和大海一样，那是故乡特有的味道。

1990 年深秋，40 岁的阮义忠在海岸边偶遇了两个骑自行车的小男孩。大海近在咫尺，他们却毫无兴趣，逗留片刻就骑车离去。冲着他们的背影按下快门的时候，阮义忠并不知道，下一次站在故乡的海边拍照，竟要等到 26 年以后。后来，他的足迹几乎踏遍台湾所有被漠视、被遗忘的角落，为几代人留下了关于故乡和土地的影像，但他自己再也没有回过故乡。父母去世后，即便年节，他也只是遣儿子阮玺返乡团圆。每次坐火车路过头城镇，他会隔着车窗举起相机，将焦距拉到最长，让龟山岛充盈在整个镜头里，但他从未下车。很难说究竟是近乡情怯，还是那些复杂的心结依然未能解开。故乡仿佛沉入银河深处的一颗星球，举目仍在，又遥不可及。

66 岁那一年，他却毫无征兆地回到头城镇，买了一栋房子。这个突如其来的决定，让太太袁瑶瑶都有些震惊。宜兰美术馆邀请他返乡举办摄影展，他终于回到头城探亲。到海边独坐，往事联翩浮现，他想着，如果有朝一日写回忆录，故乡大约是最合适的所在。抬头便望见离海最近的那栋公寓楼，八楼阳台上贴出"屋主急售"的告示。他相信，这栋房子与他有缘。

他的照片在世界各地展出过，回宜兰却是第一次。他特地从几万张未曾面世的底片里，选出故乡的影像，命名为《回家的路上》。在展览开幕式上，他说："希望这批作品以后会成为宜兰共同的乡愁。这次展览不只是我的摄影作品回家，而是我真的回家了。"听说他考虑把工作室搬到宜兰，宜兰市公所大力支持，他也兴趣盎然，半年后，当这个愿望落地，已经从一个小小的工作室，变成了一座阮义忠台湾故事馆。

阮家的黑羊

绵绵细雨仍然像一副窗帘，长年挂在窗前。

这座小镇难得见到晴天。有一次，天井里蓦地现出蓝色的天空，竟把阮义忠吓了一大跳。头城人生老病死，喜乐悲欢，无休止的雨是横亘一生的背景，将小镇的闭塞压抑氤氲得更加彻底，却也在无形中激发着阮义忠的想象力。

大大小小的庙宇鳞次栉比，五彩飞檐掠过低矮的房屋和树丛，将小镇塞得满满当当。妈祖、关公、城隍爷、土地公……神灵们随着香火气息日夜逡巡，在道路尽头，说不准已化作凡人模样，与迎面而来的路人攀谈几句。

和绝大多数小镇的人们一样，头城人笃信神灵，敬畏秩序。一个人从出生到寂灭，几乎都遵循着写定的命运轨迹。自然，有些家族也可能出现黑羊，而阮家似乎太多了些。

阮家的老屋曾是头城镇最高的房子，不仅因为人丁众多，更因为阮家是木匠世家。头城镇的人一半打鱼，一半务农，阮家人因这独到的手艺，显得与众不同。

阮义忠的四叔和五叔都接受过日本教育，四叔总是背着雅西卡 D120 画幅相机四处游荡，五叔萨克斯风吹得一流，两人不时呼朋唤友，办一场家庭音乐会。阮义忠的二哥一度不肯接受命运安排，参加过歌唱比赛，谋划过出海做船员，却终因父命难违，继承家业，在小镇上终老一生。阮义忠的叛逆则异于常人，他逃课，打架，离家出走，和大人们称兄道弟。对外面世界的渴望，支撑着他度过了漫长乏味的青春期。

所有被小镇人视为理所当然的事情，都可能让他产生怀疑。这种习惯延续了一生，从摄影到生活，从音乐到咖啡，他始终保持着冷静的审慎和一点顽固的偏执。

阮家对面东方照相馆的老板，如同《天堂电影院》里的艾佛特。少年阮义忠时常到照相馆聊天、帮忙。作为回报，老板去台北进货，就会带上这个不安分的少年。从头城到台北，如今不过一个多小时车程，从前却代表着世界的另一极。

小镇能与外部世界建立关联的纽带并不多，阮义忠总能设法找到一些。他用四叔留下的二声道音响，听巴赫、莫扎特、贝多芬、舒伯特，省下的零用钱全部买了盗版唱片。他如饥似渴地搜寻世界名著，还偷偷拿补课的钱买到一把蹩脚的小提琴，自学了几个月。

廉价的"巴西咖啡"，是他想象世界的另一个载体。它实则在台湾生产，咖啡粉和糖一起压成饼，滚水里泡开，连同渣滓一起吞下。他收集废品卖掉，换来几块咖啡，在仓库角落小心翼翼地吞咽。落在牙缝里的咖啡渣，是想象留给他的余味，

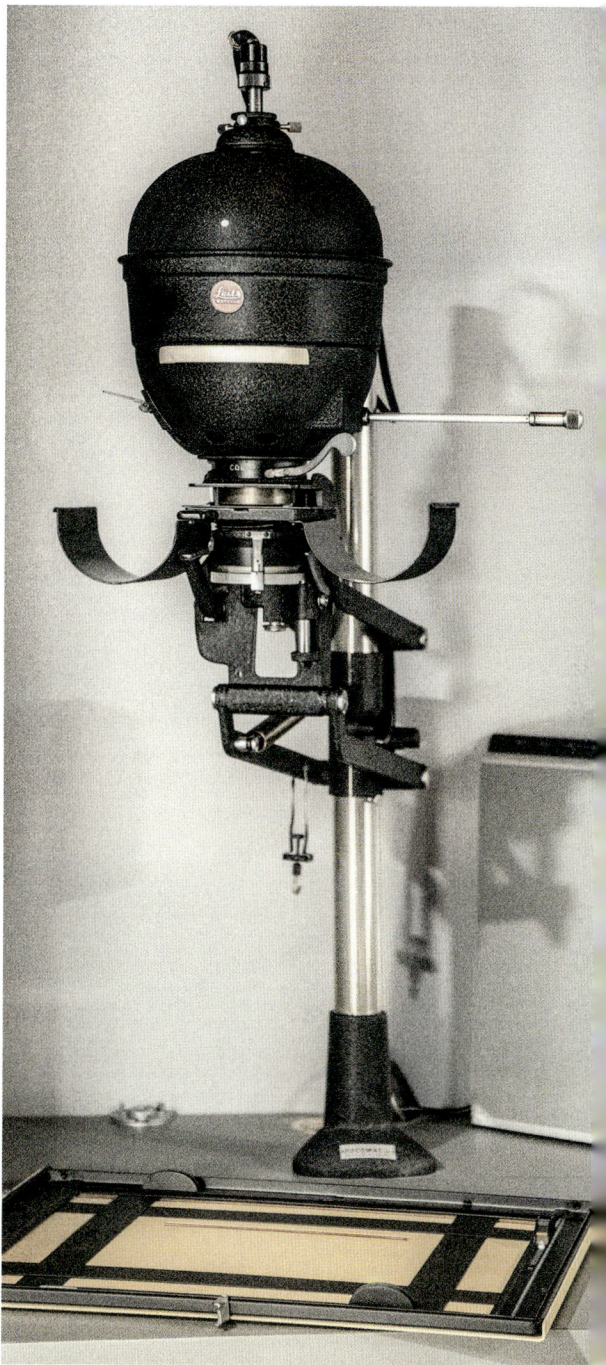

为了完美表现照片的品质，阮义忠的摄影原作大多是用莱茨（Leitz）放大机亲手放制的。而且，只要是他工作的地方，一定会安置音响。（摄影：杨镇豪）

其实并不美好，但他别无选择。

继续打碎枷锁

将阮义忠带离故乡的，是画笔和相机。他从 19 岁开始给《幼狮文艺》画插画，3 年后又阴差阳错地成为《汉声》（当时叫 ECHO 杂志）的摄影师。

《汉声》为他同时开启了两扇门，一扇门通往台湾乡土情怀深处，另一扇门连接着西方先锋摄影。他一面进行田野调查，用文字和影像记录乡土的变迁，一面如饥似渴地阅读 CAMERA、LIFE、LOOK、National Geographic……在新闻管制的年代，这些外刊如同暗夜萤火。

从《汉声》到《家庭》月刊，他依靠一本《台湾省客运车价目表》，在山村与部落间奔走。随着他一次又一次到来，人们目光中的敌意逐渐变成温情，最终对他的镜头视而不见。在陌生的环境里，要善于捕捉决定性的瞬间；而当时空与人物变得越来越熟悉，就必须寻找新的可能。让自己的生命进入别人的生命中，让自己从陌生人变成故事的一部分。摄影在一次次离去与归来之间，探寻异同与边界。

走出闭塞的头城镇，这个年轻人却发现，台北乃至台湾又何尝不是一个封闭的世界。岛民情结加剧了饥饿感，他将不得不继续打碎枷锁，跨向未知的领域。起初人们通过绘画和摄影认识了他，进而是他的

文字、他的黑胶唱片，甚至他的咖啡。他画漫画，摄影，写作，做杂志，拍纪录片，教学，策划展览……人生不断跨界，不仅得益于行动力，更源自适可而止的信条。

与此同时，他孜孜不倦地介绍海外摄影家，探讨摄影理念，在《雄狮美术》上连载的系列文章结集成《二十位人性见证者：当代摄影大师》《当代摄影新锐——17 位影像新生代》和《摄影美学七问》，在华人世界引起强烈反响。

1988 年，台湾长达 37 年的"报禁"解除。几年后，阮义忠创办《摄影家》杂志。当时他已经在台北艺术大学任教，然而，摄影圈迷恋的仍是沙龙摄影。他率先前往欧洲，敲响了纪实摄影大师和新锐先锋的家门，亨利·卡蒂埃 - 布列松（Henri Cartier-Bresson）、威廉·克莱因（William Klein）、爱德华·布巴（Edward Boubat）、让·卢克·史耶（Jeanloup Sieff）……他们的作品伴随着《摄影家》杂志，为海峡两岸的摄影师提供了源源不断的给养，阮义忠也因此被誉为"世界摄影之于中国的启蒙者与传道者"。

海外的摄影大师或许很难相信，《摄影家》杂志的编辑部几乎是一个家庭作坊，没有足够的资金和资源，从编排、印刷到发行，都由阮义忠和太太袁瑶瑶亲力亲为，支撑了十年之久。

一个人的出走，真正的意义不在于走了多远，而在于他为更多人带回了什么。

NO.1 NO.2 NO.3 NO.4 NO.5 NO.6 NO.7 NO.8
NO.9 NO.10 NO.11 NO.12 NO.13 NO.14 NO.15 NO.16
NO.17 NO.18 NO.19 NO.20 NO.21 NO.22 NO.23 NO.24
NO.25 NO.26 NO.27 NO.28 NO.29 NO.30 NO.31 NO.32
NO.33 NO.34 NO.35 NO.36 NO.37 NO.38 NO.39 NO.40
NO.41 NO.42 NO.43 NO.44 NO.45 NO.46 NO.47 NO.48
NO.49 NO.50 NO.51 NO.52 NO.53 NO.54 NO.55 NO.56
NO.57 NO.58 NO.59 NO.60 NO.61 NO.62

20世纪90年代，阮义忠创办《摄影家》杂志，影响深远，他被誉为"世界摄影之于中国的启蒙者与传道者"。（图片提供：阮义忠）

一杯咖啡的态度

除了摄影，或许没有什么比咖啡更能代表阮义忠的人生态度与命运缩影。

从前咖啡象征着外面的世界，后来却成为生活本身。这场转变，源于一包过期的咖啡。尽管过期了，第一次冲泡还是让他难以忘怀，然而，令他沮丧的是，第二天他再也泡不出原来的味道。

那时，整个诚品书店关于咖啡的书只有三本，它们成为阮义忠研究咖啡的起点。从此，他频繁地出入各种咖啡馆，到咖啡豆供应商那里淘货取经，回家动手钻研。喝得越多，他越相信，没有一种咖啡豆是完美的，经过一次次实验，他选定了四种：肯尼亚咖啡豆、曼特宁咖啡豆、哥斯达黎加咖啡豆和夏威夷科纳咖啡豆，尝试着把非洲、亚洲、美洲风土融为一体。通过不断调整拼配比例、烘焙的火候和时机，他终于找到属于自己的配方，"自己认为对的味道，就是最好的味道"。他不再继续实验，适可而止是他的人生准则，他宁愿将更多精力投入其他领域。

许多不喜欢咖啡的朋友，因为品尝了他的手艺，开始迷上咖啡。但是，"阮家咖啡"的诞生，却在意料之外。

2013年，阮义忠在中国大陆各地开办摄影工作坊，希望"以手传手，把传统的好带入未来"，几年间培养出200多名

起初人们通过绘画和摄影认识了阮义忠，进而是他的文字、黑胶唱片，甚至他的咖啡。这是他出版的作品《听闻：咖啡岁月 & 黑胶年代》。（图片提供：阮义忠）

通过不断调整拼配比例、烘焙的火候和时机，阮义忠终于找到属于自己的配方，"自己认为对的味道，就是最好的味道"。（图片提供：阮义忠）

学生。3年后，有感于"目前流行的摄影表现严重偏向观念性，人文精神逐渐稀薄，令人忧心"，他决定捐出版税以及出售照片的所得，发起"阮义忠摄影人文奖"。

为了募集资金，给年轻的摄影师提供更好的平台，他突发奇想，决定推出"阮家咖啡"，他还设想以后发展出咖啡馆、书店和画廊。"阮家咖啡"一度引起轰动，却终因大陆的朋友不善经营，悄然搁浅。今年，亚朵酒店邀请阮义忠合作，在大陆主要城市，开辟特别的酒店空间，为摄影人文奖的入围者举办展览，同时以阮义忠的生活美学来打造酒店，与公众分享他喜欢的咖啡、黑胶和书籍，"阮家咖啡"将重新问世。从想象到生活，从一无所知到成为专家，从反复实验到适可而止，阮义忠之所以成为阮义忠，在一杯咖啡中足以看出端倪。

归来的路

按下快门的时间，往往只有1/125秒，有时却像一生那样漫长。阮义忠依然无比享受在暗房里独处的时光，双手迅疾变幻，操控着光和影，屏息等待往事重临。

重返宜兰，给了他这样的机会。他终

阮义忠使用的徕卡原厂木制放相格板。（摄影：杨镇豪）

于有足够的理由，重新检视未经整理的十几万张底片。他早年为《家庭》月刊拍摄的海量影像，只有极少数发表过，他曾以为，这些底片永远不会再有面世的一天。

他希望台湾故事馆是一颗种子，假以时日，能为台湾保留一部民间的影像记忆。他计划每年为台湾故事馆策划四场展览，邀请不同领域的人物，以影像作为对话和展览的桥梁。作家黄春明充满哲学意味的三卷底片，蒋勋在池上驻村创作一年间拍摄的照片，古建筑专家李乾朗手绘的台湾古迹图稿……与阮义忠底片中的影像形成跨越时空的呼应。他还计划以故事馆为原点，开拓教育、文创、图书馆等功能，吸引更多民众。不断跨界，不仅是他的经验，更是一种思维方式。

他比从前更勤奋地进入暗房。时过境迁，曾经因技术难度不敢挑战的底片，在相纸上一寸寸显现光芒；以前挑选照片很容易被观念和主义吸引，如今，当他以更客观开放的态度审视创作，反而更能体会摄影的本质。

十几岁的时候，有半年时间，他退学在家，每天清晨第一件工作，就是把所有的工具都磨锋利，等候父亲教他木工。那是段痛苦而绝望的经历，他生怕落入子承父业的循环。如今到了父亲的年纪，他终于意识到，自己在暗房双手灵动，如有神助，未尝不是那段时光所赐，匠心的传承往往潜移默化。人生如此峰回路转，一个人毕生试图逃离的一切，却在暗中成全了未来的自己。

半个多世纪过去了，不断挣脱枷锁的过程，让他走得比自己预想得更远。如今年近古稀，在头城的潮涌潮落间，他终于和从前的光阴和解。或许故乡从来就不是无形的枷锁，它只是驱策着他不断逃离，不断远行，直至找到归来的路。

在精神的世界云游四方

问：宜兰有种奇特的诗意，让我想到巴塞罗那。如果从地理决定论的角度来看，这种独特的文化氛围背后有什么成因？

阮义忠：宜兰在台湾文化界很重要。雕塑家杨英风影响了台湾现代雕塑，画家吴炫三是第三位获得法兰西骑士勋章的华人，当然还有作家黄春明，还有我。

如果说地理决定论，我觉得和雨有关。宜兰的雨可以连下三个月，连诗意都下完了。对宜兰人来说，雨是一种折磨和考验。我小时候，父母卧室旁边有个小过道，几块榻榻米，桌子是折叠式的，很窄，我做功课、画画、写毛笔字、做手工，都盘腿坐在那里。我妈妈也会在上面踩缝纫机。那里有扇不大的窗，一直关着。风大的时候，雨会进来，全身就湿了；风不大的时候，雨就像珠帘一样，永远挂在那里，它已经变成窗户的一部分，没有雨反而很奇怪。有段时间我都忘了天是什么颜色，有一次去一个地方，进去的时候还是湿答答的、灰色的天，出来走进一个小天井，啊？天是蓝的！把我吓坏了！我都忘了天是蓝的。

但是，也正是因为雨，让我可以足不出户，在精神的世界云游四方。

问：你生在匠人世家，怎么看手艺和匠心？

阮义忠：我的成长和家里的环境一定有关系。比如我对线条的敏感，当然和祖父、父亲的工作有关。我们家好几代都是匠人，我祖父是雕刻匠人，虽然跟他接触时间不长，但他留下的画稿，我从小看到大。我没有成为木匠，但我当年退学后，有半年在家里，每天第一件事就是把锯、刨刀、木斗……所有工具都磨锋利，等着父亲教我。我做了几个月学徒，虽然不喜欢这个工作，一直想逃离，但这段经历确实对我有很大的影响。

问：你家对面的东方照相馆，倒有点像天堂电影院。

阮义忠：东方照相馆的老板头发光亮，偶尔讲几句日语。我从小喜欢和大人讲话，讲什么都能接得下话，所幸我认识了一些不太像乡下人的大人，乡下的大人可能会觉得我不踏实。

东方照相馆和城市有关，他每个月都会去台北采货，会带来台北的消息。慢慢有得聊，我就变成他的童工，比如水洗时帮忙搅搅相纸，或者他去台北时帮他提提东西。我最早到台北就是因为他。

我的台北幻想破灭，则是因为另一个同乡。我们一直叫他铁鲁，日语发音，不晓得什么意思。他小时候就去了台北，我一直觉得他很有名，他穿得比台北人还时髦，像日本电影明星石原裕次郎。我们乡下经常演石原裕次郎和小林旭的电影，两个打抱不平的黑道人士，亦黑亦白。小林旭永远带着一把吉他，打架也要弹两下，石原裕次郎则是一身风衣。铁鲁难得回头城几次，总是石原裕次郎的打扮，从火车站出来，简直就是从电影荧幕上走出来的，太让我们羡慕了。他以石原裕次郎为榜样，我们就以他为榜样。有一次他给我一个地址，说到台北可以找他。我一直当宝贝藏着。我初二时被退学，退学通知还没寄回家，我就提前一天离家出走了。我去了台北，本来也没想去找他，但是被骗了钱，又被摩托车撞了，一位好心的女士帮助了我（后来我想做些好事，可能和她有关），她问我在台北有没有亲戚，我说只有这个朋友，她拦了一辆三轮车送我去铁鲁家。一到他家我就傻眼了，一个违章建筑，用木板钉出来的临时住处，敲敲门，过了好一阵子他才出来，穿得比我还不好。他吓了一跳，因为我没有通知他。那身石原裕次郎的风衣就挂在墙上，他舍不得穿。那一刻我才知道，一个人绝对不要隐瞒出身，不要装成另一种人。如果有一天不小心被知道，会很难堪。

头城就是这样一个地方，有幸福，也有辛酸。故乡都是如此吧。那些你想逃避的事情，那些你看不起的事情，最终都将成为你的养分，成为你人格的一部分。

问：故乡永远是一个需要解开的结。

阮义忠：有一个人我没有写过，因为和他没什么交谈。在故乡成长时永远能听到木鱼的声音，那时没什么车，听得特别清楚。他是一个算命的盲人，用敲木鱼的方式告诉大家他来了。他走路时胳膊上永远挂着根拐杖，但几乎不用，只有在很不熟悉的地方才用来探路。他眼睛看不到，可是整个镇子他比谁都熟悉，他进入过每一个家庭，我相信我也一定被他算过命。他看不到面相，一切要靠触觉。刚学会摄影时我拍过一张照片，光线不大好，望远镜头解像力也一般。后来离开家乡，这些经验才一个一个鲜活起来。以前习以为常的事情，后来却组成了我人生旅程里很重要的一部分。

人生是什么呢？我最近有了新的体会，我在飞机上看航空杂志，刊登了马尔克斯的自传《活着为了讲述》的第一章。越是热门的作家，我越少去碰，《百年孤独》我也没看。但是，这次一下飞机我就买了这本书，马尔克斯真的不愧为一个大作家。

他说："生活不是我们活过的日子，而是我们记住的日子，我们为了讲述而在记忆中重现的日子。"哎呀！真好！你以为你的生命真的是你自

2017 年，离开故乡近半个世纪后，阮义忠回到宜兰，举办大型摄影展。（摄影：杨镇豪）

已的吗？你的生命只有跟别人产生关系才是你自己的，如果只记住自己的人生，多么单薄！让别人的生命进入你的生命里，这样多好。

我做任何事都适可而止

问：你在《听闻：咖啡岁月＆黑胶年代》写了很多关于咖啡的往事。2014年你曾推出"阮家咖啡"，配方是公开的，还有继续实验吗？还是适可而止就可以了？

阮义忠：**我做任何事都适可而止，决不多跨那一步。前面的路是无止境的，再多跨一步真的有必要吗？**天底下一定有太多咖啡比"阮家咖啡"好，可是在这个价位上，恐怕没有更合适的。我选的咖啡豆都不贵——印尼的黄金曼特宁，肯尼亚的AA，哥斯达黎加咖啡豆或者埃塞俄比亚的耶加雪菲豆（我会看当年的生豆够不够好，再决定放哪一种），稍贵的是夏威夷的科纳豆。我的配方是公开的，重要的是不同豆的比例和烘焙的水平。

一直试来试去，但也不必乱试一通，比如拿四种亚洲豆来试干吗？我选了亚洲、非洲和美洲的豆。当然没有欧洲，欧洲不生产咖啡豆。当时配豆子就有这种想法，跨界的感觉。

问：现在台北遍地都是咖啡馆。

阮义忠：现在流行的也不会迷到我。很多人追求有机咖啡豆，小庄园、高地的豆子，更多是在炒作，性价比不高。一些咖啡烘焙得很淡，第一爆都没有爆，酸得要命，有人说喝出了水果味、坚果味、柠檬味……可是咖啡味没有了，要那些味道干吗？

现在流行手冲咖啡，完全没有咖啡的油。咖啡最迷人的地方在于，经过烘烤，咖啡豆内在的生命爆开，释放出油。手冲咖啡把油都滤掉了，简直是在喝茶。它还成为一个学派，有认证标准，有协会，发证书，很严谨的运作系统，鼓励大家去相信这件事。可是，咖啡有咖啡的本质，为什么不顾它的本质呢？

问：你年轻时曾设计过一间名为"十八世纪"的咖啡馆。前几年推出"阮家咖啡"时，有没有构想过咖啡空间？

阮义忠：有啊。当时的想法很简单，我在大陆教了这么多学生，他们都很苦，没有展览的空间。纯粹的展览空间其实也不容易聚人气，我想，如果在咖啡馆里挂照片，不就是一个画廊吗？我也可以在这里做新书发布，做讲座。这里也可以有文创产品，照片可以做成笔记本、卡片、挂历……我想让它变成所有学生的平台。那就够了，没有太大的野心。

"阮家咖啡"的微博发出来，很多人要加盟。一位学生有心去试，就交给了他。当时喝咖啡的人还不太多，是最好的时候。可惜他不太会经营。

现在亚朵来邀请我合作，亚朵方面认为，这样的空间应该不仅是一些挂名酒店，也是我的艺术与人生的缩影，在其中可以体验我的生活方式，有我选的书、我的咖啡、我爱听的音乐，甚至有一个小暗房。这是一个新的契机。

让经典拥有现代的意义

问：你的学生们和我讲过你在暗房里的操作，手上的动作非常迅疾。

阮义忠：有时我也会被自己吓一跳。一张照片，我们看到的是色调对比，而在底片上呈现的是银盐颗粒的分布密度。拍照时，底片如此宽容，接受一切，但要把它还原出来，光源穿过聚光镜，集中，穿透底片，在相纸上放大，这些载体就没有那么大的宽容度了。

暗房需要解决这些问题，通过局部不同的曝光时间，还原出正常的视觉效果。**控制某个局部时，手要捕捉光，要控制影，要灵活到仿佛就是一个光的过滤器。但是，手的形状很有限，它就要像影子戏一样，有时变成动物的形状，有时变成某种幅度的曲线，这一切都要在很短的时间里完成。**

以前我会说，我可能是地球上进暗房时间最长的人之一，现在我觉得我可能是古今中外进暗房时间最长的人，而且不是之一。别人没有理由这么做。因为我不只是摄影家，我还在台北艺术大学做了二十多年老师，一辈子和学生打交道。

任何摄影家都有阶段性，当然，像尤金·史密斯、安塞尔·亚当斯，

2017年，阮义忠回故乡宜兰举办大型摄影展。这次展览最终还促成了阮义忠台湾故事馆的诞生，他希望邀请不同领域的人物，通过影像对话，并以故事馆为原点，开拓教育、文创、图书馆等功能，吸引更多民众。（摄影：杨镇豪）

他们生活在胶片摄影的时代，必须把暗房当成创作的一部分。史密斯有张照片，在一个西班牙乡村，亲人们围在一个弥留的人身旁。史密斯想把其中一个人放成死神的模样，那种感觉只有他知道，他放了五天五夜。结果，照片里那个人躲在阴暗处，真的像站在阴间和阳世之间。史密斯把暗房当成生活，当成情感的载体，除了他之外，我没有再见过第二个人。

暗房带给我的是一种很大的喜悦。这个时代所有不够好的影像都可以借助电脑调整，越来越难看到把暗房当乐趣的人，因为一进暗房就知道，自己不可能完美。我决不敢说这张照片一定放得比以前好，所谓好或不好，更在于你有没有办法在放这张照片时体会到新的问题。**暗房不仅是手艺，更是你和影像之间的进一步沟通。进暗房永远可以精益求精，天底下任何一个匠人都不可能做出真正完美的作品，创作者总会知道自己的缺点在哪里。**

问：现在放同一张照片，和几十年前的感受也不太一样吧。

阮义忠：摄影充满偶然和意外，不管多么精准的计算，多么有目的地去看，事情的发展还是会超出预料。以前按一下快门，影像被记录下来，所有内容都已经是决定性的了。然而，一次又一次进暗房，依旧会有新的体会、新的感受。**按快门的时刻已经时过境迁，不再具有当时的意义，然而，在暗房里，我可以让那个意义再活一遍，一而再再而三地保有最初的新鲜感。而按下快门的瞬间，仿佛并不是过去时，也是现在时，甚至可能有未来时。**

就像听音乐，以前巴赫给我的感觉永远都很理性，最近听了钢琴家索科洛夫的 CD，把我吓了一跳。我从来不晓得巴赫竟然可以这么温柔。没有人把巴赫的那一面给演奏出来。一个演奏家最重要的任务，不是让经典只是经典而已，而是要让经典拥有现代的意义，跟下一代人沟通。暗房的工作也是如此。

问：所以台湾故事馆也是要呈现未来时？

阮义忠：当年在《家庭》月刊，公司只规定我可以用多少钱，拍多少张底片，用多长时间完成稿子，创作的内容、表现的方式完全不受限制。

太过瘾了。

现在回头看，产量大到我自己都吓一跳。那时我结婚了，出去拍照变成一个人孤独的旅行。我非常享受那种探险的感觉，好像整个宇宙都只有我一个人。那是一种极大的幸福感。

我试着进入每个地方，因为要拍照，还要写文章，要寻找值得记录的故事。杂志篇幅有限，没有发表的作品太多了，多到我觉得以后都不大可能曝光了，因为一定需要理由。

我最主要的作品都已经发表了。2020 年 7 月 20 日是我 70 岁的生日，我觉得这个数字很好，202020，当中画一个 7，这是很好的标志啊！我把标志都想好了。我打算到那一天，把我的 10 本最重要的摄影集重新出版（现在已经重出了 6 本），《北埔》《八尺门》《人与土地》《台北谣言》《四季》《正方形的乡愁》《失落的优雅》《有名人物无名氏》，再加上《回家的路上》，还有我拍我师父证严法师的《恒持刹那》。我准备盒装起来，起名《台湾民间影像史册》，在台北"国家图书馆"举行发布会和赠书活动。

我想这是我最重要的作品了吧，这么精挑细选。但是，那些没发表的就不够好吗？台湾故事馆给了我继续整理的理由。比如这次的《花东纵走一九七九》，是我在台湾岛最长的一次旅行，那时交通很不方便，我花了两个星期，绕着东岸行走。以前没有整理，它们永远停在档案里。

问：你的《花东纵走一九七九》和蒋勋的《池上日记》，在布展上有什么呼应？

阮义忠：我会整理《花东纵走一九七九》，完全是因为看到蒋勋的《池上日记》，这本身就是互动。如果故事馆只有我的作品，受众永远在摄影圈。当然，我在大陆也有很多文字读者，但是，摄影家仍然是我最明显的标签。我知道我的文字现在在台湾不是很重要，但我完全相信，以后我的文字也会留下来，因为我记录的是台湾民间故事。下一代人会知道，我为他们做了什么。

台湾故事馆不只是我个人的陈列馆，我也在整理别人的作品，春天是作家黄春明，夏天是美学家蒋勋，秋天是古建筑专家李乾朗，冬天是水墨画家李义弘，领域都不同。

李乾朗一直努力地调查台湾的古迹，画了很多建筑剖面图。他有几张照片让我过目不忘，摄影的偶然性太高了，我一直以为他的摄影作品一定都很好。故事馆举办第一档展览时，我就和他谈好了，结果黄春明和蒋勋的作品给了他很大的压力。我看到他选出来的照片，有点失望。他总想着台湾建筑界有哪些人、哪些建筑不能漏掉，如果那些人刚好出现在那些建筑前面就最好了。这样想也没错，但是影像张力不够强。后来我做了一个决定，照片少放，把他画的建筑剖面图的原作展出来。这个展览和谁的都不一样，而且大家都会说好。我跟他商量，他太高兴了，简直是一块石头落地了。

做这个展览，空间也要改，我会做一道屏风展出他的手绘古迹图，自己展出一组台中《雾峰莱园1977》的照片。这个建筑在台湾历史上很重要，可惜"九二一"大地震时全部震毁了。

问：这种展览形态就像在做杂志啊。

阮义忠：当然啦，我是做杂志的高手嘛！

我希望每年按照春夏秋冬做四个展览，展出的大部分是没有发表过的作品，而且能看到更原生态的时代氛围，没有刻意的艺术表现的痕迹。有时越想强调一些什么，反而会削弱一些什么。这么一想我就来劲了，挑选照片不再像以前那么主观，会多考虑别人的感受，整理起来也很过瘾。

我是够勤快的人了，现在进暗房比以前还勤快。感觉太好了。

问：你设立的奖项叫摄影人文奖，展馆叫台湾故事馆，强调"人文"和"故事"，为什么不叫摄影艺术中心？

阮义忠：以后会有一个阮义忠摄影中心的，摄影人文奖和台湾故事馆都只是它的一部分。

我要求自己如果在台湾，尽可能每星期来这里两天。但我比较坐不住，我是那么爱工作的人，太享受的时候会有点内疚，所以我希望这里可以有暗房。宜兰市公所很配合，马上申请经费在隔壁做暗房。我又想，如果这个暗房每周只用两天，是不是太浪费了？我想把它变成教学场所和图书馆。但我不想再亲自教学，的确太花体力，我就把阮玺拉进来，由

阮义忠希望把台湾故事馆打造成一个平台，把不同领域的人物和公众聚拢起来。
（摄影：杨镇豪）

他负责教学的部分，也会吸引更多年轻人。

故事馆在为台湾的影像文化资产做一个总整理，这在以前不可能，以后也不容易，因为要因缘际会。未来我们还要继续播种，这是一个母馆，一切从这里开始。北部有了，南部也需要有一个。大陆也要有啊，可以从这里开花结果，移植过去。最近，温州有爱好摄影的朋友和我沟通，准备筹划楠溪江故事馆，那里的古村落有很深的文化积淀。这是一件好事，这并不是仅仅复制我们的成功经验而已，更重要的是，我们激发了别人保存自己的乡土精神、保存自己的影像文化资产的愿望。我在抛出各种可能性，看哪个人去促成。

我不是谦虚，也许有人会说我自大。如果在台湾成立一个纯粹的摄影艺术中心，任你是布列松、是亚当斯，一点用都没有，你和民众太远。所以我希望，名气比我还大的文化工作者，用他们记录的台湾影像，变成故事馆的一部分，让故事馆成为对外传播的平台，把大家聚拢起来。

学院之光

【采访时间：2014 年，2017 年】

短短十几年间，新生的台南艺术大学获得世界性声誉，跃居亚洲陶艺教育的中心。陶艺也不再只是对传统的恪守，更在全球化的语境中找到了属于自身的表达。

张清渊（Ching-yuan Chang）

陶艺家，陶艺教育家。1983 年毕业于台湾艺术大学，1991 年获得纽约罗切斯特理工学院美国工艺家学院硕士学位。1997 年至今任教于台南艺术大学，担任材质创作与设计系主任，应用艺术研究所教授。他是美国陶瓷教育协会会员，还曾担任罗切斯特理工学院美国工艺家学院客座教授、密苏里大学访问学者，作品被多座博物馆收藏。

摄影：马岭

塑者自塑

五吨泥。

张清渊独自一人，在纽约罗切斯特理工学院美国工艺家学院的工作室里，花了三个星期炼泥。所有的步骤全靠自己手工完成，从选择原料干粉开始，泡水、过搅土机、塑形、烧制，泥土最终在他面前变成一座巨型雕塑。他也借此，完成了对自己的重新塑造。

1993 年，依靠这件毕业作品，张清渊获得罗切斯特理工学院颁发的硕士学位，这件雕塑则被纽约州立公园收藏。这是一次学习历程的结束，却是一场思想蜕变的开始。

张清渊与陶艺结缘，始于读本科时。在台湾艺术大学，他选修了林葆家教授的陶艺课，毕业后又进入"陶林工房"，成为林葆家的助手。林葆家早年留学日本，将现代陶艺引入台湾，被誉为"台湾现代陶艺之父"。在老师的言传身教下，张清渊却选择了另一条路。20 世纪 80 年代中期，各种西方当代艺术展览进入台湾，新锐而深刻的形态让张清渊倍受启发，他认定这才是自己想要寻找的艺术表达方式。他前往美国留学，师从陶艺家理查德·赫胥，正是试图沿着这个方向走下去。

然而，留学美国的三年里，一股强烈的文化冲击始终困扰着他。这种冲击并非

20 多年过去了，张清渊极少再做巨型雕塑。他的几件新作，包括造型独特的斑驳茶壶，只有手掌大小。（摄影：马岭）

来自异乡，而是来自故乡。"戒严令"牢牢地捆缚着台湾社会，钳制着人们的思想，如同一道无形的枷锁，令人压抑、绝望。在美国，通过阅读，他才获知了一些真相，曾经接受的教育遭到颠覆。原来自己年近三十岁，却并不了解故乡。

于是，当时西方世界盛行的性别议题、种族议题、社会政治议题，都让他更加感同身受，他也开始用一种批判与反省的精神，来思考自己的创作和母体文化之间的关系。

从零开始

回到台湾，张清渊前往母校台湾艺术大学任教。几年后，台南艺术大学正式成立。校长汉宝德邀请张清渊南下，创立陶艺专业。张清渊也迫切地想要换个环境，但是，这也意味着，一切都要从零开始，重新出发。

张清渊无暇他顾，只是踌躇满志，构想着一系列恢宏的计划。他想为学生创造最好的学习条件，准备优质、完善的设施，并努力促成国际交流的机会。他想把自己在学生时代所向往的一切，都带给学生们。问题在于，无论是兴建教学楼、采购设备还是延聘名师，都急需资金。学校初创，资金并不宽裕，所有的学院都嗷嗷待哺。张清渊无法等下去，他决定另辟蹊径。

张清渊认为，陶艺创作应该回归艺术的本质，要通过观念进行艺术表达，而不是把传统中的形式简单地转换成新时代的语言。他也一直这样进行探索。（摄影：马岭）

几经辗转，他竟为学院募来一笔资金。带着这个喜讯，他重新敲响校长办公室的门，请第二任校长黄碧端拨款，协助完成计划，补足缺少的数额。

筚路蓝缕之间，台南艺术大学的陶艺专业创办起来，最初的目标就很明确，致力于培养研究生。除了帮助学生形成创作理念，张清渊还特地开设了一门具有独创性的课程，讲授二战后当代陶瓷发展思潮。他希望学生们厘清自我创作的脉络，清楚自身在陶瓷发展史上的定位，并找到自己的方向以及掌握解决创作问题的能力。

台南艺术大学的陶艺专业，形成独特的传统。学生们拥有丰富的海外交流机会，甚至能够到艺术村做驻村艺术家。毕业作品不是一件作品或者一篇论文，而是要在专业画廊举办个展，并且清晰地描述整体的创作和布展理念。张清渊不希望学生们过早进入市场，而应当先利用学术性环境来检视自我，建构出较为完整的创作脉络。但是，他也试图尽一切可能让他们充分、直观地了解当代艺术运行的语汇和潮流，能自己做出判断与选择。

每年他都会带领学生前往美国参加陶艺展，他们逐渐从几乎无人问津的团队，变成备受瞩目的中心。他们的作品在美国各地巡展，一些西方年轻人开始申请到台南艺术大学就读，而世界各地的顶级陶艺家则纷纷提出，希望来做驻校艺术家。

在台南艺术大学，各国艺术家获得充分的创作空间，不需要承担教学压力。张清渊只是要求，他们在创作中涉及的所有配方、步骤，都必须与学生分享。学生们置身于这种国际化的创作环境中，与艺术家朝夕相处，相互探讨激发，都在潜移默化中获益。

陶艺家们临走时，往往会主动留下一件作品。每年圣诞节和母亲节，台南艺术大学会举办两次市集，这些作品在集市上出售，换来的资金再继续支持下一位陶艺家前来驻校创作。就这样，不成文的默契形成良性循环。

火山苏醒

所有的努力，都在渐渐发酵。2008年，日本美浓国际陶艺竞赛，徐永旭凭借大型雕塑《界·逾越》摘得首奖，这是世界陶艺界最高荣誉之一；同年，朱芳毅获得台湾国际陶艺双年展冠军。他们都是张清渊的学生。此后，他的学生们开始在各类国际展览和竞赛中崭露头角，而在台湾当地举办的各类陶艺比赛，绝大多数奖项都被台南艺术大学陶艺专业的毕业生包揽。

短短十几年间，新生的台南艺术大学获得世界性声誉，跃居亚洲陶艺教育的中心。陶艺也不再只是对传统的恪守，更在全球化的语境中找到了属于自身的表达。

罗伯特·芬雷在他的名作中这样阐释陶瓷的丰富内涵与独特意义："它是想象力的运用、习俗传统的表露、社群意识认同的陈述、社会凝聚的彰显、身份地位管理的载体、自我的物象化呈现，也是社会价值的具现。"然而，千年以来，绝大部分制陶者对此浑然未觉。他们只是在师徒制的传承中悄然藏起属于自己的声音。而如今，经过学院的锤炼，新的一代人将会明白，陶土也可以成就艺术家，就像泥土能够成就米开朗基罗和罗丹一样。这是陶瓷史上新的一页。而它其实更像一座刚刚苏醒的休眠火山，磅礴的能量仍在持续显现、偾张。

张清渊自己也发生着微妙的变化。20多年过去了，他极少再做巨型雕塑。台南艺术大学的工作室里，桌上摆着几件新作，造型独特的斑驳茶壶只有手掌大小，另外几件，也可以用双手轻松捧起。

早过了知天命之年，他似乎也变得更加从容、放松，可以更坦然地面对从前的梦想。当年他梦想着成为雕塑家，现在却在陶艺和教育的双行道上找到归宿。是做教育家，还是做陶艺家，在双重身份之间做出抉择，渐渐地不再是一个痛苦的"哈姆雷特之问"。每年，他将三分之二的时间留给台南艺术大学，推进教学实践；三分之一的时间则去海外，专注于自己的创作。他也希望通过这种方式，可以有所抽离，从旁观者的角度重新审视自己与文化的关系，寻找未来的方向。

日上中天，工作室里学生们仍在孜孜不倦地捶打陶土。张清渊听着这鼓点般的声响，便想着，也许过几年，自己还会再做一个大型雕塑吧。而那时的思考与心境，自然是不同了。

建立国际化关联

问：在教育者和艺术家之间，你有身份的焦虑吗？

张清渊：创作是很个人的事情，而要付诸教学，就要保持一定的客观性。对一些艺术家来说，挑战太大，妥协太多，他们不太愿意接受。也有的人是为了薪水而选择进入学校，可是又不愿放弃艺术创作，这两方面太纠结，并不好。

我还是把自己定位为创作者，不喜欢别人写序、写评论。我不是评论者，不能通过自己的喜好去影响读者。我的坚持是这样的。每年我会有三分之一的时间离开台湾，不然无法消化自己的思绪。我会到海外去创作，有时也会教学，脱离了现在的环境，思考会不一样。

在西方，艺术院校的老师每隔四五年可以轮休半年或一年。我们也有这个制度，大学教授可以教学四年，休息半年。而在亚洲的其他国家和地区，并没有这样的制度。为什么在亚洲很难通过学校去培养国际级的艺术家，这也是一个因素。

张清渊认为，"西方将材料视为一个媒介、一种工具，没有太多沟通的可能，人为进行一种主导式的操作。而在亚洲，工艺创作人尤其是陶艺家，基因里体现着对材料的尊重。"（摄影：马岭）

问：当年你到台南艺术大学创办陶艺专业，是怎样规划的？

张清渊：我们的目标很明确，培养硕士和博士。教学的过程，其实也像是在创作、在实验。

我们是从零开始，当年连工作室都没有。回想自己做学生时，想要获得而获得不了的东西，我要想尽办法提供给学生，让他们没有我当时的遗憾。比如，设备一定要完备。我和学校沟通，学校无法立即提供，我就尝试寻找私人基金或企业赞助。这个工作室和窑场就是我在外面募捐了百分之二十的经费，再到校长办公室寻求补助。我无法等待学校一步一步地建设。台湾的大学不能向银行借贷，也不能扩招，我们坚持一年只招收四个学生。

我做学生时，多么饥渴地想要学习新的知识，可是没有资源。所以，我就把海外的艺术家带进来，然后每年再带学生到海外去。十几年来一直如此。学生在校的三年里，只要经济条件许可，我会把他们送到海外去，至少半年。

他们毕业后，如果真的想进行创作，我就和海外各个艺术村联系，让他们去做驻村艺术家，至少半年。让他们知道，做一个艺术家，要怎样计划自己的工作。工

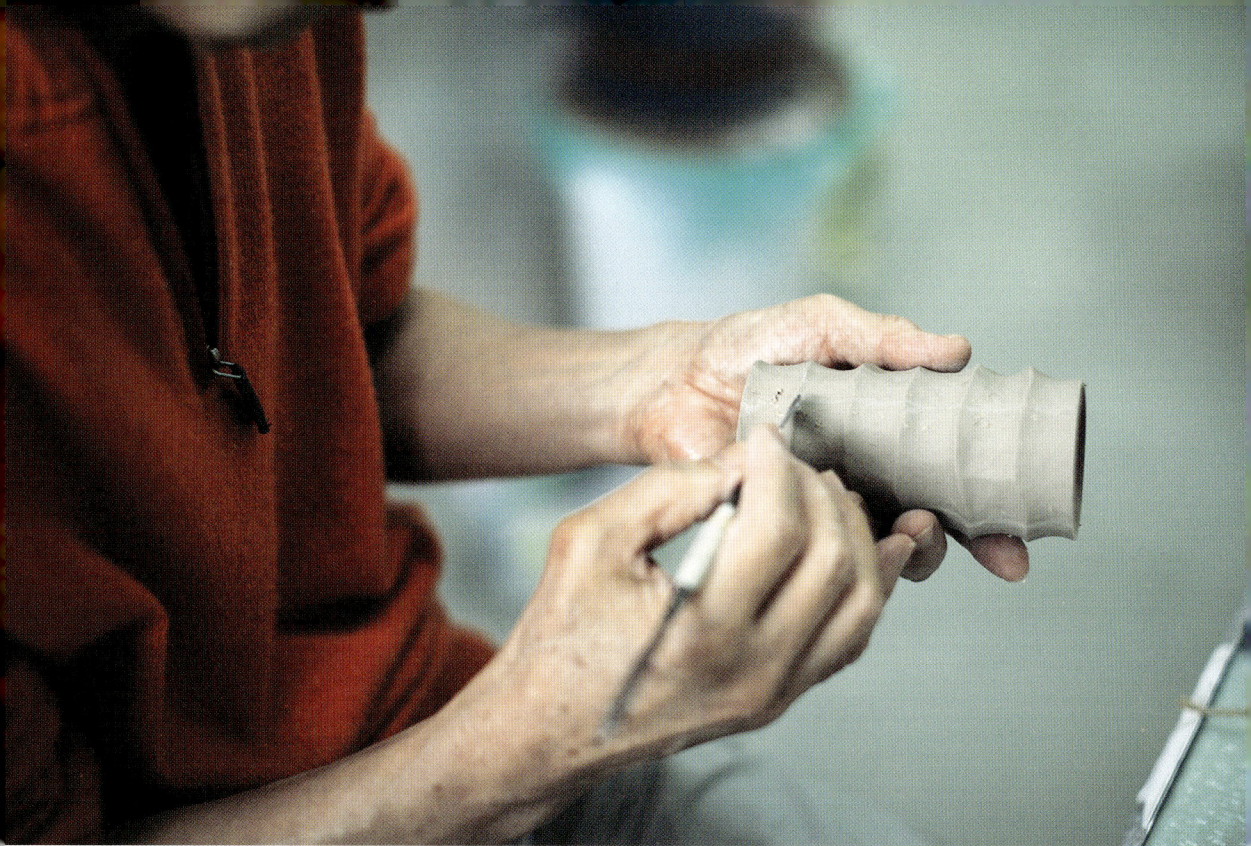

张清渊深信，陶艺家应当身体力行了解材料的特质，陶土本身的特质和它可以达到的状态，都需要人与之沟通。（摄影：马岭）

作不是只有在工作室创作，工作室以外也非常重要。最基本的，比如怎样拍照才能把你的作品拍得效果更好，比如怎样规划一个展览。对一些细节问题要坚持、掌控好，但是，在某些方面也不能强人所难，超乎理性。这些意识不见得能在学校里建立，在海外，通过观察，他们可以慢慢了解，自己来做。

问：学生自己会做出选择。

张清渊：是的。徐永旭在这里念书三年，我送他出国三次，他做论文的时候延长了半年，又让他出国一次。他其实有很

长时间都待在海外，而回到这里，遇到的海外艺术家也非常多，他会在这个过程中，自己做出判断，做出选择。当然，他的个性也很成熟，他比我年长4岁，快60岁了。当时他说要考我的研究生，我说，你不要开玩笑，你已经是蛮受欢迎的艺术家了。他说这是真的。我就告诉他，如果你还是做传统的东西，不可能让你来。他也同意，我们一开始就达成一致。

如果没有学院的刺激，他也可能到达一个停滞点。来到这里，他真的完全丢掉之前的东西，重新开始。他是在一个足够的厚度上重新开始的，这和年轻一代不同。

问：这种国际关联是怎样建立起来的？

张清渊：刚开始我带着学生去美国参加陶瓷年会，别人不把我们当一回事，我觉得完全可以理解。后来，我们作品的风格逐渐成熟，从2006年开始，很多外国学生想来念书，一些欧美陶艺家也开始对我们产生兴趣，他们想要离开自己生活的环境，在新的空间里寻找不同的创作方式，我们会尽量提供帮助，他们的工作方式也会影响到学生。每年来的艺术家至少有6位，最多的时候有十几位，还有一些艺术家来过很多次。现在要来的艺术家已经排到两年以后。

这些艺术家来，我们的经费只有不到十分之一是政府提供的，其余的都是外面赞助的。一些来自海外的艺术家知道我们的经费来源，就把一件作品留下来。从1999年开始，学校每年有两次集市，一次在圣诞节前，一次在母亲节前，很纯粹，一点也不商业。在集市上，他们的作品被卖掉，储存的经费，可以让下一位艺术家再来，这样变成良性循环。

我们用了十多年把这个研究所做好，建立国际关系，在亚洲乃至全世界，很少有哪个陶艺领域的研究所能像我们这样国际化的。

"看见"与"看进"

问：陶艺创作的教育，也需要诸如艺术史、思想史之类的课程来帮助学生完善思路吧？

张清渊：在这个研究所的设置中，人文课程占有一定的比例。有很多跨所的课程可以修，比如哲学、美学、社会学，比如纪录片、雕塑、绘画。还有四门理论课程，其中我教二战后当代陶瓷发展思潮。二战后，陶瓷进入所谓的当代，成为艺术创作的媒介。艺术史是从世界文化艺术的兴起讲到文艺复兴，那么，做陶瓷的人怎能没有陶瓷艺术史的知识积累？在亚洲没有这样的课程，但我觉得这很重要，是一个基础性的课程。

以前，艺术学院的学生积累知识和经验，基本都来自视觉，而不愿深入去了解在形式的背后，观念是如何发展的。我一直强调，艺术表现有两个基本关键：一是看见（Seeing as），一是看进（Seeing in），一般学生只是看见，而无法看进。但这不是他们的错。东西方文化不同，必须用适当的方式，让学生知道西方文化酝酿的过程，以及与社会、人文的联系，慢慢地打破他们只关注视觉的习惯。我觉得，这也是中国大陆的艺术教育中很迫切的需求。

毕业论文答辩时，每个学生必须做一个个展，不是几件作品，而是要在非常专业的画廊里，用完整的观念来进行表达的个展。展览必须要有创作论述。考试委员必须三位以上，一位是自己所里的老师，另外两位可以是外所、外校、外国的专家。面对所有的质疑，学生们必须要有清楚的思路来回答、阐释。

问：大陆的年轻一代有些迷惑，他们在学校里接受的教育，仿佛雕塑才是艺术，陶瓷却被认为是工艺美学。

张清渊：这可能也是受"万般皆下品，唯有读书高"的士大夫观念的影响。亚洲，也许除了日本以外，都面临一个严重的问题，就是西方当代艺术进入亚洲之后，对所谓的实用和非实用进行了明显的切割，区分成艺术与工艺。我觉得这是很荒谬的。西方所谓的艺术和工艺，是在工业革命后被明确区隔开的，他们希望通过机器取代人工，进行大规模生产，通过很好的设计，在制造程序里去除烦琐的细节，获得最大利润。他们把设计和工艺，或者说所谓的文化创意产业，推行到极致，但是，手工艺的部分就相对薄弱。其实，亚洲不必跟着这样走。如果我们回归到创作就是表达观念这个问题，谁说器皿不能表达观念？中国历代有太多器皿，能

多年来，张清渊致力于为学生提供国际化的创作与交流环境，来促进他们的成长。（摄影：马岭）

从中阅读到当时的社会状态、审美观念等等信息。

问：器物本身承载了丰富的内容。

张清渊：其实，近年来，西方对这个问题也有反思。如果创作的过程中对材料不屑一顾，没有身体力行地参与，怎么能了解材料的特质？尤其在陶瓷领域，陶土本身的特质和它可以达到的状态，都需要人与之进行沟通。西方没有这方面的哲学思想，**西方将材料视为一个媒介、一种工具，没有太多沟通的可能，人为进行一种主导式的操作。而在亚洲，工艺创作人尤其是陶艺家，基因里体现着对材料的尊重。**

我的学生进来首先要面对的问题是：为什么要用陶瓷？这个材料能帮你做什么？它不能帮你做所有的东西，你需要寻找适合自己的材料。另外，如果现有的技术达不到，如何找到新的技术，忠实地表达观念？这个可能存在的技术，会有新的价值。当技术不能服务于观念，它的存在是很荒谬的。

这其实能引出很多话题。比如，近年来台湾陶艺家研制的釉药，在大陆很受欢迎。像汝窑、天目等等。这些技术在传统中都存在过，为什么在台湾能重新发出不同的声音？从某种程度上看，好像还是对古物的重新诠释，形式上未必很快就发生改变，但是，它们被重新发展出来，用

的材料已经不同了，这也是视觉与观念的差异。对釉药有兴趣的人，需要思考这些问题。

问：经过不同个体的探索，形成风气之后，一代代人会走出新路。

张清渊：一定要这样。**艺术家的工作就是不断否定，没有否定无法产生新的东西。**回到刚才的问题：陶艺家和艺术家有什么不同？我反而觉得，陶瓷需要更专业的养成过程，材料、技术、烧成，都比较烦琐。

反倒是现在很多画家不愿意碰触材料，当然，有人也会自己处理矿物材料，但这和陶瓷还是不同。还有些画家的画卖不出去，就到景德镇画瓶子。这种转变，也许只是利益驱动。当绘画进入器皿，它所呈现的状态和艺术性的语汇，都会发生改变，最简单的一个质疑：你的绘画怎样和器皿、器形做结合？

20 世纪 50 年代，毕加索在器皿上做彩绘时，他的冲动是完全不一样的。

回归艺术的本质

问：你怎样定义传统？

张清渊：**我们对传统的理解，是建立在观念上的连接，而不是建立在形式上的连接。必须通过自己对知识的研究，让这种连接更清楚，而不是把传统中的形式简**

单地转换成新时代的语言。不是这么容易的事情。否则，回归到谈设计就好了，不必谈创作。

问：你的创作中体现了很强烈的现实意识和批判精神，这在中国陶艺创作中很少见。

张清渊：我在美国的时候，艺术界对性别议题、种族议题、社会政治议题的探讨很多，有强烈的批判性在作品中呈现，我也开始思考自己的创作和母体文化的关系。

陶瓷创作，大部分还是从传统的思维中翻找。其实，我们更应该回归到艺术的本质，要通过怎样的观念进行艺术表达。以后当你的作品变成一种史料的时候，后人从你的作品中能阅读到当时的社会状态。这对我影响很大，甚至直到今天，我从美国回来接近 21 年，我的创作还在试着跟台湾社会的变化产生连接。西方对我的影响，不是它的形式，也不是它的观念，而是艺术品存在的价值。

回到台湾后，我也慢慢地从更多元的文化角度来观看台湾的历史与现实，台湾地区和大陆的关系，和荷兰、日本的关系。这里的文化已经不是纯粹的单一文化，这也影响了很多台湾人思考的逻辑，以及社会运行的方式。艺术也是一样。

问：台湾的地域文化，是否有点像南宋？多元、精致但也限于一隅。

张清渊：我同意你的判断。但是台湾地区存在一个很有趣的现象，就是它的未知性和不确定性。大部分人认为这会影响地域文化的进展，我倒觉得，它反而会产生很有趣的状态，会有别于单一文化。我们当然可以从批判的角度来说这是一种嬗变，可是嬗变没错，它跟地域性特质的连接也没有断裂。台湾地区在上世纪下半叶产生了很大的隔阂，比如本省人和外省人的争执，可是这种伤痕在慢慢抚平，新一代对这些议题没有兴趣，就会有新的声音出现。这种不确定性是最有趣的。

天域黄山，如何进入公共生活

【采访时间：2016 年】

（本文图片由受访者提供）

时至今日依然很难精准地回溯，汪芜生的影像风格究竟如何成型。它仿佛突然降临，如同藏地说唱格萨尔王史诗的神授艺人，他们会在一梦之间记起失落的前世，变成另一个人。

摄影：田方方

汪芜生（Wang Wusheng）

1945 年生于安徽芜湖，2018 年去世。1972 年开始从事摄影工作，1974 年开始拍摄黄山，1981 年前往日本留学，长年旅居日本和美国。1988 年，日本当时顶级的美术馆之一东京西武美术馆为他举办大型个展，日本权威出版社讲谈社为他出版摄影集。他被日本 TBS 电视台、东京都摄影美术馆和《朝日新闻》评选为"20 世纪世界十大艺术摄影家"。欧洲三大美术馆之一的维也纳艺术史博物馆破例为他举办个展，这是该博物馆首次举办摄影展，首次举办亚洲艺术家个展，首次为在世艺术家举办个展。在联合国总部纪念联合国成立 60 周年的展览中，他的摄影作品与日本已故艺术大师东山魁夷的遗作一道代表东方美学。在美国华盛顿沙可乐美术馆的"黄山"特展中，他的摄影作品与弘仁、石涛等七位中国古代传奇画家的名作并置，他是其中唯一的摄影家，唯一的在世者。

景象与心象

汪芜生隐居在上海西郊，偶尔会有飞机从窗外竹影间掠过。渐渐地，他已经对此视若无睹，无论它们来自东京，还是飞往纽约。

他几乎不再外出拍摄，将更多时间留给"暗房"，独自与十几万张尚未系统整理的底片朝夕相处。底片里有日本的海，纽约、巴黎、东京、维也纳的都市景象，美国中部的乡村小镇和江南水乡的残垣断壁，有黑白也有彩色，都是持续多年的摄影计划，却从未发表过。欧美的画廊时常发邮件来，催问这些照片的下落，似乎只有汪芜生自己对此毫不着急，他依然忙碌于"天域黄山"新作的创作中，因为他对迄今为止出版的所有作品集都不满意，他要出版一本能让自己真正满意的作品集。

他仍在苛刻地对待这些底片，先在放大镜下反复比较挑选，制作出十几个版本，一字排在墙上，仿佛面对十几个孪生子，只有他看得出其间微妙的差异——局部的黑、白、灰稍显不同，浓淡搭配略有区别，方寸之间，足以造成天渊之别。有时，他甚至不是在挑选最满意的某一张照片，而是在寻找曾经震撼自己的景象与心象。

黑白梦影

绝大多数人是通过黄山认识汪芜生的，也有的人因为汪芜生重新认识了黄山。

人们往往无法相信，这些照片诞生于20世纪70年代和80年代。在红色美学的夹缝中，汪芜生却用黑白灰三色，为那个时代留下截然不同的注解。

时至今日依然很难精准地回溯，他的影像风格究竟如何成型。它仿佛突然降临，如同藏地说唱格萨尔王史诗的神授艺人，他们会在一梦之间记起失落的前世，变成另一个人。

汪芜生1945年出生于一个左翼文化人的家庭，自幼热爱文学、绘画和音乐，然而，在文化封闭与知识焦渴的年代，他的阅历与同辈人无异，他从父母的言传身教中受益良多，也从诸多艺术作品里获得过一些启示……这些积累与感悟显然极为重要，但它们似乎都不是决定性的。

更合理的解释或许是他和黄山的邂逅。1974年，当他孤身一人面对茫茫云海，将时代的喧嚣置诸身外，竟如老僧入定，恍然顿悟。多年后，在不同的场合，他依然会心怀感激地描述这样的感受："在黄山，我感觉到宇宙，感觉到历史，几亿年的石头，几千年的松树，让我感到自己的渺小，跟浩瀚的宇宙比起来，我们几十年的人生算什么呢？我在二十多

绝大多数人是通过黄山认识汪芜生的，也有的人因为汪芜生重新认识了黄山。（摄影：汪芜生）

岁第一次深刻地考虑人生的问题，在这短促的人生中，我该怎么活？怎么去挥霍上帝给我的这份财产？这确立了我的人生观。我下定决心要把一件事做好，完成它，我再离开这个世界，那就是呈现我心中的那座'山'。"

黑白灰的色调变奏在中国水墨画中比比皆是，当人们面对汪芜生的作品时，都可能误认为是水墨画，细看之下才会发现，他的摄影美学与水墨画不同。这不仅是宣纸与相纸的质感差异，他的画面与意蕴本身都更加现代，也更加超越。他的作品因此可以跨越国界，被不同文化背景与知识结构下的人们所理解，并为之感动。

汪芜生在摄影生涯之初，就明确了这种独特的风格，并一度为此饱受冷眼。他将作品带回供职的图片社，随即招来一片嘲讽，有的人不理解他的理念，有的人则怀疑他想以艺术家的身份对抗体制。这让他决定在 1981 年前往日本留学。

刚到日本，他同样受到了各种或善意或恶意的嘲笑。他在朝日出版局的暗房里放照片，日本摄影师半开玩笑地说，看他放照片就像在炒面条。他虚心地学习日本的技术规范，但在关键问题上依然固执己见。日本大学艺术研究所对黑白照片的色调有着严格规定，教授一再强调，决不能使用百分之百的黑色，这是摄影大忌。汪芜生不为所动。许多年后，黑成为他的独特风格之一，他的黑被美学家夏中义誉为"金刚黑"，巫鸿则形容它是"一种光滑的漆黑，好像是集中了所有的颜色"。

一些日本评论家开始将年轻的汪芜生称为"东方的亚当斯"，但他当时从未见过黑白摄影大师安塞尔·亚当斯的作品。后来，他终于看到亚当斯的画册，惊叹不已。他们的摄影风格确实有着惊人的相通之处，都执着于黑白摄影，聚焦自然，表现的则是抽象与超越的自然。但汪芜生不想重复别人的路，不想成为第二个亚当斯，或者第二个郎静山。他要开创自己的风格。

三十多年过去，他的理想显然已经实现。他被日本 TBS 电视台、东京都摄影美术馆和《朝日新闻》评选为"20 世纪世界十大艺术摄影家"；欧洲三大美术馆之一的维也纳艺术史博物馆破例为他举办个展，这是该博物馆首次举办摄影展，首次举办亚洲艺术家个展，首次为在世艺术家举办个展；在联合国总部纪念联合国成立 60 周年的展览中，他的摄影作品与日本已故艺术大师东山魁夷的遗作一道代表东方美学；在美国华盛顿沙可乐美术馆的"黄山"特展中，著名学者、策展人巫鸿，推荐将汪芜生的摄影作品与弘仁、石涛等七位中国古代传奇画家的名作并置，他是其中唯一的摄影家，唯一的在世者；最新出版的世界摄影史作品《摄影：权威的视觉历史》（*Photography: The Definitive Visual History*），则在亚洲视角这一章节中，专门探讨汪芜生的摄影美学，称他为"最重要的现代风格倡导者"。

意外的发现

当人们津津乐道于汪芜生在维也纳艺术史博物馆的传奇经历，让他欣喜的，却是一个意外的发现。

在维也纳，他发现了一种独特的灯。如今，这盏灯就藏在他客厅沙发背后的角落里，通过调节灯前的叶片，光束不偏不倚，落在他的一幅黑白黄山上。光铺在山石与云海间，不会向四周漫溢，甚至不会照到边框。当年，就是因为这种灯的存在，人们一进入维也纳艺术史博物馆幽暗的展厅，每幅照片都仿佛隐隐发光，观众的视线被完全吸引，很快沉静下来，心无旁骛。

回国多年，汪芜生一直苦口婆心地说服朋友们，制作这样的灯。他相信，灯光技术的革新，会让中国摄影展览的品质与观展体验得到提升。

这是汪芜生不为人知的另一面。

所有艺术家都会重视自己的展览，这一点当然毋庸置疑。汪芜生对艺术与空间的关系所保持的强烈敏感和各种大胆设想，却颇为罕见。在他看来，展览空间本身就是一个整体的艺术作品，在一些特定的展览中，摄影艺术只是其中一种元素，完全可以与声音、装置、气味等艺术形式相互配合，通过充分调动观众的"五感"，重新塑造出艺术与心灵相通的内在世界。

只有观众全身心地投入参与，艺术才会产生新的生命力，就像约翰·伯格在给苏珊·桑塔格的一封信里所写的那样："在照片的四周，我们必须建立一套放射性的系统，以便我们能同时以个人的、政治的、经济的、戏剧化的、日常化的和历史的观点来欣赏摄影。"

艺术与空间

汪芜生对艺术与空间的思考源于33年前。

1983年，他的巨幅黄山摄影被东京艺术大学教授茂木计一郎引入横滨古刹劝行寺，装裱在寺庙书院的隔扇门上。此前的上千年，障壁隔扇画一直都是日本古画或中国山水画。汪芜生的黑白摄影美学让这一史无前例的革新并不突兀，现代摄影更为古老的寺庙带来摩登感。此后，日本镰仓拥有近千年历史的神社鹤冈八幡宫，又以汪芜生的摄影重新装裱影壁。从前，摄影作品只会在美术馆或者博物馆展出，汪芜生的黑白摄影却让建筑家们看到另一种可能，摄影一步步进入公共空间，同时承担起实用与观赏的双重功能。

1988年，当日本极负盛名的西武美术馆决定为汪芜生举办首次个展时，他试图把摄影隔扇门也搬进展览现场。这个设想显然难以实现，但他立刻想到另一种古老的载体——屏风。

汪芜生一直相信，自己拍摄黄山的作品应该以巨幅呈现，评论家和观众们的反

1983年，横滨劝行寺将汪芜生的巨幅黄山摄影装裱在寺庙书院的隔扇门上，这在日本建筑史上是第一次。

1988年，日本时装设计师小野邀请汪芜生用屏风的形式展现他的摄影作品。

馈更坚定了他的观点。许多人看到他的画册，深受震撼，然而，等到他们从展览现场走出来，都会惊呼，画册与展览中的巨幅作品相比，实在有天地之差。问题在于，巨幅作品手工冲印后，运输非常困难，而屏风恰好可以解决这个难题。

在展厅中，屏风倚墙而立，从二曲到六曲，可平铺，可折叠，不同的展示形态带来不同的观看方式与视觉体验。汪芜生的构想能够成为现实，则得益于日本的匠人精神，他辗转多日，终于找到一位匠人，能把照相纸小心地揭开，只留下像宣纸一样轻薄的银盐乳胶层薄膜，装裱在屏风外框上。从此，汪芜生终于可以在日本手工冲好巨幅照片，以屏风的形式折叠运输，前往美国、欧洲的美术馆展览。

"戏剧性"的时空

从首次个展开始，汪芜生希望造就的就是一个充满"戏剧性"的展览现场。摄影家通过作品呈现出的意境，不仅可以被观看，也可以被倾听、被嗅到、被触摸……他希望与观众分享自己独自面对云海时的记忆——万籁俱寂中，四野倏忽隐匿的松涛声和鸟鸣猿啼，间或被风携来的草木泥土清香，以及亿万年前形成的岩石在掌心传递的余温。摄影家时而像《追忆似水年华》的普鲁斯特，时而又像被《命运》击中的贝多芬，试图在数百平方米的展厅内塑造一个记忆的场域，充分调动观众的"五感"，再放任观众进入各自的冥想与对话空间里，让艺术发挥更大的能量。

30多年前当汪芜生提出这些创见时，它们显然为时过早，有的理念在当时很难被理解，施行的过程中又往往囿于资金、人员、技术等因素难以完全实现。作为摄影家，他只能尽力从自己的角度做出革新的尝试。

1988年在东京西武美术馆举办首次个展时，他的作品以小幅为主，屏风则承担了展示大幅作品的功能。5年后的三越展，中央大厅的开放式空间终于给了他呈现巨幅作品的机会，通过屏风、立柱、横幅等形态，黑白黄山的韵律完全改变了空间的气场。他也逐渐无法满足于让摄影作品在同一视觉水平线上出现，在三越画廊中展出的作品，被尝试以阶梯状排列，大小也不再刻意地保持一致，整个展览的形态更像是一位欧洲古典收藏家在自家的宫殿里展示典藏。1994年，中国美术馆为汪芜生举办个展，摄影作品的排列方式更加多元，他甚至制作了装置，让一部分照片斜躺在地上，观众观展时，时而仰望，时而俯瞰，800平方米的展厅则被巧妙地分割开，造成曲径通幽的萦回感。

他希望展览不只是静态的呈现，现场还需要更多思想的震荡。早在20世纪90年代初，他就邀请文化、艺术、音乐界的代表人物，在黑白黄山中间，进行跨界对谈。在日本与他对谈的是文明史评论家森本哲郎、美术评论家室伏哲郎、画家池田满寿夫、小提琴家佐藤阳子等人，在中国则是学者季羡林、画家朱乃正、摄影评论家袁毅平、诗人白桦、表演艺术家秦怡……他相信，这些跨界对话能够为观众延伸出新的想象空间。

新技术的出现，不断带来新的惊喜，他也试图让艺术与公众的日常生活建立起更直接、更深入的连接。巨幕电影风靡之前的1995年，IMAX公司就拜访汪芜生，希望以他和黄山为线索，拍摄巨幕电影；好莱坞和东京的制片团队则计划与他共同创作一部将摄影影像、音乐、舞蹈、灯光等充分结合的新型抽象作品，在百老汇演出；回国定居后，汪芜生又提出一个极具想象力的构思，他试图以黑白摄影重塑龙阳路磁悬浮站与上海浦东国际机场，通过几十年来拍摄的黄山和徽州民居的影像，呈现"天"与"地"，旅客行走其间，形成天、地、人的交融。一个现代化的、忙碌的机场，将被艺术的力量重新激活，人们会在日常生活中进入永恒的诗意。

因为种种原因，诸多计划几经波折，最终没能实现，但是，一位艺术家对公共空间的拷问与探索，却值得深思。毕竟，让艺术与公众生活建立关系，拓宽公共空间，提升社会审美，不该只是艺术家个人的探索与疾呼，这本应是时代的共识。

心中的"天域"

问：拍摄黄山的摄影家很多，你的作品与众不同。当时你也只有二三十岁，已经形成独特的风格，不属于东方也不属于西方，它究竟来自哪里？

汪芜生：我是40后，40后是一个非常特殊的群体。

当然，40后也经历过一个相对宽松的年代。除了苏联文学，我也读过不少欧美文学，比如罗曼·罗兰、狄更斯、海明威。莫泊桑有一本书叫《漂亮朋友》，当时被看作"色情"小说。

从初中到高中，我们也接触了中国古典文学。我特别厌恶《三国演义》，里面充斥着各种尔虞我诈、权术和诡计，也不喜欢《水浒》的江湖气，小时候喜欢的是《封神演义》和《西游记》。当然，最热爱的还是唐诗宋词。

我下定决心要把一件事做好，完成它，再离开这个世界，
那就是呈现我心中被铸就的那座山。
——汪芜生

问：夏中义教授说你的作品体现出康德所谓的"崇高美"，与"婉约美"相对应。宋词也有豪放派与婉约派之分，你当时喜欢苏轼、辛弃疾的词吗？

汪芜生：我反而很喜欢李清照的词，还有陆游的词，很喜欢这种细腻的情感。

问：所以你的作品中，也有许多耐人回味的细节。

汪芜生：也许是这样的。我对人世间的尔虞我诈很厌恶，于是，面对黄山的景观，那个完全超脱人世间的世界，我被震撼了。

虽然当时我才二十多岁，但是已经经受了很多事情。1966 年 6 月 12 日，我是我们大学第一个"反革命分子"。后来，巫鸿写文章说，钱谦益和宗炳都有过类似的经历，他们也是在纷乱的年代过着变化无常的生活。但是，他在我的作品中完全看不到一点这样的痕迹，它们完全凌驾于尘世间的尔虞我诈之上。也许是因为我的性格使然，不管受了多少苦，很快就会忘掉，不愿意记住那些丑恶的、黑暗的东西，所以，在我的作品中也不会出现痛苦的情绪。

第一次上黄山，是决定我的整个人生的一个事件。我拍摄黄山的作品被称为"天域"，其实这不完全是我定义的，我原本起的名字是 Celestial Mountains（天山），天上的山。但是纽约阿比维尔美术出版社的编辑听从了巫鸿教授的提议，说下面还要再写 Yellow Mountains（黄山），重复了，他们起的名字是 Celestial Realm（天域），非常好。黄山的风光正是超越凡尘之上的一个景观、一个领域。

在黄山，我感觉到宇宙，感觉到历史，几亿年的石头，几千年的松树，让我感到自己的渺小，跟浩瀚的宇宙比起来，我们几十年的人生算什么呢？我在二十多岁第一次深刻地考虑人生的问题，在这短促的人生中，我该怎么活？怎么去挥霍上帝给我的这份财产？这确立了我的人生观。我下定决心要把一件事做好，完成它，再离开这个世界，那就是呈现我心中被铸就的那座山。

我原本的人生经历并不多，究竟跟什么产生了共鸣，这是很复杂的心理学问题。是不是像荣格所讲的，是人类共有的一种集体无意识？这些自然景观早在我们人类诞生之前就已经存在，按照海德格尔的说法，是天、地、人、神四重奏的自然；按照中国古代的说法，是天人合一的自然景观，是一种精神和物质合二为一的景观。所以，即便我在欧洲、美国举办展览，他们的文化与东方不同，但他们能够理解。这是一种人类共通的、很微妙的东西。

问：具体到拍摄黄山的过程，经历过什么变化吗？

汪芜生：我也拍过彩色的黄山，我也看了能找到的所有摄影家拍摄的黄山、画家画的黄山，但它们都不是我想要的黄山，都不是我心中的那座山。

我就决定用自己的方式来拍摄，带回图片社里给同事看，很多人无法理解。当时我也时常会自我怀疑。但是我想，为什么一定要重复别人的路呢？我一直坚持寻找并呈现自己心中的黄山，就这样一直到今天。

问：你以前讲过，5% 的时间用来拍摄，95% 的时间是在暗房里不断地思考、实验。

汪芜生：现在我很少拍摄新作品了。我的底片库里有大量的素材还没有整理，要一张一张去做。这些底片仅仅是素材，仅仅记录下了我跟黄山的相遇——在景观的冲击下按下快门的那一刻。那一刻当然非常重要，它浓缩了我几十年人生的感悟，但那一刻也仅仅是素材。

很多人问我，拍摄黄山要表现什么。我表现的不是黄山，我表现的是自己的内心世界，是我心中的一座山。古人画山水画，叫作"胸中有丘壑"，它不只是现实的自然界的景物，而是像王国维说的，意与境浑然一体。黄山触发了我的人生感悟，冶炼了我，也造就了我。我的审美观、价值观，都与黄山的那个景观融为一体了，分不清主观的意和客观的境之间的关系。

按下快门以后，一切都留存在底片上。把素材变成一幅完美的作品，中间可能就差薄薄的一层纸，为了突破这层纸，要花费 99% 以上的时间和精力。

我把底片印成小样片，用放大镜一张张选。然后放得稍微大一点，再选，尝试调整不同的色调，反复实验。是用一号纸、三号纸还是四号纸？

该用什么样的滤色镜？我反复比较不同的感光，这个地方 100 秒，那个地方说不定 300 秒。

以前是全手工，用放大机，现在用电脑方便多了，但是一样费时间，是一个自我挑战的过程，也是一个认识自我的过程。你为什么觉得这样最好？要反复问这个问题，直到得到一个满意的答案。

任何视觉作品都有一个框，不管是方框、圆框还是三角框，这个框里浓缩着一个宇宙，这个宇宙充满各种要素，视觉上有线条、有色块、有浓、有淡、有虚、有实、有动、有静，有具体的被摄体以及他们的行为动作的各种体征特点。它们共同组成了这个小宇宙的"气韵"。那么，浓和淡、虚和实、线条和块面，怎么处理？怎样构图？怎样经营位置？你有没有本事驾驭它们，让它们抒发你胸中的丘壑，并且传达给观众，这就是艺术。

问：纪实摄影界有所谓的"决定性瞬间"，你的作品在拍摄时其实体现出另一种"决定性瞬间"。黄山景象瞬息万变，仅仅 0.1 秒的差别，影像就会完全不同。你非常执着于等待与捕捉。你怎样看"决定性瞬间"这个命题？

汪芜生：那一瞬间很不容易，你的整个的人生感悟会浓缩在那一瞬间爆发出来。

有一位著名的旅美日本摄影家，中国大使把我介绍给他，想让他给我帮忙，结果他把我原来在岩波书店的合同拿去了，我很生气，好在日本更著名的讲谈社来找我合作。后来我们不约而同在黄山相遇，站在同样的位置，他用大画幅相机，但是，拍出来的结果大相径庭！黄山的风景瞬息万变，这一秒不按下快门，第二秒完全就变了，一切都要看你的感觉，这种感觉是你积累的人生经历与感悟。

问：所以你选择相机，也不会用大相机，而是用机动性比较强的 135 相机？

汪芜生：对于选择相机，一些日本摄影家也有误区，他们经常追着最新款的相机、最贵的相机，我告诉他们，如果你是相机收藏者的话可以理解，但作为摄影师，相机是你的工具，你首先得想你要拍什么，你拍的这个题材有什么特点，然后再去找适合你拍摄对象的相机。

黄山瞬息万变，你在这里等了半天，说不定另一个地方出现了一片奇特的云海，你要跑过去，像打仗一样。我也想用 8×10 英寸的大画幅相机，拍出来的效果真好，可是等你把它拆好再跑过去，云海早就没了。

问：但是，你的作品在美术馆展出，更倾向于用大尺寸来呈现。135 相机拍的照片放大后，是否会有问题？

汪芜生：早期我只能用 135*，后来出现了 645。所幸，当时正好有一种特殊的超微粒胶片在日本出现，太棒了！它是工业设计或者显微摄影用的，非常适合我。但是它有局限性，感光度太低，必须用三脚架。

我所有的作品，99% 是用这种胶片。2005 年，这种胶片在柯达公司停产，我赶快找朋友在美国买了很多，存在冰柜里。这是一些不得已的办法，但是看来还是成功的。

冥冥中，我很早就觉得我的照片应该要大，后来夏中义教授说这是对的，我要表现的影像，按康德讲的，是崇高美。他还做了一个对比，迈克尔·肯纳的照片就不能大，他是婉约美，是秀美、优美。我的山的气势需要大。我的展览也证明了这一点，观众拿到我的画册会大加赞叹，但是一旦看完展览，那些大幅的照片，他们会说，画册和展览相比，还是有天地之差。展览实在太震撼了。

以"五感"造境

问：你1981年前往日本留学，黄山作品在日本引起反响是什么时候？

汪芜生：1982 年 2 月，《朝日画报》用 7 个版面介绍我的作品，引起比较强烈的反响。报道刊登出来第三天，就有一位建筑学家来找我。他叫茂木计一郎，是东京艺术大学教授。人生的际遇很难解释，我们在很多观

---

* 135 相机是指使用 135 胶卷的相机。135 相机的胶卷画幅是 36mm×24mm，算上高度和上下的方形齿孔总高度是 35mm，所以也被称作 35mm 相机。——编者注

1998 年，汪芜生在维也纳艺术史博物馆举办摄影展，同期展出的是亨利·摩尔的雕塑展。这是这家著名博物馆首次举办摄影展，首次举办亚洲艺术家个展，首次为在世艺术家举办个展。

点上完全契合。茂木先生是我的恩师，也是终生的忘年交，后来不管我在维也纳、纽约还是上海办展览，他都会到现场。

当时茂木先生在翻修横滨的一座有 400 年历史的古庙，要建造一座书院，所谓书院，就是日本庙宇中僧众集会的地方，中间一个大厅，有隔扇门，按照传统都是用日本画，或者中国山水画（他们叫南画），用宣纸裱在门上。

茂木先生希望有一些摩登的、现代的呈现，但是也要跟空间产生一种"气"的和谐呼应。他看到我的照片，非常激动，很快通过朝日出版局找到我。一年后，新的书院落成，我的照片被用在隔扇门上。这在日本建筑史上是第一次。

问：摄影作品通常会出现在美术馆或者是博物馆，挂在墙上。当它和建筑空间结合，观看体验有什么不同？

汪芜生：把照片用在日本的建筑物中，对我触动很大，我也开始对空间产生兴趣。1988 年，我在东京西武美术馆举办第一次摄影展。我希望展览空间是一个整体的艺术空间，观众们进入我的展厅，就能进入我的艺术。**一幅好的视觉作品，可以同时启发所有的感官，引起共鸣。**有一次，上海交响乐团的老指挥家曹鹏先生看了我的展览，他说，他从我的照片里听到了音乐。我确实很想在展览中充分调动观众的各种感官。

比如触觉，我想放一个树桩，铺一点沙，搬一块黄山的石头放在展厅中间，大家可以抚摸它，这块几亿年以前从地壳里涌出的岩浆凝固成的石头，会让大家感觉到时间的存在。还可以通过空调送一点微风进来，忽冷忽热，这是我在山里的感受，我太怀念这种感觉，也很想与观众分享。

比如嗅觉，山里有松林、花香、泥土的气味，气味专家完全能制作出这样的味道，通过空调风，一阵阵送来。

比如听觉，以前我在黄山上，只有我一个人，万籁俱寂，偶尔能听到松涛的声音，偶尔有一点鸟鸣猿啼，我想，不妨在我的展厅中给观众营造一点这样的感觉。

这些设计也许是画蛇添足的，但是我很想做一些尝试。很可惜，30年前很多条件不具备，最终没能实现。但是有一点实现了，我想把庙宇里的隔扇门搬到展览现场，当然它搬不出来，但我做了延伸，做了屏风。

屏风从中国传到日本，在日本很时兴，用的都是山水画，我想，何不用我的照片做屏风呢？就这样，历史上第一个摄影屏风诞生了。

最初条件所限，这些屏风外框是不锈钢的，里面是木板，用漆很讲究，很贵，也非常笨重。

屏风跟一幅挂在墙上的作品，呈现出完全不同的风格和功能，它能进入日常生活的空间里，和生活融为一体，不仅是一个被动的、被观赏的对象，也起到一种功能性的作用，同时又形成艺术的氛围。

有一位时装设计家叫小野，很喜欢这些屏风，在她的时装展中有所呈现。

但是，这种屏风太笨重，我还要到世界各地做展览，很难运输。后来我又想办法，采用日本屏风的制作方式。日本屏风都是用宣纸、和纸做的，几个小木条做框架，很轻。但是照相纸很厚，无法装裱。我找了很久，终于找到一家，日本工匠的水平真的很高超，他把照相纸揭开，只剩银盐乳胶层的薄膜，就可以裱在大的屏风上。成功了。

我做了一批摄影屏风，其中有一组被已经过世的日本原首相小渊惠三收藏了。后来，我到维也纳做展览，到纽约联合国总部做展览，也用屏风的形式运过去。一幅照片放成 2.5 米高、6 米宽，飞机没法运，而用屏风的形式，折起来只有不到 1 米宽、2.5 米长，装进木箱就可以运走。到了博物馆里，既可以挂在墙上，也可以立在地上，就是一幅很大的作品。

问：就像一组可以移动的照片，呈现方式也可以更多元。

汪芜生：对，可以用不同的方式呈现，并且出现在不同的空间里。日本一些茶室很喜欢用双曲屏风。

后来，我又突发奇想——我经常突发奇想——比如谷歌眼镜，实际上比它早两年我就有了这个想法，还画了图，给一些做 IT 的朋友看，大家都不感兴趣，后来我发给了我纽约的律师朋友，也发到微博上去了。我的奇想很多，但是施行力很弱，要实现一个想法，需要一个团队去做。

因为屏风，我又突发奇想了，东方人的传统住宅里很喜欢用影壁，中国、日本的园林都有。在日本镰仓，有一个有近千年历史的古老神社，叫作鹤冈八幡宫，他们收藏了我的一幅影壁作品。用的框是很古老的，以前是一幅山水画，后来用我的照片重新装裱，形成一种独特的空间效果。这幅照片也跟挂在墙上的作品不同，它进入到公共空间里，是一面影壁，同时又供人观赏，有着双重功能。

1998 年，汪芜生在维也纳艺术史博物馆举办摄影展。在这里，他发现了一种独特的灯，并努力将它引入中国。他相信，灯光技术的革新，会让中国摄影展览的品质与观展体验得到提升。

艺术重塑公共空间

问：30多年前没能实现的"五感"展览规划，后来还进行过什么尝试？

汪芜生：1993年，日本顶级的三越百货公司把整个中央大厅和六楼画廊拿出来给我做展览，这是其历史上唯一的一次。这是一个开放式的大厅，气是发散的，怎样把气收拢起来，我们动了很多脑筋。我的朋友陆志成是建筑设计师，他想了许多办法，比如通过柱子、条幅来聚气，通过电视机来传达声音。

这个空间不仅是一个具体的生活空间，在观众心里它是心理空间、精神空间。艺术家要把一些必要的元素呈现给观众，激发观众的想象力，在观众脑海里建立一个大的空间。什么叫艺术？我对艺术的理解就是两个字——感动。我听了贝多芬、莫扎特、柏辽兹的音乐，很感动，所以我热爱他们。感动怎样产生？必须给观众一个空间，你把它塞得满满的，观众不会调动自己的想象力，产生共鸣；**必须充分调动观众的文化教养、知识、生活经历、人生体验，让他们自己进行再创作。真正好的艺术是一种互动。**

问：就像王国维说的"造境"。

汪芜生：对，造境，最终大家共同来创作，艺术家的责任就是提供最必要、最基本的一些要素。

1994年，我在中国美术馆中央大厅做展览。这是一个开放型的、非常空旷的展厅，我希望它能有一些曲径通幽的感觉，因为我在山里经常有这种体验，爬山爬得很累的时候，突然别有洞天。所以我们做了一些高低起伏，给观众心理上增加一些变化。照片的陈列方式也是如此，有的可以仰视，有的可以俯瞰。

观众看我的照片，也会在心里跟它对话。很多观众会在一幅作品前站很久，后来我就在作品前摆些椅子，有的观众一坐就是一天，有的会泪流满面。实际上他们已经进入到自己的世界里去了，在跟自我对话，或者跟某一个他想对话的人对话。正是因此，我又突发奇想，希望找一些我想与之对话的人来，比如小说家、戏剧家、导演等等，文化艺术是触类旁通的嘛，我们在展厅里共同探讨一些问题，或许有助于观众扩展他们的想象空间。我非常尊重的季羡林先生也来了，我们一起谈东方文明的未来……

问：你对未来不是总体悲观吗？

汪芜生：我是总体非常悲观。但是，我在日本出版《黄山神韵》时，也在后记中讲，21世纪，东方文明将重新进入人们的生活，其实是自己鼓励自己。

说回当时的展览。在上海展览时，与我对话的是白桦、秦怡等人。我想通过这些方式，从具体的空间扩展到人们的心理空间。

1998年，我到维也纳艺术史博物馆办展览，当时一楼是亨利·摩尔的雕塑展，二楼是我的摄影展。

在欧洲，我发现了一种很好的灯，非常小，镜头前面有叶片，调节后可以将光线紧紧地聚拢在画面上，连边框都不会碰到。它造成一种感觉，好像照片本身在发光，很多观众进入展厅，会吸一口凉气，都以为照片后面有光，实际上不是。它在整个展厅空间营造出一种独特的意境，一种神秘感。观众的视线不会受到干扰，一下子就进入你所创造的意境中。

后来我回日本做展览，在日本也第一次使用了这样的灯光。再后来我回国，一直找不到这种灯，2008年，我在北京做了一个实验性的展览，总算找到了一种灯，但是光亮度不够。策展人那日松看了我的这个展览之后一直非常关心这件事。最近，他终于找到一家工厂，加工出了这种灯，如果普及开来，应该很不错。

问：2008年，华盛顿国立亚洲美术馆（沙可乐美术馆）曾举办"黄山"特展，你的摄影作品与石涛等七位古代山水画名家的画作同时展现。这是一次非常特别的展览，展出作品的介质有摄影、版画、立轴、册页、手卷、古籍善本等等，尺寸、形态也都不同。

汪芜生：巫鸿一直很关心我的作品，他对空间也很感兴趣，曾经来信问，你希望你的作品在空间中怎样呈现？沙可乐美术馆的展览就是由他促成，他们把我的作品和弘仁、戴本孝、髡残、石涛、程功、雪庄、一智的

汪芜生曾计划用自己的黑白摄影来重塑浦东国际机场的公共空间，后因种种原因未能实现。这是当时规划的效果图。

作品放在一起展出。他们都是画黄山的，其中雪庄是僧人，一个人在黄山住了 30 多年。

古人经历了漫长的探索，最终成就了山水艺术，他们通过这种方式卧游山水。如果他们活到今天，肯定也会有更新奇的设想，肯定不会满足于那些古老的形式。

这次展览，我也进行了新的尝试，使用投影。照片是 19 世纪的发明，投影是更现代的形式，与古代的作品一起，形成更强烈的反差。

当时另一个展厅同期展出的是杉本博司和美国一位画海的已故油画家的联展，名叫 Two Man and The Sea（两人与海），也是摄影作品和绘画作品的对照。

问：你怎么看摄影和绘画的区别？

汪芜生：摄影就是通过物理和化学反应，把某一空间的某一时刻记录在胶片上。稍微有点常识的人，看一看底片就会知道它是不是原片，是复写的、复制的还是翻拍的，原始的记录非常清楚，所以在法庭上，底片可以作为证据，是真实的、不可篡改的原始记录。日语中的表述很好，叫"写真"，真实的写照。我认为这是摄影艺术区别于绘画艺术的特点。

我这个人很固执，有的人把几张照片叠在一起，也叫作摄影，我不赞同。

问：所以你很不认同郎静山先生的"合成摄影"？

汪芜生：对，我是不赞同的。它可以存在，但是不能叫摄影。按照我的理解，郎静山已经跨越了摄影的局限性。

摄影的局限性，就是极端不自由，而绘画的自由度是无限的。以黄山为例，画家可以把华山的松、黄山的石画在一起，这是他的自由，而摄影不允许。

问：就像闻一多先生形容写新诗，是戴着镣铐跳舞。

汪芜生：**我觉得摄影就是戴着镣铐的绘画。**我也会在暗房里工作很长时间，一张照片要洗印几个月。我会反复比较、调节色彩的浓淡对比，但我不能改变黄山这些山石的面貌。

我在日本办展览，很多日本人说，这幅画画得不错，我告诉他，这不是画，是照片。他们都要倒吸一口冷气，震撼。这就是摄影艺术由它的"局限性"所萌发出的独特的魅力所在。

日本 TBS 电视台采访我，问我为什么一直坚持黑白摄影，我就举了一个例子，中国的唐诗，每句只有五个字、七个字，能让你记一千年。如果五个字、七个字变成五万字、七万字呢？是否也能让你记一千年？很难说。这揭示了一个重要的问题：**不断浓缩，不断舍弃，以至极简，反而能发挥更强有力的作用。**巫鸿看到我的新作品，他说你现在是极简啊。这正是我追求的目标。大道至简，但是简不容易。怎样简得有冲击力，这需要艺术家的功力。我们人生也是这样，太纷繁复杂会不知所措，如果拨开重重迷雾，直达事物的本质，一切会豁然开朗。

问：你回国后，在空间方面还进行过哪些探索？

汪芜生：我对空间的兴趣一直没有减弱。2009 年，上海世博会召开前夕，一个朋友来找我，他在龙阳路磁悬浮站里有一个空间，问我有没有兴趣办展览。我去看了，我说，这么好的空间，只挂一些摄影作品太可惜了，不如做一个空间艺术展。我起的名字是"山水空间"，像一个时空隧道，完全异次元的时空，一直延伸进入机场。

上海浦东国际机场不仅是上海的门户，也可以说是中国的东大门，中国的玄关。外国人对中国的第一印象，将从这里开始。可是当时这里全都是商业广告。上海有没有文化，中国有没有文化，一进入大门口，大家就知道了。据我所知，在欧洲、美国，任何一个大型公共空间，必须把预算的20%投入艺术。

我的设想是，用黄山来呈现"天"，用徽州民居、田园风光来呈现"地"，整个空间天地合一。旅客从磁悬浮站进入机场，就会从摩登的、冷冰冰的、钢筋水泥的现代时空，进入自然，进入天地合一的梦幻时空。这种反差，很有戏剧性。唯一需要担心的是，旅客们流连忘返，可能会耽误了登机。

这么大的空间很难全部用影像覆盖，技术上办不到，效果也肯定很差。但是，每个空间一定有个穴位，或者叫龙眼，找到这么几个点，把平面影像和立体建筑构件结合，会产生很好的效果。比如机场电梯，背面是空白的，如果用黄山的黑白影像包裹起来，马上感觉就不一样了。抓住这么几个点，整个空间的感觉会完全改变，硬的、现代的刚性结构，会变得柔和、抒情，具有东方的禅意。

我的计划让磁悬浮站的领导感到很震惊，也很喜欢，一些美国、法国的朋友对我说，如果办成，浦东机场将成为世界上最美的机场，可惜最终因为资金问题，没有到位。

乔石很懂美术，早年他在北京看过我的展览，一直很关心我。我回国后，他的夫人问我，小汪，你最近怎么没有声音了？我就说了2009年的尝试，把效果图发给她，她很激动，直接写信给上海的领导，后来又转给浦东机场。我和机场集团的领导谈了很久，建议可以在机场做很好的艺术空间、美术馆、书店，开展各种活动。可惜后来还是不了了之。

最近我发现，瑞士地铁里做了类似的尝试，不过不是用黑白山水，而是浓烈的色彩冲击，像迪斯尼乐园的感觉。

对公共空间与艺术审美的探索，中国还有很多路要走。

（这组访谈完成于2016年4月到6月间。约一年后，汪芜生先生突然生病，开始辗转求医，2018年4月病逝于上海。他的许多构想，终究未能实现。）

新生

【采访时间：2011 年】

台北故宫博物院的昨日与今日，既是一种表率，也是一种启迪。什么才是一座真正的博物馆？我们会找到答案。

周功鑫在抽点文献。

周功鑫（Kung-Shin Chou）

博物馆学家，曾任台北故宫博物院院长。辅仁大学法国语文系学士，台湾中国文化大学艺术史研究所硕士，法国巴黎第四大学艺术史与考古学博士。1972 年进入台北故宫博物院，并曾任教于辅仁大学、政治大学。2002 年到 2008 年在辅仁大学成立博物馆学研究所并担任所长。2008 年到 2012 年任台北故宫博物院院长。曾获得法国文化博士勋章、法国"荣誉军团军官勋章"骑士勋位。

日常的真相

"一个皇帝以为，只要将所有的诽谤公之于天下，就能澄清事实，谣言自灭，而子孙后代亦将因其坦荡诚实而尊崇他的英名。可惜，他的子民只记住了流言蜚语，而早已将这皇帝的恳切自辩忘得干干净净。另一个皇帝相信，只要将《大义觉迷录》荡涤殆尽销毁，就能让父皇英灵以此安息。然而，天下芸芸众生就是怀疑毁书的唯一理由是其中透露了太多的真相。"史景迁（Jonathan D. Spence）在《皇帝与秀才》（*Treason by the Book*）中描述的这场历史的阴差阳错，勾勒出雍正皇帝扑朔迷离的生前事与身后名。

人们宁愿相信，雍正是一个暴君，篡改父皇遗诏，囚禁兄弟，诛戮功臣；人们宁愿相信《大义觉迷录》里言之凿凿的指控——他毒杀了父皇康熙，气死了生身之母——而无视雍正为自己所做的逐条辩护；人们也宁愿相信一个匪夷所思的铁血传奇——吕留良的后人吕四娘为了复仇，学成精妙剑术，潜入深宫，伺机刺杀了雍正。

历史的谜团一直延续至今。娱乐化的时代，更加消解了历史与传奇的界限。形塑着我们时代历史观的，是电视机里此起彼伏的清宫剧、穿越戏，是收音机里慷慨而冗长的评书联播，是报摊上五块钱一本

用作消遣旅程的野史杂志……在我们认识历史的所有方式中，博物馆一度处于最边缘的位置——尽管大量最直观最确凿的证据，都尘封在博物馆的甬道深处。对公众而言，博物馆曾经高不可攀，遥不可及。

2009年，"雍正——清世宗文物大展"在台北故宫博物院展出，通过文物全面细致地呈现雍正时期的审美风尚与时代风貌。台北故宫博物院院长周功鑫认为："博物馆的展览通常以器为主，重视器皿本身的工艺，而忽略了其中蕴含的人的价值。"因此，"雍正——清世宗文物大展"正是一次以"人"为中心的展览，周功鑫和同仁们希望避开惯常的宏大叙事，从日常生活的角度切入雍正的时代，重新解读历史，246组件档案、史籍、地图、肖像、绘画、书法、砚台、瓷器、漆器、玛瑙、玻璃、珐琅器……成为那个逝去年代的明证。

还原逝去的时代

文物是文化的遗存，更是历史的证据，"雍正——清世宗文物大展"令许多谣言不攻自破。人们一度猜测，雍正把《康熙遗诏》中的"传位十四皇子"篡改为"传位于四皇子"，"中央研究院"历史语言研究所收藏的《康熙遗诏》，直接粉碎了这则传闻；台北故宫博物院收藏的"松花石苍龙教子砚"、《圆明园四十景诗》、

"木雕嵌珐琅戒急用忍挂屏"等文物，则表明了康熙对四皇子胤禛（雍正）的殷殷期待，雍正终继大统，并非毫无依据。

在康熙的众多皇子中，四皇子胤禛看起来像个异类。康熙诸子忙于争夺皇储之位，胤禛却告诉门下人，做皇帝是"大苦之事，避之不能，尚有希图之举乎"。他行事也确实低调，以致皇子们各自拉派结党，群臣踊跃推荐皇储候选人时，胤禛的名字几乎从未出现在他们口中。但这并不意味着胤禛就真的逍遥无为，与他的大哥、二哥、八弟、十四弟相比，他只是做得更加隐蔽、更加稳妥而已。

胤禛因此也获得了康熙的肯定。在赐给胤禛的"松花石苍龙教子砚"上，便刻着"体元主人"康熙帝对儿子的训诫——"一拳之石取其坚，一勺之水取其净"，既指铸砚之石、洗墨之水，也寓意人生境界，一语双关。这方石砚的设计同样颇具匠心。苍龙破壁而出，蓦然回首；在苍龙的左下角，一只螭龙则昂首仰望，形成"苍龙教子"之意。

胤禛的学业确实不负乃父期待，书法尤为其所长。他登基后，年节时仍经常写"福"字赐给大臣，所书扇面更是不计其数，他在大臣感谢赐扇的奏折中作朱批："圣祖皇考当日甚喜朕书扇，每年进书百余柄……"一方石砚，就这样牵引出康熙与雍正的关系，以及雍正的审美情志。

从日常生活的角度解读历史，其实也

是台湾学术界近年来的一种共识。台湾"中央研究院"副院长王汎森院士希望历史研究能像陈寅恪说的那样——"与古人处于同一个境界"，因此倡导重访"执拗的低音"；李孝悌研究员则在《士大夫的逸乐：王士禛在扬州》中提出："我们看到的常常是一个严肃森然或冰冷乏味的上层文化。缺少了城市、园林、山水，缺少了狂乱的宗教想象和诗酒流连，我们对明清士大夫文化的建构，势必丧失了原有的血脉精髓和声音色彩。"还原逝去时代的"血脉精髓和声音色彩"，也未尝不是台北故宫博物院对历史的态度。通过展览，公众得以近距离地认识真实的雍正，通过他批阅过的奏章、亲笔所作的书画、日常使用的器物，感受一个帝王的勤勉与忧虑，追寻中国人逝去的生活方式与艺术审美。那些深锁在库房里的文物，因为这些重新发现和重新组织，被赋予新的意义。博物馆，因此成为博物馆。

从边缘到中心

"雍正——清世宗文物大展"，是对历史成见的一次"解冻"，其实还别有一重含义。两岸故宫博物院隔绝60年之久，也因这一位帝王，开始了破冰的旅程。

2008年5月20日，周功鑫重返台北故宫博物院，出任院长。各项体制改革和展览规划，很快有条不紊地进展开来。当年 12 月，"雍正——清世宗文物大展"基本筹划就绪，周功鑫接受了同事的提议，尝试向北京故宫博物院借一部分文物，如雍正的肖像与生活画像等，以使展览更加全面。两岸故宫博物院开始了小心翼翼的接触，却不料一拍即合。次年 2 月 14 日，周功鑫率团访问北京故宫博物院；两周后，北京故宫博物院院长郑欣淼率团回访台北故宫博物院。双方很快达成共识，北京故宫博物院同意出借 37 组件文物，共同促成这次"雍正——清世宗文物大展"。

身为台北故宫博物院元老，周功鑫的经历有些特殊。她在 1972 年进入台北故宫博物院工作，担任展览组组长十余年，1999 年，她却选择了暂时离开，前往辅仁大学创办博物馆学研究所。这段经历，让她开始重新思考博物馆的功能。"从事教育的使命感，让我重新回来以后考虑到，展览需要从教育的角度去设计"，周功鑫回归后，一面创新展览形式，提高品

〔宋〕苏轼《前赤壁赋》（台北故宫博物院收藏）

质;一面实施举措吸引年轻人,开发文创产业,盘活古物承载的价值。在台北故宫博物院的支持下,年轻的设计师与手艺人们获得了用武之地;而在新生代的助力和关注下,沉睡的文物重获新生,以另一种形式进入当代生活。

在塑造这一代年轻人的世界观的过程中,博物馆逐渐从边缘进入中心。周功鑫和她的同事,为当代语境下的博物馆提出新的命题——博物馆不仅可以收藏昨日,更可以面向未来。回顾过往几年的工作生涯,周功鑫说:"让我们感动的是,以前大家都是排队来看翠玉白菜和肉形石,现在排队来看《富春山居图》,这是很大的不同。"

台北故宫博物院的昨日与今日,既是一种表率,也是一种启迪。什么才是一座真正的博物馆?我们会找到答案。

1965年外双溪台北故宫博物院

重塑博物馆

问：台北故宫博物院在成立前后，经历过哪几次重要的历史转折？

周功鑫：文物 1949 年到台中，最初主要是保存。一直到 1969 年迁到台北外双溪，才正式对外开放。在每一个时期的进程里，台北故宫博物院本身都有它的角色和功能。即便是 1949 年到 1965 年在台中雾峰时，虽然空间那么小，却是中华艺术史的殿堂，许多研究中华艺术史的学者来到这里。当时也造就了早期的一批欧美研究中国艺术史的学者。后来迁到外双溪，我们又选派了一批人，到美国去访问学习，培养了一批专业人才。这种传承非常有意思。

此后，台北故宫博物院进入现代博物馆的发展时期。秦孝仪院长时有一些开放性的做法。秦院长在蒋中正先生身边做过 25 年的机要秘书，他的行政经验使他到台北故宫博物院之后，在管理方面把格局扩大：扩大人事编制，扩编人事职等的最高职位。这个措施对台北故宫博物院的影响很大，因为高阶职称的人越多，它就越会有构建水准，有条件的人就会得到

［清·雍正］珐琅彩瓷赭墨竹石图碗（台北故宫博物院收藏）

更好的发展机会。秦院长还加强对外交流，使西方的文物可以在这里展出，打开了观众的视野。1993 年举办莫奈的展览，后来举办卢浮宫的展览……从那以后，借展厅几乎每年都有西洋的展览。华夏展览也有突破，为了让清末民初的艺术家的作品可以展出，就有了近代文物陈列室。

问：你的经历与前辈们不同。你曾在台北故宫博物院工作过 20 多年，后来又到辅仁大学创办博物馆学研究所。重新回归，你思考的突破点是什么？

周功鑫：我回来以后，一直在考虑如何才能发挥自己的专业特长。首先是从体制上改革，因为当时通过了台北故宫博物院的《体制法》，但是《体制法》在组织划分上存在一些问题：第一是功能重叠，第二是有的同仁不知道要干什么，无所适从。所以，我到的第二天的上午 9 点，就召集所有单位的主管开会，把组织调整好，这之后，我就带领同仁向着我们的宗旨目标去走，这个宗旨目标是"形塑典藏新活力，创造故宫新价值"。

在此之前，我有过 27 年的经验，从 1972 年到 1999 年，其中有 16 年负责展览和公关。离开这里后，我到辅仁大学创立博物馆研究所。从事教育的使命感，让我重新回到台北故宫博物院以后考虑到，展览需要从教育的角度去设计。所以，现在我们办的所有展览，都会考虑民众是否可以从中获得什么。

问：近几年台北故宫博物院与文创产业的结合，确实让人耳目一新。

周功鑫：年轻人一直是我想吸引的群体，如果他们从年轻时就开始接触华夏文化和艺术，对他们一生的影响会非常深。所以，2008 年我规划的第一个活动就是"故宫周末夜"，我请企业家捐助少许经费，用这少许的经费去办活动吸引年轻人。每半年我们会甄选一次，每一次选出三十个团队。每周六，他们组团来。我们会给他们一些小小的补助，一万到三万元新台币不等。年轻人最熟悉的是电脑和动画，我们就利用数位的典藏，用拍摄制作的各种动画丰富网络；第二，是在展览上利用多媒材的设计，让年轻朋友们更容易看懂；第三，是我们在华山艺文中心有一个空间——"精彩数位故宫"。这些都是年轻人喜欢的。每周六晚上，我们会推迟到八点半闭馆，很多人都是一家三代一起来台北故宫博物院过周末，他们可以吃，可以玩，可以看表演，很有意义。这是我们在"活力"方面所做的工作。

我们也会分众地去安排一些活动，像文化创意产业活动，已经举办了三届。我们会对文化产业相关人员进行一些教育和训练，提升他们的文化底蕴。挑选厂商的条件是，他们必须是一个完整的团队：总经理、财务、市场和行销，这四种人必须要来。我们每周六免费授课，他们不能常缺席。为的是让他们同步接受相同的训练，学完以后程度是一致的。例如，设计师说要设计一套宋代的茶具，财务马上就要想到设计这样一套茶具需要什么样的材质，成本多高，行销人员就要想到它的市场在哪里，发展经理就会想到这样的市场我们需要多大的生产量。半年多的学习分三个阶段：第一阶段是打开学员的感知，第二阶段是走近文物，第三阶段是创作。就这样，我们也训练了他们的团队精神，效果非常好，台北故宫博物院变成了大家获取知识的宝库。

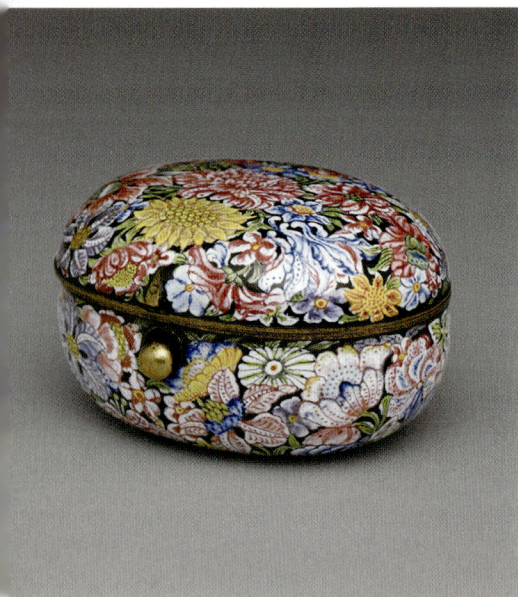

〔清·雍正〕画珐琅花卉椭圆盒
（台北故宫博物院收藏）

〔清·雍正〕白色玻璃鼻烟壶带铜胎画珐琅黑地夔龙纹套匣
（台北故宫博物院收藏）

用文物说故事

问：你的博士论文研究漆器，这是一个很专业化的领域。

周功鑫：是的。我们马上要做康熙与路易十四的展览，其中就涉及我的博士论文中的一小段。在17世纪那一段，我特别谈到了路易十四如何让耶稣会士把资讯和观念从中国带到法国，可是在这个过程中，耶稣会士往返的时候，用的是法国皇家东印度公司的船，他们虽然是传教士，但是也借这个机会和商人合作。

问：以前你是从专家学者的角度去做研究，现在则是从策展人的角度做规划，甚至有许多规划是跨学科、跨领域的，这种转型困难吗？

周功鑫：有深厚的研究，才能做出好的展览，才能把很难懂的东西借助文物表达出来，串联出观众的知识架构，而不是仅仅把东西零散地摆在那里，否则观众什么也看不到。

博物馆员的研究，是可以用的，要传达出来的，不是一个死的东西。离开台北故宫博物院的9年

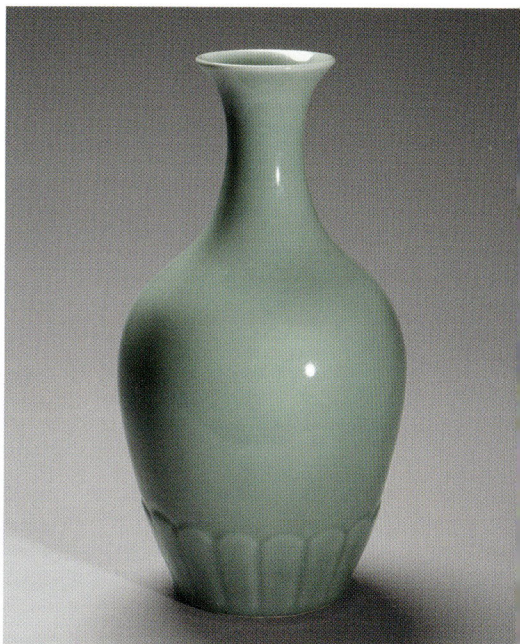

〔清·雍正〕冬青菊瓣纹瓶
（台北故宫博物院收藏）

〔清·雍正〕珐琅彩瓷黄地芝兰祝寿图碗
（台北故宫博物院收藏）

〔清·雍正〕铜胎画珐琅白地花蝶纹盖罐（台北故宫博物院收藏）

中，我带着学生做展览，我一向注重教学相长，不断加强涉猎，回来以后，我也把这些带给同仁，效果还是很好的。

问："雍正——清世宗文物大展"是从日常生活的角度来解读雍正的生活、审美和时代风尚。昨天我见到台湾"中央研究院"的王汎森副院长，他从学术研究的角度提到，我们要真正回到历史现场，不仅仅是还原历史的真实，甚至要把历史情境中日常生活的状态也呈现出来。这与台北故宫博物院的策展思路其实不谋而合。双方有交流合作吗？

周功鑫：我们最近正要和他们一起做一个展览——"商王武丁与后妇好——殷商盛世文化"特展。武丁墓是台湾"中央研究院"史语所的李济先生当年主持发掘的。妇好是武丁的妻子，帮他打天下的一个才女。20世纪70年代，殷墟又发掘出一些妇好的文物。我们希望把这些文物变成一个展览。妇好的部分和安阳博物馆合作，武丁的部分和台湾"中央研究院"合作。我们现在正在做前置评估。

宿雨初晴頃
驟塵靜展闊
此卷忻然省
會登萬仞山
讀萬卷書行
萬里路者恣
不如我坐遊
所得多矣

清和我王明老
識并書

此圖戲隨行篋
甲戌秋此至吉
林麓緣松阿里
江上沙渚煙郁
悤怱圖中勝家
團相行在展卷
書之時八月九
日也師識

唐王維雲溪元
黃公望富春山
居二圖為千古
名華皆董香光
畫禪宗中藏物

〔元〕黃公望《富春山居圖》子明卷局部（台北故宮博物院收藏）

〔元〕黃公望《富春山居圖》无用师卷局部（台北故宮博物院收藏）

问：前置评估的结果可能会改变既定的策展思路吗？

周功鑫：是的。通过前置评估获得观众的意见，其结果会起很大的作用。像接着要展出的"康熙大帝与太阳王路易十四——中法艺术文化的交会"特展，我们评估时，观众会问，为什么要把这两个君主放在一起？因此，我们的表述除了两位君主之外，还会涉及他们的关系。是谁做媒介让他们认识的？是耶稣会士、法国传教士。**我们会把故事说出来，抓住观众的需求，有哪些不知道的，有哪些想知道的，在设计中融进去。**

这个展览介绍的两位君主，他们有些年份是重叠的：路易十四是1638年生，4岁即位，23岁得权；康熙是1662年即位，当时也只有8岁。路易十四是1715年去世，康熙是1722年去世。这中间他们重叠了几十年。康熙二十几年时，路易十四派了五位数学家到中国，其中有个叫白晋（Joachim Bouvet）的神父很有意思，他和张诚（Jean-François Gerbillon）一起在宫里教康熙数学、科学和医学。白晋1688年到中国，1693年康熙叫他回去，因为康熙在学习过程中得知，路易十四是一位有雄才大略的君王，康熙对他的皇家科学院尤其感兴趣。所以，康熙让白晋回去再找一些科学家来，最重要的是把皇家学院的建制带回来。造办处在康熙执政时期进行了改制，也是受到白晋的影响。我们就从两个君王、五个传教士，以及他们的影响展开，用文物说故事。

我们还为观众制作了歌剧，请当代歌剧传奇人物吴兴国演康熙，法国的当代歌剧大师诺维利演路易十四，让观众从戏剧中了解这两位君主。

路易十四的部分是和法国的13个博物馆合作，有70多件文物。这是东西方从17世纪末到19世纪初的一个很大的文化交流，很重要的课题。对法国来讲，18世纪兴起了中国风，也是源于17世纪末路易十四和中国的亲密联系。现在美国方面也提出，希望把这个展览引到美国去。

破冰之旅

问：你就任台北故宫博物院院长以来，两岸的相关合作也在全面展开。

周功鑫：推动相关合作是马英九先生的政策。2009年2月，我和同仁一起去了北京故宫博物院和上海博物馆，并和上海博物馆建立了九项实质的合作。去年我们和浙江的6所博物馆、福建的3所博物馆合作了"文艺绍兴——南宋艺术与文化"特展，非常成功。然后是今年的"山水合璧——黄公望与《富春山居图》"特展。

问：这几个特展除了涉及的时代不同，还有什么特别的考量？

周功鑫：每一个展览我们都非常重视观众的接受度，在设计的时候，我和同仁们首先讨论的是这个展览的主轴思想是什么，能让观众学到什么。这样切入以后，就会获得很好的效果。比如说"雍正——清世宗文物大展"，二月河先生看过以后说，如果他以前看过这个展览，写雍正皇帝时就会用另外一种写法。

"雍正——清世宗文物大展"和"文艺绍兴——南宋艺术与文化"特展，一个是讲皇帝，一个是讲朝代，都能让观众改变他们从前的史观。以前大家感觉到的是南宋羸弱、偏安的一面。但是我们研究艺术史的人都知道，南宋的艺术成就非常高。从五代到北宋再到南宋，艺术的转变非常

〔商〕蟠龙纹盘

〔宋〕赵佶《溪山秋色图》（台北故宫博物院收藏）

大。这么大的转变却被忽略了。通过这个展览，我们结合两岸的文物，希望给大家耳目一新的感觉。

问："雍正——清世宗文物大展"展现一个皇帝，"文艺绍兴——南宋艺术与文化"特展展现一个朝代，而"山水合璧——黄公望与《富春山居图》"特展展现的是一幅画，就像由面到点，展览规划如何展开？

周功鑫："山水合璧——黄公望与《富春山居图》"特展的成功在于，观众在展览中第一次认识了黄公望。文人画很雅，不易懂。我们就借由主体性和故事性的铺陈，让故事线变清楚。先认识黄公望，然后知道他的师承，然后了解《富春山居图》，然后是它的影响。为了让年轻人看懂，也做了多媒体动漫。这样的设计提起了观众的兴趣，让大家都有所收获。让我们感动的是，以前大家都是排队来看翠玉白菜和肉形石，现在排队来看《富春山居图》，这是很大的不同。

好吧，
我们不再一起漫游

疫情漫长。此刻整理这些访谈，重听旧日的录音，脑海里冒出拜伦和纳兰性德的句子——"好吧，我们不再一起漫游"，还有那句"当时只道是寻常"。如今回望，尽成梦影。

我想，大约可以以这本《手艺之道》和不久前出版的《中华文明访谈录》，为我早已结束的十余年杂志生涯再画一个句点。人物访谈从来都不是我写作的重心，但我非常珍惜这些机会，能与我们时代杰出的创作者交谈。感谢他们不吝于分享创作经验与人生感悟，亦不避讳困惑与纠结、失落与畅想，无论身处顺境、逆境或绝境，始终忠于初心，天真而执拗。今时今日，当整个世界已经发生颠覆性的巨变，回望他们当初的探索、挣扎和坚持，或许能带给我们新的慰藉与启迪。

每一次访谈，都难免叨扰许多新朋旧友。

那些年在台湾，阮义忠老师、袁瑶瑶老师、阮玺全家，庄灵老师、陈夏生老师全家，蔡晓芳老师、陈碧霞老师、蔡宛悌小姐全家都曾给予我和同事们无微不至的关爱。廖宝秀老师、解致璋老师、吕礼臻老师、何健老师给了我们许多指点和建议。时任台北故宫博物院公共事务室主任的陈长华女士缜密地安排了一系列采访、授权等事宜。陈传兴老师、廖美立老师、徐海玲女士和杨镇豪兄更是一如既往无私地帮助我们。难以忘怀关渡山居窗外的淡水河、台北故宫博物院的石阶、"烘焙者"的危地马拉、台大的旧书店、宜兰的细雨怒海、台南深夜的车站、北投五岔路口打烊后的小店……自然，还有一次次不期而至的台风和地震，而我早已安之若素。

几年前采访八木隆裕和菱田贤治，都因美帆（Sauser Miho）促成。在此更要感谢她不辞辛苦帮我联络这本书的照片授权事宜，并亲自在京都与八木隆裕见面沟通。

景德镇之行最初因廖宝秀老师和茶小隐促成，此后一次次重返瓷都，熊白煦、董全斌、陆寿义热诚相待，小董兄更是带着我们一路见证了传说中的"七十二行当"。在德化，应健兄则放下手头的工作，连日热情地引路，让我有机缘看到"德化白"的各种可能。

还要特别感谢祝君波先生、牛斌、陈殊殊、陈海涛、应健、顾青、周洪促成了部分访谈。在采访前后及出版授权过程中，龚小荣、周洪、汪溶、陈爽、高峰、Melody 做了极为周到的安排，许建明和唐诗的精彩翻译则确保了我和八木隆裕、菱田贤治沟通无碍。在此一并致谢。

几年前，汪芜生先生突然去世，是摄影界无法估量的损失。汪先生照片的授权事宜，感谢周轶帮忙联络，感谢曹笑老师支持与鼓励。

这本书收录的访谈，大多曾刊登在《生活月刊》杂志和《造物者》杂志上。

感谢邵忠先生从前为我们打造的创作平台，感谢令狐多年的关照。旧日的同事夏楠、王琦、孙程、于丹，摄影师马岭、钱东升、李冰、吕祝君、吴俊杰，曾和我一起拜访过其中一些受访者，很荣幸与他们一起度过从前漫游的时光。

承蒙吴晓波先生和厉剑先生的信任与支持，2017 年我曾为"吴晓波频道"创办过《造物者》杂志。那两年间，我们寻访了海内外多位大家，也有机会见证许多年轻匠人和设计师的成长。感谢吴欣、钟书萍、胡晓东、徐蓁、陈怡，感谢浦晓、倪悦、张圣林、陈月、陈姣，感谢钱东升、冯鹏、凤飞、曹健源、刘振源、李垣、范阿芳、阿伟、阿峰、刘鑫。那段经历同样难忘。

感谢广西师范大学出版社的刘春荣兄，刘汝怡、李敏等编辑，还有这本书的设计师，他们为这本书的出版付出了大量心血。

需要说明的是，本书收录的访谈时间跨度有九年多，其间人世代异，许多受访者的人生发生了巨变，还有两位我非常尊敬的前辈已经离开人间，但我希望这本书仍忠实于当时的记录，为那个时代留下剪影。十几年来，我的文笔或有起伏，我的提问或可商榷，但我相信，这些逝去的时刻之于今日，依然有独特的意义。

一直记得当年在汪芜生先生家，几杯酒从午后聊到天黑。而他常说，不管有多难，你也要把它们写下来。他所说的难，不仅是时势之难，更是写作之难，遣词措意之难。如今汪先生去世已经三年多，这番话却仍像昨日所讲。我常想，如果汪先生尚在，他会如何回应这个时代？他或许仍会在暗房里夜以继日地整理底片，在黑、白、灰的微妙差异中反复斟酌，凝神思索，或许仍会以各种打通"五感"的创想来构建新的展览与公共空间，或许仍会一次次登上他的黄山，追踪瞬息万变的云海——不管那有多难。

不管有多难。

2021 年冬至